災害・支援・ケアの社会学

地域保健とジェンダーの視点から

板倉有紀
Itakura Yuki

生活書院

まえがき——社会的カテゴリーと被害の関連づけ

　自然災害の被害を社会学的に考察するとき、災害時要援護者や災害弱者などその個人の帯びる社会的属性と関連づけてその被害を説明し、今後起こり得る自然災害における被災者支援論につなげていくという論の進め方は一般的である。格差やリスクといった社会学の既存の枠組みともなじみのあるやり方である。しかし社会的属性と関連づけての被害やニーズの把握は、それらを予測することはできても、実際にどのような困難がどのくらい生じるのかという程度を示すことはできない。事前に予測や事前対処がおこなわれる被害やニーズは、実際に顕在化した被害やニーズとは異なる。国内外で頻発する広域型・複合型の災害を鑑みると、災害時要援護者・災害弱者というカテゴリーに基づいた被災者支援では、そのカテゴリーには入らないけれどもさまざまな健康ニーズや生活上のリスクを抱える人々のニーズを把握しきれないという状況がある。特に、「災害とジェンダー」は、このようなニーズの典型であるのではないか。

　本書では、「災害とジェンダー」に着目し、自然災害の被害とニーズを社会学的に考察するさいの視点を、地域防災・（地域単位の）災害対応における被災者ニーズへの対応（＝被災者ケア）という問題に即して、検討する。検討のすえに、保健師の職能の持つ可能性を提起することになる。

　ニーズの把握は被災者ケアの実践の課題である。発災直後の段階から復興過程にいたるまでのそれぞれの段階においてニーズは異なり変化する。つまり誰がどのような状況にいて何を求めているのかという意味でのニーズや被害の個別具体性は、災害が起きてみないと顕在化しない。さらに、災害に関するニーズは決して抽象的なものなのではなく、一人一人の生命・身体において現象し、その都度、ケアされるべきものである。その意味において、個人の暮らす「地域」という範囲が重要になる。災害時、人は、今いる場所から別の場所に気軽に物理的に移動することができない。地域内での支えあい

が個人の生を左右することすらある。移動性が進展した現代社会においても、災害時には簡単には移動できなくなるので、地理的な範域としての地域社会を念頭にいれた支援体制を問わざるをえなくなる。

本書が、地域保健とりわけ「保健師」という担い手の職能の可能性を提起しようとするのも、このためである。保健師は、行政職員として市町村に密着した活動をなしうる。生命・身体のニーズに対応しうる地域社会のデザインにとって、重要な位置にある人々ではないかと思う。

以上の理由から、本書では、これらの背景と課題について、以下の2つの側面から取り組む。理論的な側面としては被害の社会学的考察に資する社会学理論や災害研究の概念の検討、経験的な側面としては実際の被災者ケアの考察である。それぞれを第Ⅰ部、第Ⅱ部、第Ⅲ部とする。

第Ⅰ部では、自然災害の被害についての理論的考察をおこなう。第1章では先行研究をふまえて自然災害の社会学的研究において被災者支援やケアという視点が広まってきたことを論じる。第2章では自然災害の被害の社会学的考察を理論的におこなう。特に災害研究のヴァルネラビリティ論、社会学におけるリスク社会論（およびリスク論）を援用し個別具体的でかつ状況依存的な被害についての理論的考察を進める。これらの作業は自然災害の被害を考察するさいの準拠点と意義を明確にすることを目的とする。

第Ⅱ部では、災害とジェンダーという経験的な問題を取り上げる。第3章では災害と女性という経験的なテーマにそって第1章と第2章でおこなった理論的な作業を、経験的な事実の記述へと結びつける。災害と女性というテーマは女性という社会的属性に結びついた被害を提起するという意味で極めて実践的なテーマである。ここでの被害の論じられ方を考察するとともにヴァルネラビリティやリスクの問題と位置づける。それと同時に、個別具体的な被害やニーズが災害と女性ではどのように位置づくか考察する。第4章でも災害と女性というテーマを引きつぐ。女性の担い手の多い災害時要援護者のケア労働の問題を無償労働としてとりあげる。この災害時要援護者の問題を、災害と女性の問題と地域防災・災害対応の問題のまさに接点にある問題として考察する。

第Ⅲ部では、地域保健、とりわけ保健師について検討する。第5章では災

害対応における主体的な実践の事例としての保健師の災害対応をとりあげる。事前に災害時要援護者というカテゴリーに基づいて把握することのできる被害やニーズは限られる。ゆえに災害対応として個別具体的なその都度の被害や被災者ニーズを把握していく体制が必要である。この体制に関して被災地で活動している保健師の事例をとりあげる。保健師は、1994年以前まで女性に限定された専門職であり東日本大震災の保健活動をリードしたのは中堅やベテランの保健師である。第6章でも、この目的をひきつぎ、1人の保健師の活動を考察する。第7章では、東日本大震災が保健師の職能の再評価につながっていることについて、事例を挙げて検討する。

　第1章から第7章をとおして、多様なニーズへの応答可能性という問題について、第8章でまとめる。

災害・支援・ケアの社会学
地域保健とジェンダーの視点から

目次

まえがき——社会的カテゴリーと被害の関連づけ 3
凡例 12

第Ⅰ部 自然災害の被害とニーズの理論的考察
 ——リスク論・ヴァルネラビリティ概念

第1章 被災者支援・ケアの視点の理論的意義

1 リスク、支援・ケア、地域社会 15
2 支援・ケアの観点からの災害研究の動向 17
　2-1 国内の災害研究 17
　2-2 東日本大震災以後の支援カテゴリーの細分化 27
3 アメリカ災害研究と被災者支援・ケアの問題 28
　3-1 アメリカ災害研究の潮流 28
　3-2 誰のための災害研究かという問題提起 30
4 自然災害への支援・ケア論的アプローチ 33
　4-1 小括 33
　4-2 いくつかの課題 36

第2章 個人のヴァルネラビリティとリスク社会

1 誰がどのようにリスクに対して脆弱なのか 39
2 自然災害による被害の原因帰属・責任帰属 41
3 ヴァルネラビリティ概念とリスク社会論 46
　3-1 ヴァルネラビリティ概念の多様性 46
　3-2 ヴァルネラビリティの構造パラダイム 50
4 個人のヴァルネラビリティとリスク社会論との乖離 56
　4-1 リスク・被害と帰属 56
　4-2 非知のヴァルネラビリティ 64
5 地域社会における包摂・排除とヴァルネラビリティ 68
　5-1 グローバルな災害リスクとローカルな被災者支援 68

5-2 ヴァルネラビリティと社会的包摂・排除　73
6 被害の個別性という問題　78

第Ⅱ部　被災者支援における被害・ニーズの考察
　　　　　　――災害と女性とケア

第3章　被災者とジェンダー問題

1 性別に規定された被害の社会学的考察　87
2 災害研究における「女性の視点」論の登場　88
　2-1 「女性の視点」論の潮流　92
　2-2 平常時の女性とヴァルネラビリティ　98
　2-3 女性とヴァルネラビリティの社会的次元　102
3 災害時の「女性の」被害の身体性　115
　3-1 発災直後の24時間（発災期）　死者数の性差、避難行動の男女差　119
　3-2 発災後の2から3日間（緊急避難期）　123
　3-3 発災後の半年間（避難所生活期・ライフライン等復旧期）　124
　3-4 発災後の2から3年間（仮設期・生活復旧期）　130
　3-5 発災後3年以降（住宅再建期・被災地復興期）　131
4 「女性の視点」から見た地域社会の災害対応　132
5 ケアする主体としての女性という問題　135

第4章　地域社会における災害時要援護者の支援・ケアと「女性の視点」

1 災害時要援護者をケアするのは誰か　142
2 ケアする者のヴァルネラビリティ　143
3 地域防災のなかの災害時要援護者　150
　3-1 災害時要援護者対策　150
　3-2 災害時要援護者とは誰か　155
4 ヴァルネラビリティへのケアに資する地域防災・災害対応　157
5 被災者ニーズの多様性と「女性の視点」との関連　171

第Ⅲ部　被災者ニーズ対応における保健師の専門性の考察
——東日本大震災と地域保健

第5章　災害時の保健医療福祉ニーズの個別性とジェンダー
——保健師に着目して

1　保健活動への着目　183
2　ジェンダーを反映した健康ニーズと個別具体的なケア　185
3　保健師とジェンダー化された健康ニーズとの関係　187
　3-1　保健師とは　187
　3-2　国内における保健師の活動の特色　193
4　保健師の職能性と災害対応　198
　4-1　過去の災害と保健活動　198
　4-2　東日本大震災と保健活動・保健師派遣　204
　4-3　保健活動の理念や原点からみた被災者支援・ケア　214

第6章　長期化する避難生活における保健活動とジェンダー
——鈴木るり子保健師の活動から

1　支援の社会学と健康　225
2　鈴木るり子保健師の略歴　227
3　岩手県大槌町のベテラン保健師による健康支援の事例　228
　3-1　大槌町お茶っこ飲み会の概要　228
　3-2　同会で行われる保健指導の事例　230
4　健康支援にみる「ポピュレーション・アプローチ」の位置　234
5　被災者支援における保健師の地区担当制の意義　237
　5-1　ポピュレーション・アプローチ型の被災者支援の可能性　237
　5-2　健康支援の岐路——後期高齢者にとって被災が意味するもの　239

第7章　東日本大震災の経験と保健師職能の再評価
　　　　――地域保健の新たな課題

1　各フェーズにおけるニーズ把握の経験と保健師　242
2　保健師の災害対応マニュアルと退職保健師　244
3　徳島県プラチナ保健師制度と退職保健師の役割　248
　3-1　徳島県「プラチナ保健師」制度の設立経緯　248
　3-2　プラチナ保健師登録者たちの災害支援経験　252
4　保健師と地域との関わりの再評価　254

第8章　災害・支援・ケアの社会学と専門知
　　　　――ニーズへの応答に向けて

1　議論のまとめ　259
　1-1　自然災害の被害とニーズの理論的考察――リスク論・ヴァルネラビリティ概念　260
　1-2　被災者支援における被害・ニーズの考察――災害と女性とケア　261
　1-3　被災者ニーズ対応における保健師の専門性の考察――東日本大震災と地域保健　262
2　ニーズの多様性をめぐる「災害・支援・ケア」の社会学と専門職　264
　2-1　女性への支援・ケアの持続可能性と専門職　264
　2-2　地域ケア体制の構築と専門職　265

あとがき・謝辞　268
文献　270
索引　281

家族に
鈴木るり子保健師に

[凡例]
・引用文中の［　］は引用者による補足を示す。
・引用文中の下線は、英語の原文でのイタリックの箇所を示す。
・注は章末に付す。

第Ⅰ部
自然災害の被害とニーズの理論的考察
―― リスク論・ヴァルネラビリティ概念

第1章
災害者支援・ケアの視点の理論的意義

1 リスク、支援・ケア、地域社会

　リスク社会や格差社会、無縁社会という社会認識は、自然災害における人々の被害を社会学的に考察するさいに大きな意味を持つ。この認識は「コミュニティ」の再構築を要請する。防災、福祉、防犯等のリスクに人々はより曝されやすくなっている、コミュニティが弱体化しているからだ、という論理である。災害時要援護者、避難行動要援護者、「災害弱者」として、高齢者、障害者、在日外国人らが包摂の対象とされる。

　自然災害の被害を社会のあり方と関連づけて考察していくという方向は、災害研究の初期から目指されていたわけではない。災害研究が蓄積される中で社会学的な視点からの災害研究が出現した。リスク社会論がそうであるように自然災害の社会学もまた、研究が蓄積されてきたのは20世紀以降である。

　日常生活に目を向けても、リスク社会、格差社会、無縁社会、不平等、家族的ないし地域的なつながりの希薄さを、リスクとしてとらえる認識は、人々のなかで共通した認識である。つまり人々もまたリスクや格差や無縁社会という言葉を日常的に口にしてそれを現代社会のあり方であると特徴づける。リスクは格差にもとづき無縁化はリスクを産むというような関連づけも研究者がおこなっているだけではなく日常を生きる人々が体感として持つ時代認識である。重要なのはその認識は自然災害の被害の説明にも用いられることだ。リスクという観念なしに地域防災をおこなうことはできないし被害をどのように捉えるかということは災害対応の方針を決定する上で重要な位置をしめる。自然災害の社会学的研究もまたこの認識に基づき、この認識を強化したり再生産したりする実践に他ならない。

　他方で、リスク認知は、個人の社会的属性によって異なる。人々が一様に同

じように、同じ程度のリスクを、同じ事柄に対して、等しく見積もるわけではない。福島第一原発事故において、小さな子どもを持つ母親が原発のリスクに関するリスクコミュニケーションの対象になりやすいこと（「小さなお子さまを持つお母さん」に宛てたリスクコミュニケーション）や、女性が日常的に夜道を歩いたり満員の電車に乗ったりするさいのリスク認知が男性のそれとは大きく異なること、高齢者を狙った振り込め詐欺の予防として高齢者を対象とした啓発活動がおこなわれること、災害発生時に外国籍住民は避難行動をとりにくいとされ外国籍住民対象の防災活動の必要性が地区単位で認識されて、実際の活動がおこなわれることなどを思い起こしても、リスク社会におけるリスクはその認知のレベルにおいてでさえ、不均等に配分され、リスクコミュニケーションの宛先は異なる。同時に、このようにリスク認知が多様ななかで、私たちの生活ないし生、生命を守るための最低限のセーフティネットの構築のために、国家ないし地域社会に対してつきつけられる課題は多く多岐に及ぶ。自然災害への対処もその1つである。自然災害を社会学的に考察することが本書の内容である。

　自然災害は犯罪や福祉と並び、地域社会においても、個人においても、日常の課題の最たるものである。しかし、なぜ自然災害が社会的次元を持つものとして考察されなければならないのか、どうして自然災害が社会的次元を持つものとして考察されるようになったのかについては、説明を要する。事前の防災から事後の災害対応まで長期的スケールをとり、災害研究を社会学的に進めていくために、以下に、国内・海外における社会学分野からの災害研究を概観的にとりあげ、このような自然災害の社会的次元を考察することの意義を検討したい。

　本章では、リスク社会や格差社会、無縁社会という先述したトピックに沿う限りで、災害の社会学的研究の動向をまとめる。後述するが、社会学からの災害研究は防災のみではなく被災者支援へと焦点が移りつつある。第1節では、まず国内の災害社会学の動向をふまえる。個別具体的な支援の理論的・経験的方向性といった事柄と関連づけて、東日本大震災の問題とあわせて論じる。被災者支援のあり方に注目してまとめる。第2節では、アメリカの災害社会学の動向をふまえてアメリカ災害研究でもまた被災者支援につな

がる議論へのシフトがおこなわれてきたことを示す。第3節では、第1節と第2節を関連づけ被災者支援と地区（地域社会）の問題について論じる。

2　支援・ケアの観点からの災害研究の動向

2-1　国内の災害研究

　では災害研究とはどのような研究を指すのか。本節では、国内・海外で生じた大規模な災害に対する社会学・社会科学からの研究や、社会学者らが組織的に継続調査をおこなって成果を出してきた研究をとりあげる。以下にリスク対処の問題、社会的格差の問題、無縁社会と地域社会の問題に関するトピックを中心にまとめる。

　浦野（2010）も言うように、日本国内の「災害社会学」はアメリカの災害研究の流れと連続したものではない。アメリカの災害研究を学んだ、山本康生氏のような研究者が国内にその流れを持ち込むなど日米間の研究交流は見られるものの（第2節参照）、国外の災害社会学はその流れとは、独立している。雲仙普賢岳噴火、阪神淡路大震災、三宅島噴火、新潟中越・中越沖地震、能登半島沖地震、岩手宮城内陸地震を経て独自に展開されている。これらの災害は地域社会の持つ格差に研究の目を向けさせ、リスクや、コミュニティ再編の問題、阪神淡路大震災は社会的弱者や復興までの長期的な道のりを浮き彫りにした。生活再建、コミュニティ、ボランティア支援という論点を示してきたのである。

　今日一般的に災害といわれる現象に目を向けて、災害を研究する際の、基礎的な視角を整理しているのが、『シリーズ　災害と社会』である。シリーズの『災害社会学入門』（大矢根・浦野ほか編 2007）と『復興コミュニティ論入門』（大矢根・浦野ほか編 2007）、および『災害危機管理論入門』（吉井・田中編 2007）では、災害社会学という新たなカテゴリーのもとで、災害を捉えるための視角が人文科学・社会科学からの研究者からそれぞれ提示される。

　『災害社会学入門』は包括的な論点をまとめた入門編である。災害社会学の成立、これまでの研究の流れを総論としてまとめた後に、各論として医療

システム・情報システムに関する論点の整理、復興に関する問題点が挙げられる。さらにグローバルなリスク社会との関連で都市型災害、原子力災害等、現代的な個別トピックや、防災システム構築の現状が、提示される。さらなる論点として、福祉やジェンダー、ボランティア等が挙げられ、現代の社会で起こる災害の特質にも言及される。『復興コミュニティ論入門』では、復旧・復興のさまざまなレベルが提示され、復興に関する制度の概観が最初に位置づけられる。さらに震災・火山・戦災・大火からの復興の事例が、古今の災害に関する研究をもとに、網羅されており、復旧・復興期の生活再建や新たなまちづくり・援助および補助金・ボランティア・復興の担い手、といった課題が織り交ぜられている。『災害危機管理論入門』では、近年着目される危機管理論が災害との関連で展開される。震災・水害・火山災害それぞれにおける危機が挙げられ、また、災害発生時の喫緊の課題である円滑な避難や、災害情報伝達システムの現状、企業や住民レベルでの危機管理のあり方について考察される。いずれの巻でも、現代社会の特質や災害の歴史を、いかに現代の災害研究に組み込むのかについて、議論が進められている。

　阪神・淡路大震災に焦点をあてて、社会学の立場から調査結果がまとめられているのが、『阪神・淡路大震災の社会学』（全3巻）（岩崎・鵜飼ほか編 1999）である。第1巻『被災と救援の社会学』（岩崎・鵜飼ほか編 1999a）では、いくつかの要因から被災と救援状況が明らかにされる。地理的要因として、被災被害の程度、住宅の布置や、地理的な被害危険区域の分析（GIS）によるマッピング等を用いた分析がなされる。また情報システム的要因、インフラの再整備等ライフライン復旧過程の遅れという社会システム的要因、地域コミュニティレベルでの迅速かつ柔軟な対応という組織的要因、ボランティアの機能といった市民活動論的要因が挙げられ、それぞれの過程が考察される。第2巻『避難生活の社会学』（岩崎・鵜飼ほか編 1999b）では、避難所の運営や運営主体が果たした役割、避難所の組織化、家族に焦点を当てた家族の居住空間の変容、被災が家族関係・機能に及ぼした影響、仮設住宅への入居時・入居後における困難が調査される。被災の身体的・社会関係的・経済的インパクトを受けとめ、生活を再建する事例や、外国人の被災者をも含む諸個人の利害対立や格差の問題、行政の対応の問題、高齢化の問題が合わせ

て論じられる。第3巻『復興・防災まちづくりの社会学』（岩崎・鵜飼ほか編 1999c）では、小都心・市街地の再開発における住民、行政の関係や、復興のための区画整理の段階での行政と地域住民の足並みの一致・不一致の存在、インナーシティエリアの生活再建、復興計画の弱者の存在、在日韓国・朝鮮人との関係性の変化が取り挙げられる。地域住民が復興に臨む際に生じた亀裂やその克服、地域住民主体の自主防災組織の活動について触れられ、生活再建期において顕著になる新たな課題とまちづくりの方向性が示されている。第1巻から第3巻を通して、数名の論者が各章を担当し、まさに時系列的に阪神・淡路大震災の影響を追うことのできる構成である。それぞれの巻で、阪神・淡路大震災を社会学理論へ組み込む方向性が示されている。

　これらの包括的な研究がなされる一方で、個別のそれぞれのトピックに焦点をあてた研究もおこなわれてきた。まず、全体社会におけるリスク・危機管理やコミュニティの復興といういわばマクロな分析レベルの研究、つまり全体社会の機能不全や壊滅、復旧に関する研究をとりあげる。次に、多少対比させるかたちで、被災者個人の被害の格差や多様な被災者への支援やケアといったミクロな分析レベルの研究をとりあげる。秋元（1984: 3）による、「外的ないし内的なインプットにおける突発的で破壊的な作用によって、既存の平衡を保っている社会システムが損傷をうけ、平常時の生活維持機能がたもてなくなる変化」という災害の捉え方は一般的である。本書では、ここで生活維持機能と呼ばれているもののなかでも、個人ごとにその維持能力は異なるということを念頭におき、被災者個人の被害の格差や多様な被災者への支援やケアという点から、後者のほうに焦点をおく。ただし、事前に個別具体的なケア体制を地域社会単位、地区単位で構築しておかなければ、物質的な身体が傷つけられる過程である自然災害への対処は困難であるという本書の主張をおこなうためには、当然前者のような議論もふまえておく必要がある。

(1) 集団単位での分析による研究

　現代的リスクと自然災害の関連を述べるさいに、その生じる場としての都市、つまり都市災害[1]は1つの焦点になる。国内で危惧されている南海トラ

フ大地震など、都市における災害への関心は近年高まっている。都市の物質的かつ社会的なグローバル化が、都市空間の再編成に対して与える影響は大きい[2]。物質的な面では、都市の建築物の高層化・高密度化は新たなリスクを生じる。都市型災害の発生可能性は今日、地下鉄サリン事件のようなテロの危険性への警戒など事件性のある被害も合わせ、ますます複雑化している。

1980年代の段階で、都市と災害をテーマとした文献に『都市災害の科学』（安倍・秋元編 1982）がある。同書は災害を社会学的に考察する方法として最初に、災害文化[3]という観点を提示する。災害観や情報、災害時のノウハウなどを含むものとして、広義での災害文化は捉えられる。人文・社会科学分野の複数の研究者らが各章を執筆し、全体としては、都市型災害を災害文化として捉える包括的な視点が提示されている。

具体的には、都市型災害の特殊性や被害の深刻性・連鎖性、群集の避難行動やその行動の適切性の問題、災害観および情報（噂・デマを含む）の伝達過程や浸透過程、減災のための情報技術に関する各章の後に、防災計画・防災体制・組織のあり方が論じられる。1980年代刊行の書籍だが、都市型災害の特質が際立つ構成であり、都市型災害の危険性がますます指摘される今日的状況において、現代性を持つ。また、例えば熊本市のように、必ずしも災害常襲地ではなかったような都市において、どのような災害文化を防災まちづくりの一貫として構築していけるのかは喫緊の課題である。

他方で、地域の住民組織における防災訓練・防災活動にも、注目が集まってきた。第4章で述べるように、地域住民主体の自主防災組織の結成について行政側からの呼びかけがなされているし、消防庁の主導する各県の地域防災計画には、必ず自主防災組織に関する記述がみられる。自主防災組織とは、災害の発生に備えて、災害発生前に結成され、防災をイッシューとした活動を主に町内会・自治会単位で行うものである。災害が生じて初めてコミュニティの可能性やコミュニティ・パワーが浮き彫りになり、それらが観察可能な現象となるという側面もある。非常時だからこそ顕在化し、逆に平常時には潜在化してしまう側面が、コミュニティの機能および広範な社会システムの機能に内在していることは、いくつかの災害の事例研究を見ても明らかである。都市も農村もそれぞれ独自の文化を有しているために、都市的生活様

式における防災のあり方もまた考察されるべきである。

　その意味でも、実際生じた災害をいち早く研究した『災害都市の研究——普賢岳災害と島原市』（鈴木編 1998）は重要である。噴火が長期的かつ断続的に生じ、被害が及ぶ地域が広域化した長崎市雲仙普賢岳噴火災害について、島原市という地方都市コミュニティ全体での復興という点から研究したものである。同書では、長期災害によって引き起こされる、島原市という1つの都市コミュニティの対応と変動、さらに再編／形成過程が、研究される。まず、行政等の資料分析、住民運動団体・ボランティア団体・地域住民組織・行政機関を対象とした集団分析が、時系列的に行われる。噴火直後の住民活動やボランティア活動は、非常時の団結のもとに精力的に行われるが、度重なる噴火が長期化（日常化）すると、災害という集団ストレス状況における団結が薄れ、活動が停滞する。けれども、長期化や被害の広域化が進むにつれて、この島原市では、今後も自分たちは被災者であるという運命共同体的な意識の下に、さまざまな集団が島原市民同士として団結し、協働して復興に取り組みだしたという。この過程が集団ごとの変容過程として記述される。そして同書では、市全体での団結を可能にしたものは、島原市内に長く積み重ねられてきた各集団の生活共同体的なつながり、そして島原市という地域に対する根強い帰属意識だったと考察する。

　示唆的なのは、危機的状況に対する団結のために島原市民という集合性が、外部の地域や、より広くには日本社会全体との関係性やそれらからの被災地としての島原というまなざしにより、リフレクシブに認識され、かつ活動の契機・継続のために活かされたことである。他地域からの差異化が地域内の問題への団結を生む事例である。このような、集合性は、被災状況の極限性が薄れると同時に薄れていくものでもある。

　環境と社会の関わりを再考することにも意義がある。関連した研究として、『シリーズ　災害と社会』所収の「リスク・コミュニティ論——環境社会史序説」（山下 2008）がある。山下（2008）は、人間社会と環境の間にある自然災害やその他の多種多様なリスクに対して、コミュニティ単位での実践やコミュニティの歴史という観点から、リスクとコミュニティの関係を考察し、リスクを契機としたコミュニティのあり方[4]を考察している。

また、災害発生時・発生後に浮き彫りになったコミュニティの存在、主観的被災という点では、『中越地震の記憶——人の絆と復興への道』（松井 2008）という新潟県中越沖地震の研究が挙げられる。災害発生時および災害発生後の地域的つながりに着目し、地域の地域性（個別性、特殊性）を加味した復旧ないし復興を提示した研究である。震災という経験的なフィールドを、場所論およびコミュニティ論的な観点から論述する。まず、中越地震発生後の被災生活で生じた困難を、発生直後から１ヶ月後にわたって時系列ごとに尋ねたアンケート調査から、震災後の復興の現状、およびコミュニティのあり方が浮き彫りにされる。そして、後半部では、被災者がこれまで慣れ親しんできた場所と切り離せない記憶、さらにはその記憶の継承という、生活者のパースペクティブ（見地）が焦点化される。ひとことで復興といっても、各々の生活者から見たその場所（土地）の意味の多面性や、長らくその土地に住まい培われてきた人々の人生（時間性）を抜きにして、上から制度的・画一的に実施することはできない。震災発生前と復興・復旧後で街の姿が全く違ったものになってしまえば、記憶と時間性が断絶されてしまう。生活者のための復興が明確に示され、さまざまに錯綜する場所の意味の重要性を指摘する。

　いずれの研究でも、リスクという問題について、地域社会と呼ばれるもののうちでも比較的範囲の狭い地区や集落といった「コミュニティ」での事前の予防活動や対応、意味づけや文化といったことに焦点が当てられている。しかし、地域やコミュニティ単位での研究においては、しばしばそこに住む人々の個別具体性、差異への着目は困難となる。

　いわゆるコミュニティを一枚岩のようなものとして、その人々の同質性や連帯を強調しすぎてしまうと、異質性と分断[5]が考察しづらくなる。比較的狭い地区単位でのセーフティネットは地域防災・災害対応に不可欠であるという認識自体は、本書でも前提としているが、それは地域コミュニティにおける異質性を前提として組み立てられていくべきである。この異質性[6]という観点について、以下に格差と排除の問題をとりあげたい。部落差別という差別形態は存続しているものの、社会階層の地理的なセグメントが海外に比べ可視的ではない日本社会においては、多様なかたちで排除された人々

がしばしば不可視化されて存在している。無縁社会は地域のつながりの希薄化というよりは、排除の徹底として捉えうる。そこで排除される人々は平常時から排除されており、災害時にはその排除が先鋭化する。物質的な身体を有する以上は地区という単位における排除は生存の危機であるがゆえに、異質性に基づいたセーフティネットのあり方を考察する必要がある。

(2) 個人単位での分析による研究

　そこで次に、格差・社会的排除の問題に関する先行研究を概観する。

　まずは時系列的変化との関連である。震災の被災・復旧・復興（復建）過程に現れる問題を、現実的な格差の問題に焦点をあわせ、生活上のさまざまな問題を浮き彫りにしているのが、『災害過程と再生過程――阪神・淡路大震災の小叙事誌』（辻 2001）である。同書は、阪神・淡路大震災で被害の大きかった約100戸の街区と住民に対して、3年間に1度ずつ聞き取りを行っている。災害時の被害状況や避難行動、一時的な避難場所の選択可能性としての避難所を含めた仮住まいへの滞在期間・避難生活後の再定住地の確保などが、年齢や土地所有、世帯形態等との関わりで考察される。さらに、社会レベル／個人レベルでの災害過程に介入する支援の問題、再生活のための労働市場の問題、都市と農村・漁村間に見られる災害過程の違い、復興過程における住宅の布置連関の変容が考察され、復旧・復興に関する複雑な諸問題を、さまざまに描くためのモノグラフ的手法に重きがおかれる。

　災害は物質的には平等に諸個人を襲うにしても、被災の程度、生活再建への道のりには、諸個人間の格差や利害の衝突が存在し、社会レベルでの復興と個人レベルでの復興の間にも矛盾や乖離が存在する。避難段階・復旧段階・復興段階（生活再建段階）を、時系列的に区分すると、行政組織や他の関連組織、企業、地域社会、さらに諸個人ごとに各段階の開始時期、進捗状況が客観的にも主観的にもばらつく。特に、「共同・公共論理（地域共同性や連帯）」と「競争・市場論理（公共資源の配分等）」の間の団結は難しかったことが示されている。

　今日行政レベルでの防災対策として、住宅の耐震補強や、地震保険への加入の呼び掛けが広くなされる。同書ではこれらの対策の格差があるものとし

て捉えられている。耐震補強のために一定の補助金は支払われているが、現状では補助の限度額は、経済状況や住居の程度と関係なく一律に定められている[7]。元の慣れ親しんだ生活水準に復帰できるかできないかの違いが如実に現れる。支援する側としても、行政の対応は柔軟性を欠き結果として不平等の助長につながってしまう、と同書では批判される。不平等を縮小するために、他の支援団体が期待されるわけであるが、支援団体が先述の2つの論理の間で揺れ動く可能性も高い。とはいえ、復興まちづくりとして地域住民の能力に過度に期待することも、高齢化・空洞化の進む現状では難しい[8]。

このように、度重なった大災害に関する研究では、発生時やその後の復旧・復興過程の地域コミュニティの柔軟性、より望ましい復興・復旧のあり方などが、地域内における他の問題とあわさり再審される。コミュニティの平常時のあり方が災害発生後に反省されるのである。地区単位の包摂をおこなっていくということは重要である。

次に、諸個人の生という点に着目し、復旧／復興過程をボランティア活動の観察・考察を通して、市民社会論につなげた著作が、『自立支援の実践知——阪神・淡路大震災と共同・市民社会』（似田貝編 2008）である。ボランティアは一般的には支援者というイメージを持ち、さらに災害時において支援を必要とする弱者は、高齢者・障害者・子供であるとされ、防災活動においても彼らをいかに援助するかという課題が提起される。防災と福祉が両輪となった防災福祉コミュニティの重要性も、この点から確認できよう。実際、高齢化世帯の把握や障害者の把握は、地域住民主体の防災活動で課題の1つとして挙げられる。けれども、実際災害が起こってしまえば、被災地に居る人全てが、広義の意味での弱者となる。

同書は、強い支援者／弱い当事者という区別をしりぞける。支援者であっても震災の痛みからは自由ではなく、支援活動を通してさまざまな痛みの経験をする。復興段階の諸個人の対話のもとで、震災の痛みが互いにとって同質的／異質的な経験として現れる。そして、そこから拓かれる「〈公共性〉」の可能性が、フィールド調査をふまえながら、問い直される。相互行為のなかで浮き彫りになる生の同質性／異質性という捉え方は、市民社会の原理を再考する射程を持ち、同書は支援活動の事例研究にとどまらない。リスク社

会におけるセーフティネット構築といった今日的な課題からみても重要な視点である。章立てとしては、複数の社会学研究者が各章を担当し、支援活動団体が行った活動の過程が考察される。市民社会の身体的次元を、実践をキーワードとしながら示す。しかし、同書は、災害弱者ないし震災弱者と呼ばれる人々に対して、そうではない人々と同様の自立を求めるべきだと主張しているのでは、もちろんない。そうではなく、強い個人の自立という自己責任論に陥らない自立のあり方を模索している[9]。

さらに、当事者への支援を行うボランティア活動の実像、およびボランティア活動の展開過程を、阪神・淡路大震災の被災地である具体的なフィールドにおける調査をふまえながら、同じく生との関わりで論じているのが、『ボランティア活動の論理——ボランタリズムとサブシステンス』（西山 2005）である。市民活動の歴史的展開に関する網羅的なレビューを通して、市民活動としてのボランティア活動の理念や、活動自体の展開および変容が、福祉社会の創生の過程と共に論じられる。キーワードであるサブシステンスは、「被傷性（可傷性）」を持った人間同士の支え合いのことであり、自己の生命自体の維持と、他者との関わり合いとしての生活の維持の間に立ち現れる、人間的な生の持続である。弱き人間が己の生命を維持すること、すなわち生存すること自体が、他者との関わりの中で支え合う形で成立する。同書の市民活動論は、生の次元（同書によれば人間の実存や存在の次元）に目を向け構想されている。

具体的な事例として、市民活動団体の類型化、震災ボランティアの多様な活動の実態、復旧・復興から取り残された復興格差が挙げられる。また、救援から生活支援へさらにはコミュニティづくりへと、時系列的に変容するボランティアの論理の過程が考察され、イギリスの社会的企業の活動資源の獲得の基盤が紹介される。一貫して、サブシステンス概念が同書全体を貫いており、一人の人間として生の痛みに寄り添うボランティア活動／市民活動が焦点化される。

支援者が自らを弱者と支え合う存在として捉えなおすこと、困難と格差の只中にいる当事者が、人間的な生のあり方を回復する過程をエンパワメントすることという、同書の主眼は、阪神・淡路大震災という1つの極限状況に

おいてこそ人間存在の支え合いの次元が問い直されたことを示す。また、災害という極限状況が従来のボランティア論／市民活動論が震災を通して、一面においては相対化された点を強調している。

市民社会の萌芽として災害ボランティア活動の実態に同様に注目しながらも、重ねて、行政・市場・コミュニティ・ボランティア・自助（地域や家族など）相互の行為主体間の関連にも着目したものとして、『震災ボランティアの社会学』（山下・菅 2002）がある。同書は、この2つの実態を阪神・淡路大震災をフィールドに災害過程の時系列的分析を行いつつ、さらにボランティアの拠って立つ価値および論理を考察する。ボランティアが動員される中で、共通の価値・論理の存在はどのように機能していたのか、またボランティア活動の称揚は日本全体における価値・論理にどういった影響を及ぼしたのか。被災者との関係性の中で、ボランティア自身が受け取り与えるものが、同書では、未完成の相互性と呼ばれる。

災害時において、全くの見知らぬ者同士が助け合う仕組みとして、有償／無償等のさまざまな問題はあるにせよ、それらが機能しており、支援の内実はけっして支援者からの一方向的な援助でないことが主張される。それとともに、ボランティアを受け入れるためのシステムが各組織の協働のために既に構築されていたことが示される。

災害ボランティア活動への注目や、活動のインパクトは、日本におけるNPO法成立と重なる。ボランティア・NPOの全体社会内での機能が問われた。同書は、市民活動レベルでのボランティア活動の論理と、緊急時の動員としての助け合いという共同性を区別している点が重要だ。生活再建期に見いだされる課題の中に、個人レベルでの助け合いだけでは解決できない課題が見出されることにより、より広範なボランティア同士がネットワークを取り結び、市民活動が展開される。救助・救命という価値から、社会的公正という価値へと、災害過程を通しての活動論理の変容が指摘されるが、あくまでも双方の価値の根底には、ある種の共同性が存在していると、同書は指摘する。すなわち、前もって何らかの市民性や共同性があるから活動へ参入するのではなく、いざ活動へ参入して同じ問題状況に対して、問題意識を共有することにより生成する共同性である。共同性／公共性という区別は、共同体

と市民社会という区別をも含み、同書で示される共同性それ自体に内包する曖昧さや創発性は、より議論されるべきであろう。

ではこの流れは東日本大震災以降に、どのようになっていくのか。阪神・淡路大震災では格差や不平等、そして支援・ケアが社会学の災害研究において注目されてきた。

2-2 東日本大震災以後の支援カテゴリーの細分化

東日本大震災以降の研究では、想定外という言葉が、リスクの問題としても、被災者支援の問題としても前面にでてくる（田中 2013）。格差や不平等にも焦点が当たり始めた。福島第一原発事故のような中央と周辺の関係（山下 2012、開沼 2011）のような、地域間格差をうきぼりにするような事故（人によっては人災と表現されるような複合型災害）の影響が大きい。津波被災地に関する研究であっても、被害が社会的格差・不平等を反映するという認識から研究がおこなわれている。それらの研究の目的は被災者支援のあり方について議論したり提言したりすることである。

東日本大震災以降はさまざまな支援団体から、被災者の社会的属性と被害とを関連させて支援のあり方を提起する報告書が提出されている。本書でとりあげるものとの関連でいえば[10]、単に、障害者や高齢者、女性といったカテゴリーでの調査研究があるだけではない。その下位カテゴリーと自然災害の被害の関連についての実践的ハンドブックが出ている。

ジェンダーやケアに関する問題であっても[11]、シングルマザーの被災に焦点を当てたもの（しんぐるまざあず・ふぉーらむ 2013）、発達障害を抱える子どもの災害対応に関するもの（新井・金丸ほか 2012）、重い障害のある子どもの防災に関するもの（田中・菅井・竹山 2012）、多文化家族に関するもの（川村 2012）というように、子どもや家族といってもどのような子どもなのかどのような家族なのか、カテゴリーの細分化の重要性が認識されている[12]。

支援の語られ方や実践的ハンドブックにおいて、このような細分化が見られることの背景には、被害の個別具体性がより先鋭にあらわれているという認識の共有がある。高齢者であればこうだ、障害者であればこうだ、女性で

あればこうだというふうに、いわゆる社会的弱者としての大枠のカテゴライズでは人々の被害を記述できないということが東日本大震災でつきつけられている理論的かつ実践場面での課題である。そのために既存の弱者に関する大枠のカテゴリーの下位カテゴリーへの細分化、あるいは複合的な社会的カテゴリーに基づく被害の記述が図られている。

阪神淡路大震災以後を含めた研究動向と現状認識をこのようにふまえたうえで、アメリカを中心にして展開されてきた災害研究に目を向ける。実はアメリカの災害研究においても、被災者支援を基調とした文脈へのシフトが確認できるためである。国内の災害研究の動向、アメリカ災害研究の動向はともに、被災者支援が喫緊のテーマであることを示している。

3 アメリカ災害研究と被災者支援・ケアの問題

3-1 アメリカ災害研究の潮流

アメリカ災害研究の流れについて、被災者支援という視点の拡大という観点から検討する。まず、アメリカ災害研究の動向をまとめたものとして、国内では、浦野（2007）と山本（1981）、池田・宮田（1982）の研究をとりあげる。

池田・宮田（1982）は災害研究の「創始期」を1920年から1964年に定める。この時期は、災害発生後の社会的変化の段階のパターン化や、自然災害発生直後の個人の避難行動や情緒的反応、流言、リーダーシップ、パニックなどの人間行動に関する研究がおこなわれる。1965年から1969年は災害研究の「開発期」でありコミュニティや組織レベルでの研究、災害関連組織の研究、発災前の段階に焦点を当てた防災についての研究が出てくる。1970年から1974年は災害研究の「発展期」であり、災害発生前の研究や理論的な研究、災害の長期的影響に関する研究がおこなわれる。1975年以降は災害研究の「最盛期」であり国際比較研究、学際的研究が増加していく。

これとは少し異なる時期区分をしている山本（1981）は、アメリカ災害研究の「台頭期」を1950年代のシカゴ大学の国立世論研究センターや国立科学アカデミー災害研究グループ、テキサス大学などが継続的かつ大規模な災害研究に着手しはじめた時期とし、この時期の災害研究は、分析レベル

が個人であり、対象も発災直後の時期に集中したものであったという。続く1960年代半ばから1970年半ばにかけての「成長期」は、オハイオ州立大学災害研究センター、コロラド大学行動科学研究所を中心とする時期で、組織・コミュニティレベルでの分析、発災後から時間を経た時点へと分析時期も拡大してくるとまとめる。1970年代後半になると、ディシプリン内での共同研究やディシプリン間の学際研究の増大が特徴的となり、この時期は、国際比較研究への志向、発災前に焦点を絞った研究の増加、災害の長期的影響に関する研究の増加、人為的災害への研究対象の拡大、テーマの特定化と諸災害状況間の比較分析による精密化・一般化の努力、共同・学際的研究の増加といった特徴があるという（山本1981）。

浦野（2007: 35）は、1990年代の災害研究はドラスティックに展開していったとし、それ以前は、災害前の対応行動に関する理解や、防災関連機関及び医療衛生などの関連機関におけるマネージメントと組織対応力の強化を実践的な課題として焦点化した研究が大きなウェイトを占めており、連邦緊急事態管理庁（Federal Emergency Management Agency of the United States; FEMA）を中核とした防災システム、合理的な制御による危機管理が先行していったとする。しかし、その後、「ハリケーンの発生や先進国以外の地域における災害が、その災害の被害を拡大させ地域の壊滅にまで導く社会・経済・文化構造が背景にあることが明確に意識されるようになって」（浦野2007: 38）きた。つまり、災害研究の焦点はシフトしていき、制御型の対応だけではなく、社会に内在する災害被害を誘発したり強化したりする性質が論じられるようになる。

関連して、Gilbert（1995）は、災害研究の焦点を、3つの段階に区分する。「戦争アプローチ」、「社会的ヴァルネラビリティとしての災害というパラダイム」、「不確実性としての災害という見方」が、それぞれ優勢となった時期ごとの区分である。戦争とのアナロジーにおいて捉える段階では、災害を、国家やコミュニティに対する外部からの侵略に等しいものとして捉える。災害により生じる物理的・社会的被害と戦争被害との類似性に着目し、被害に対する組織的な対抗に焦点があてられる。国家の安全保障と危機管理という文脈においては、災害は国家や社会の秩序に対する外部的かつ内部攪乱的な

脅威である。「社会的ヴァルネラビリティ」として捉える段階では、戦争とのアナロジーにおいて捉える仕方を問いなおし、1980年代以降、災害は外的な脅威だけではなくて社会のなかの行為によって引き起こされるものとして捉えられるようになる。コミュニティに内在する問題として考えられ、社会的ヴァルネラビリティ（社会システムに内在する災害被害の受けやすさの要因）が注目されてくる。さらにヴァルネラビリティは政治的過程や意思決定過程からも生み出されるものであるという議論、リスクに対してコミュニティや政府は何をおこなうのかという議論が出てくるようになる。そして、「不確実性に重きをおく段階」となる。1990年代に入ると、テクノロジーの災害も考慮した形で、原因と結果が明確ではなく、不確実性の高まった社会において、伝統的な解釈によっては捕捉できないようなリスク・危険が災害の1つの側面として捉えられるようになる。

　これらの論者の研究は、いずれも全体社会に対する自然災害のインパクトやそれへの合理的制御のありかたを読み取ろうとする関心にそってなされた研究に注目しつつも、それだけでは見過ごされる社会的要因に着目しようとしている[13]。災害研究の対象にも年代が進むにつれて広がりが生じた。学際的研究、国際比較研究の増加は、以下に見るように、災害という概念の問い直しやそれぞれの社会のあり方によって災害の被害が異なるという認識をもたらす。個人レベルの被害の多様性に対する焦点も、この流れの延長線上にある。

3-2　誰のための災害研究かという問題提起

　初期のアメリカ災害研究は、戦時の爆撃が人や社会に与える効果についての調査から開始された（浦野 2007）。自然災害のリスクに対する危機管理や組織運営という、そもそも時代的要請を受けたプラグマティックな関心から発展した。このプラグマティックな関心を一方では引き継ぎながらも、さらに他方では一つの観察の仕方からは矮小化されてしまうような被害・経験の質を分析の俎上に乗せようとしてきた。1990年代以降の災害研究にはこの色彩が強い。

　第2章でとりあげるヴァルネラビリティ概念が災害研究のキータームとな

ってきたのは、危機管理の要請や災害研究をおこなう学問領域の拡大、相次ぐ大災害の影響が影響している。つまり何を災害として捉えるか自体が変化し、近年では、ヴァルネラビリティとリスク、リジリエンシー（回復力／適応能力）といった概念の連関を問う理論的な研究も出てきている（Hufschmidt 2011）。

災害という概念については、Quarantelli らを筆頭とする 1980 年代以降の災害研究における「災害とは何か What is a Disaster?」に関する一連の議論（Quarantelli ed 1998）が代表的である。この背景を受けて、災害自体がコミュニティや社会の内部における諸要因との結びつきで考察されるべきという災害概念のシフトが生じ、相次ぐ災害を受けて、災害への反応やリスクの合理的制御、確率論的計算を以てしても、社会内部に既に被害を拡大させ地域の壊滅にまで導く社会・経済・文化構造が災害被害の甚大さを左右する以上、完全に災害を予測できないという認識が広まった（浦野 2007: 38）。災害研究の焦点の変容の過程・視点の拡大の過程においておこなわれた研究として、そして被災者支援という観点につながる研究として、以下に Hewitt のものをとりあげる。

社会科学の立場から災害研究を行ってきた Hewitt（1995）は、*International Journal of Mass Emergencies and Disaster* 誌で 1995 年に組まれた「災害概念のさまざまな社会的構成」[14]という国際社会学協会でのラウンドテーブルをもとにした特集への寄稿（この寄稿は後に Quarantelli 編〔1998〕の『災害とは何か』に所収される）をとおして、議論のもとになった他の論文を批判する文脈で、災害研究から「排除されている視点（excluded perspective）」を指摘している。

アメリカに端を発する組織的な災害研究自体が国家や行政の戦争・災害時の効果的な危機管理への関心の延長上におこなわれてきたものであるがゆえに、災害研究も国家的、行政的な関心に基づいており、その中では誰の被害なのかという点が十分に考慮されていないとする。

Hewitt は物質的な環境と地質上のハザードを専門にしている。彼は、災害という概念は、環境や開発、人口問題、貧困、セキュリティといった事柄と災害の結びつきだけではなく、科学と専門家や行政の実践とをつなぐよう

な近代のインストゥルメンタルな学問領域に適したかたちで、学問的に定義されるとする（Hewitt 1995: 318）。つまり災害研究における災害の定義自体が専門家による視点であったり行政上の視点であったりすることへの批判がここでは込められている。

　この点について、彼は二つのパラダイムを区別する。一つは「ハザードパラダイム」、もう一つは「ヴァルネラビリティパラダイム」である。ハザードパラダイムとは、災害を、「あたかも、全体として、本質としては、脆弱な社会に影響を及ぼすエージェントの機能であるかのように、分類したり説明したり対処したりする視点」である（Hewitt 1995: 320）。すなわち外的な脅威としての自然界におけるハザード（危険要素）を、脆弱な国家・社会がいかに制御するかという、自然／社会の区別を反映したパラダイムである。このパラダイムでは、このようなエージェントに抗する危機管理の目的に特定化された国家の安全に焦点がある。ここでは個人は「集団や集合体、統計的データとしてのGNPへと還元され」（Hewitt 1995: 321）、社会の側の災害を誘発したり被害を拡大したりする要因は「ブラックボックス化」されることになる。

　ハザードパラダイムに対比して、ヴァルネラビリティパラダイムは、「危険の描写や解釈の中心に社会的な（societal）状態」（Hewitt 1995: 323）をおく。自然界におけるハザード（危険要素）もまた社会的実践をとおして構成されたものである。日常生活におけるリスクは多種多様であり、住宅問題や農業、女性の権利保障に関する政策は自然災害の被害に影響し、「自然災害と呼ばれるものの自然でなさ（unnaturalness）」をうみだす。特定のリスクや解決策についての、いかなる社会的提言であっても、他の社会や他のリスクの領域に影響を及ぼす。それらは危険を再配分し新たな依存を生み出しこの領域における資源を奪うこともありえる（Hewitt 1995: 323）。ヴァルネラビリティパラダイムはこのように社会の側の要因に注目する視点である。日常的に、個人や国家、行政、地域社会などの単位が、何をリスクと見なしそれにどのように対処するかは社会的実践の産物である。対処の仕方や対処に用いられる資源が均等に配分されているわけではなく、その不均等な配分が被害の多様性をも生じることは、ヴァルネラビリティの論者が主張してきたことであ

る。

　この視点に代表されるような災害研究の展開は、その研究者のみからではなく災害対応の前線で働いている人々から、そして先進国であっても利益の少ない人々や周縁化された場所にある人々から、推し進められてきたし、革新的な研究やアイデアの発展は、貧困な国家やいわゆる第三世界と呼ばれる国々や伝統が強調される文脈においてなされてきたと Hewitt はいう[15]（Hewitt 1995: 326）。「無視され周辺化されてきた人々や、状況といった声のないそして見えないものの存在」（Hewitt 1995: 327）への着目である。国家や政府からの視点であるハザードパラダイムでは、こういった人々や状況の存在は十分に組み入れられていない。国家的な危機管理ないし国家的な災害対応という目標を暗黙にであれ共有せざるを得ない災害研究においては、「排除されてきた視点（excluded perspective）」がある。

　災害研究においてヴァルネラビリティパラダイムが1980年代以降に徐々に展開してきたことの背景には、第2章にみるように貧困や資源の枯渇、周辺化、グローバルなリスクのローカルな影響といった開発途上国における災害の状況が指摘できる。この災害は国際的な被災者支援のネットワークや先進国とは異なる自然災害の被害をうきぼりにしている[16]。ヴァルネラビリティパラダイムという見方の広まりと被災者支援の国際的な広まりによって、単なる危機管理としての事前の防災という側面だけではなくて、災害直後の救援活動から長期化する被災者生活における被災者への支援のあり方が問われている。

　このような、災害研究の流れとパラレルに、日本国内の文脈においてもまた東日本大震災での長期的な被災者支援とケアの問題を、つまり「排除されてきた視点」を分析するような仕方で、社会学的に考察していかなければならない。

4　自然災害への支援・ケア論的アプローチ

4-1　小括

　ここまでの議論の眼目は、自然災害の被害が個人ごとに異なり、被害は個

別具体的に生じるけれどもそれを捉える視点が不十分であるということである。ここでいえるのは、被災者支援の場としての地域（＝地区）が重要であるということだ。被災者支援は個別具体的なケアの問題と切り離せない。人々はもちろん完全な弱者ではないが、その都度必要なケアを払われるべきである。地域については、自主防災組織や町内会・自治会の防災活動、ボランティア・ネットワークの災害支援の重要性と関連づけられて、阪神・淡路大震災以降に論じられてきた。本書では地域防災と地域での災害対応を連続したものとして捉え、防災体制から災害対応、被災者支援を、一連の流れとして連続して担いうる体制について、ケアに焦点を当てて考察[17]する。

　災害弱者や災害時要援護者とケアの問題については既に上野（2011）や三井（2004）がとりあげているが、弱者にカテゴライズされなくとも、被災地の住民の全てにケアの視点を行き渡らせることが、インフラの復旧と同様に重要である。支援とケアは概念的には異なるが、本書ではケアという言葉を、災害研究との関連で、（支援という言葉よりは）個別具体的なニーズ把握の実践として用いる。また、被災後に状況依存的に変容する心身の健康面での被害やニーズへのケアに焦点をあてる。本書でとりあげるケアには3種類ある。

　第一に、(1) 第4章でとりあげるような（主に女性の担うことの多い家族ケアの一部としての）災害時要援護者災害弱者への日常的な無償労働としてのケアである。ケアの担い手が災害時においてケアを担っているがゆえに困難な状況におかれていることと関連づけて、第4章では地域防災においてもケアの担い手となりやすい女性の視点を組み入れることの意義について述べる。

　第二に、(2) 保健師という（主に女性の活躍する）専門職が災害発生時からその復興過程にいたるまでおこないうる「ヘルスケア」である。こちらは公衆衛生と予防活動という性質が強い。第5章、第6章では災害時要援護者災害弱者とされない人であっても、被災後数年経って顕在化してくる健康被害や健康ニーズ対応への担い手となりうる保健師の活動をとりあげる。

　第三に、ケアの対象という点では (3) 災害時要援護者や災害弱者とは明確には括られないけれどもニーズを持ちケアを必要とする人々へのフォーマル・インフォーマルなケアである。災害と女性に関する研究における、「女性の」被害の内容に依拠して第3章で論じる。

これらのうちのどの種類に該当するケアについても、本書では、ミクロな相互作用としてではなく、防災政策として、また地域防災・災害対応のあり方として、あくまでも地域防災・災害対応において、ケアの担い手や実際の活動をどのように組み入れるのかという文脈から考察する。

　心身のケアニーズ（健康ニーズ）への応答は、その個人が生きていく社会生活の基盤となる。長期化している復興過程において、健康ニーズの把握をきっかけとしながら、個別具体的なケアにつないでいく体制が必要である。この体制こそが地域防災の構想にとって重要である[18]。

　さらにいえば、この課題は、誰が誰に対しておこなうのかというケアの担い手のおびる社会的属性と切り離すことはできない。福祉職のひとがサービスの受け手に対しておこなうのか、母親が子どもにおこなうのか、保健師が住民に対しておこなうのか、ケアには、さまざまなバリエーションがある。関係性や役割を抜きにしてケアという言葉だけを抽象化しても、ケアの内容は見えづらくなってしまう。正しいケアの押しつけのようなことになってしまう。

　ここで、災害弱者とケアの問題をとりあげている先行研究におけるケアの定義を確認したい。

　三井（2004: 2）は、ケアを「他者の生を支えようとする働きかけの総称」であると定義し、身近な人々であれ、見知らぬ人々であれ、職業的に関わるクライアントであれ、自らの関わる他者の生を支えようとする働きかけをケアという、と定義する。生には、生活や生命などのいくつかの異なるレベルがあるが、個人の生きていくことを支える配慮や方向性をもった働きかけを三井はケアという。

　上野（2011）は、ケアという言葉は無条件でよきものとされる傾向があるがそれを解毒するような研究は少ない[19]と述べ、ケアをタイトルとして含む書物の多くは総じて、「ケアを定義せずに用いるか、定義を与えたとしても抽象的な本質規定か、さもなくば漠然としすぎているために、それ以降の議論の展開には意味をなさないものが多い」（上野 2011: 39）とする。上野自身は、「依存的な存在である成人または子どもの身体的かつ情緒的な要求を、それが担われ、遂行される規範的・経済的・社会的枠組のもとにおいて、満

たすことに関わる行為と関係」という定義を採用する。その理由として、この定義には、社会的歴史的な文脈が含まれていること、ケアが相互行為であることが示されていること、役割関係を明確化し成人と子どもといった広い年齢層へのケアが包括的に指し示されていること、身体と情緒のどちらも含んでおりケアの規範性も含みうることをあげている。上野の指摘するようにケアはまさに相互行為である。

　しかし、三井（2004）に比べて上野（2011）のとりあげるケアは広い事例やトピックに及んでいる。ケアの相互行為の過程に着目するか、ケアされる側に着目するか、ケアする側に着目するか、あるいは可能な限り包括的にケアを取り扱おうとするのかによって、実際にケアをどのように定義するかは異なる。

　本書の立場は、三井による定義に近い。すなわち、ケアを「する側」の視点に立つ。そして、他人の生活やその基盤である心身の「健康面」を支える配慮や方向性を持った行為という意味で、ケアという語を用いる。先述したように、災害発生前後と復興過程における災害時要援護者や災害弱者への日常的な無償労働としての世話と、災害時要援護者災害弱者への保健師という有償労働のおこなうヘルスケア、そして災害時要援護者というカテゴリーには入らないけれどもケアを必要としている人々へのケアについてそれぞれ考察し、そのいずれについても「災害時におけるケア」ということで文脈を限定する。この災害時におけるケアの問題は、災害研究、ジェンダー論、保健医療社会学、地域社会論の交点にある問題である。ケアは具体的に地域でおこなわれるし長期的な被災者ケアにとっては地域という範囲が重要な範囲とならざるを得ない。

4-2　いくつかの課題

　支援・ケアという観点から、地域防災ないし地区単位の災害対応の課題として、以下の点を提起する。まず、いわゆる想定外という言葉の示すように被災者支援においてもまた誰がどのようなニーズを抱えているのか（＝誰がどのような被害を経験しているのか）ということすら分からないという状況は自然災害において多く報道されることである。この事態を理論的にどのよう

に記述するのか（→第2章）。被害と社会的属性をどのように結びつけて考察するのか。災害と女性研究は女性のケア労働の災害時の過重も組み込んで女性の被害を記述しようとしてきた。その研究は地域防災・災害対応に何を提起しているのか（→第3章、第4章）。誰がどのようなニーズをかかえているのかわからないような状況にあって地区単位での災害対応はどのようにおこなわれるべきか（→第5章）。そして、専門職の職能といかなるかかわりを持つのか（→第6章、第7章）。これらの課題にもとづいて次章以降の議論を進める。

［注］
1 室井（2011: 4-5）によれば、日本の災害社会学はその出発点においてアメリカ災害社会学の研究動向の影響を受けている。しかし1955年から1965年において、アメリカ災害社会学の研究動向とは別に、都市化と災害の関連を問う研究が河川工学や地理学の研究者を中心に薦められてきた。
2 第2章でとりあげる「場所のハザードモデル」も参照。
3 共同性の文脈からなされた、地域の文化的側面と災害についての考察として田中（2007）参照。
4 リスクを契機としたコミュニティという観点では、倉田（1999）の「防災福祉コミュニティ」というコミュニティモデルが、阪神・淡路大震災を機に提起されている（第4章参照）。東北6都市の町内会・自治会調査をもとに安全・安心コミュニティについて独自の角度からの研究をまとめたものとして、吉原編（2013）も参照。
5 分断という側面から現代社会を考察した理論研究として、三上（2013）の「ディアボリズム」に関する論考も参照。
6 異質性と同質性の議論については吉原（2009）を参照。吉原はグローバル化の状況のなかで同質性を求めるコミュニティへの要求が高まっているという時代認識に立つ。日本型の地縁のあり方はそもそも mixed community と呼ばれるような多様な階層や人々の住む異質性を契機としてきたという。
7 ジェンダーの観点からみると問題はより深刻である。支援金も義援金も受取人は世帯主である。国内では世帯主となっている女性は少ない。震災後に支援金を夫がギャンブルで使い果たしてしまった事例や、DVで別居中の女性に支援金が支給されないといった事例がみられる（河北新報2011年11月5日焦点／被災夫婦、DV増加／宮城）。
8 このほかにも個人のおかれている社会的属性や社会的な立場と被害の格差の関連では、貧困との関連ではいのうえ（2008）、外国籍住民の被災状況については外国人地震情報センター（1996）の研究がある。ジェンダーの問題については第3章で詳述する。
9 自己責任論とケアの関連については、第4章での議論を参照。
10 このほか、障害者の支援という文脈では認定NPO法人ゆめ基金（2013）、情報格差という観点からは田中・標葉・丸山（2012）など。

11 第4章参照。
12 災害とジェンダーの関連でも、「男女共同参画の視点で実践する災害対策」というテキストが東日本大震災女性支援ネットワーク（2013）から出されており、人々の多様性が強調されている（東日本大震災女性支援ネットワーク 2013: 22）。画一的な災害時要援護者というカテゴリーがより細分化されていく。例えば高齢者であってもどのような家族形態の高齢者なのか、健常であるのか、ジェンダーはどうなのかというように、複合的な社会的属性に配慮した把握である。
13 ちょうど第1節でマクロなレベルからの分析としてまとめた研究と共通する関心である。
14 1993年6月にパリ・ソルボンヌでひらかれた国際社会学協会（International Institute of Sociology: IIS）でアメリカのデラウェア大学災害研究センター所属で、アメリカ災害研究を牽引してきた Quarantelli が災害概念に関するセッションを企画した。それぞれの研究者が災害という用語を社会科学的な研究目的に沿ってどのように概念化すべきと考えているのかを示した論文を募集しそのうちの5本を採択した。社会学者、政治学者、地理学者から論考が寄せられた。これらの論考をもとにして、*International Journal of Mass Emergencies and Disaster* 誌で特集が組まれ書籍（Quarantelli ed 1998）化されている。
15 Hewitt のこの認識にならい本書でも被災者支援の実践の文脈からの各種報告書に第3章以降大幅に依拠していく。
16 そのうちジェンダーについては第3章で述べる。
17 第4章と第5章を参照。
18 保健師という職業の持つ可能性について第5章以降で検討する。
19 天田（2004: 66）は、老い衰えゆく当事者がケアを受けるという経験は、その多寡を問わず「他者にみずからの身体を曝け出すこと、自己の秘匿としてきた部分のどれかを医者にゆだねるということ」を織り込んでいる。したがって、「言うならばケアを受ける老い衰えゆく当事者は他者からの暴力性を自ら引き受けなければならない、という根源的な受動性に曝されていることになる」と述べ、それを〈ケア〉をめぐる根源的暴力性と呼び、ケアを受ける立場に立ちながらケアをすることは無条件でよきものであるという規範の「解毒」をしている。さらに、ケア関係にある人々がさらされやすい危険を示している。情緒的つながり、関係性における時間や空間の共有の量、生命を預けているという感覚、そのいずれをとっても、確かに天田のいうように、ケア関係者にとっては互いに様々なタイプの負担は大きいだろう。共依存関係が親密性の中の攻撃を誘発することはその最たる例であるし、介護者がいわゆる心中というかたちで自分もろとも命を絶つ事件は国内で多く報じられきたことからも明白である。

第 2 章
個人のヴァルネラビリティとリスク社会

1　誰がどのようにリスクに対して脆弱なのか

　前章でみたように、ヴァルネラビリティの視点は自然災害の被害を社会的なものとして捉えるための視点である。社会の内部に、個人や集団、社会全体の災害の被害を規定したり、引き起こしたりするような性質があるという認識に基づいている。社会的属性により災害に遭うひとの被害の内容や程度が規定されるのだという主張は、社会学的研究との親和性は強いように思われる。国内の事情をみてもわかるように、いわゆる自然災害は実に多様な物質的かつ社会的な出来事であるのと同時に社会的過程でもある。それをどのように考察するかということについてはさまざまな視点の取り方がありうる。
　グローバルなレベルで一人一人の行為が連関しあうことで、意図せぬ結果ときには重大な副作用を生み出していく現代社会においては、自然災害を自然的なものとして天命や運命や天罰に帰属してしまうことはできない。とはいえ自然災害はまさに社会学的に考察されるべき・社会学になじみのあるターム（不平等、格差等々）を用いて考察されるべきだ、それが災害社会学のすることであると言いきってしまうことにも、留保は必要である。つまりそこでは、研究者側の関心、研究者が災害をどのようなものとして捉え、それをどのように学的なコミュニケーションの俎上にのせているのかが反映されている。
　そういう意味で、本書では災害研究において、災害の被害が社会のあり方に原因を帰属するかたちでどのように考察されてきたのかについて、災害研究における鍵概念であるヴァルネラビリティ概念に関する 1980 年以降の議論をとりあげる。とりあげるさいの軸は、このヴァルネラビリティ概念につ

いての議論のなかで、被害の社会的次元がどのように扱われているのか、身体的なもの、つまりわたしたちの身体が空間的に物質として位置をしめていることの意味がリスクや排除の問題と関連づけられてどのように扱われているのかということである[1]。

　繰り返し論じているように、被害は抽象的な個人のうえに生じているのではなくて、それぞれ生身の個々人において生じている。そして、この被害は日常的な社会生活から連続した社会的排除の現れである。よって、被災者支援をヴァルネラビリティとケアという観点から論じるときに、リスクとの関連や排除との関連を、個別具体的な物質的な身体に照準して整理することが必要である。

　阪神・淡路大震災以降は、災害時といった緊急時に排除されやすい人々（＝第4章で述べるような災害時要援護者）を地域社会単位でどのように平常時から支援・ケアしていけるかといったことが、地域防災の重要な課題となっている。ただし、ここでいう「排除されやすい」という言葉は、事実レベルでの認識である。社会学分野では無反省に使用されがちな「排除」という言葉の語感につきまとうネガティブなイメージを、強調したいわけではない。一般的にみて社会的排除の状況下におかれやすいとされている人々が、いかに自らの状況を切り開こうとしたのか、周囲の人々はそれをどのように支えたのかという視点からの、ある意味でポジティブな研究もまた必要である。その意味では、本著にはネガティブすぎるきらいがあり、大きな限界があるといえよう。この限界については弁解の余地もないが、身体・リスク・ヴァルネラビリティに関する議論を、地域防災といった経験的な文脈にいかにつなげていくかということが、本書の第3章、第4章、第5章にとって重要な論点であるため、このような記述となる。

　そこで、本章（第2章）ではそのための理論的な側面に関する考察をおこないたい。本書の課題にとってまず自然災害の被害をどのように捉えるのかという点は重要であるため、本章では、自然災害の被害の原因帰属や責任帰属について簡略に述べる（第1節）。次に、自然災害の社会学的な考察の仕方の1つとして、自然災害の被害をその人々を取り巻く社会的不平等と関わらせて論じるためのヴァルネラビリティ概念を取りあげ、基本的な論点を確

認する（第2節）。その後、ヴァルネラビリティ論とリスク社会論との比較検討をおこなう。ヴァルネラビリティとリスクとの関連の考察を、原因や責任の帰属の問題に焦点をあてて進める（第3節）。被災者支援は原因や責任帰属を前提にしなければおこなうことができないためどのように被害とリスクを論じるのか、なぜリスクではなくてヴァルネラビリティなのかという点を検討する。最後に、個別具体的なケアを進めていく上で被害をどのようなものとして捉えていくべきかについて、リスク社会における排除の問題とヴァルネラビリティ論を関連づけ比較的狭い「地区」のレベルでの災害対応を考察する上での理論的方向性を示す（第4節）。

2 自然災害による被害の原因帰属・責任帰属

　ヴァルネラビリティ概念は以下に見るように完全に衆目一致するという意味で一義的ではない。近代から現代の社会のあり方に関する議論とリンクしながら一種のリスク論を構成している。災害研究のなかのヴァルネラビリティ概念の背景には、開発途上国の貧困研究や、第1章で述べたような広義でのパラダイムのシフトが指摘できる。
　自然災害の社会学的考察をするにあたって、被害を何に、誰に、帰属しているのかという観点は、進行中の東日本大震災の社会問題を考えるうえで、有意義である。自然災害が自然そのものに責任帰属されてしまうのならば、天災だから仕方ない、諦めろというだけで、国家規模での被災者支援は進まないかもしれないのである。
　社会における自然災害の被害の意味づけや責任の処理、リスクの事前的対処を怠ったことによる事後的な被害の処理・対処は、責任（responsibility）を、社会的行為をとおしてどのように処理するかということとイコールである。生じた被害の背景にある原因や特定の組織・集団・個人の過失性、自己責任の有無について、実際に賠償金や社会的制裁というかたちで償うか償わないかは別として、自然的ではないものに対して被害と何らかの関係があると考えるかどうかである。それぞれの出来事は説明を要し、説明を探すことはしばしば誰が責められるのかといった責任の所在に結びつく（Burton 1982: v）。

技術・管理の不適切さや政策的な欠陥、中央政府の指揮の不十分さ、などといった特定のアクターの責任のみならず、社会の平常時からの不平等性や格差といった広く構造的な責任の所在を、明確な加害者を特定することはできずに問うことが、自然災害の社会学的研究の働きである[2]。と同時に、災害研究と環境社会学との接点もまた、ここにあるといえる。被害とは何かという観点についてである。

　ここで、少し災害と公害・環境問題と自然災害との接点について、帰属の問題を主に考察しておきたい。環境社会学の国内における動向は舩橋（2001）の整理によると、環境問題の歴史的段階と不可分ではない。つまり、環境ひとまずここでは大気や水や土壌などといった有機体の物質代謝に必要な生活環境、経口摂取する化学物質をとりまく社会環境に関する問題は、公害・開発問題期（産業公害、交通公害、薬害、食品公害、自然保護、都市型公害）と環境問題の普遍化期（温暖化、フロンガス、砂漠化、熱帯雨林破壊、エネルギーや原子力、廃棄物、自然資源枯渇問題、公害のグローバル化）の２段階に分けられる。前者は、戦前から見られるものもあるものの、戦後・高度経済成長期の成長主義・開発主義に基づく大量消費型社会を迎え顕在化したものである。後者は、まさに普遍化という言葉が示すように成長以後の日本社会につきつけられている問題である。近年では原発の最終処分場の立地・建設に関する将来世代への配慮や伝達をも含む極めて時間的スパンの長い問題が加わっている。

　後者の問題には自然災害の被害の甚大さを拡大するであろうものも含まれている。後者の意味での環境問題と、災害研究の対象とする災害と呼ばれる出来事とは、現象として近い。治水技術や地滑りの防止は台風被害の大小を決定する。開発途上国では、熱帯雨林の破壊や砂漠化という現象が長期的に水害による被害を拡大している。熱風や高温によるヒートウェイブによる熱中症や熱射病などの死者は多い。災害とは呼ばれなくてもこの被害は環境問題と災害とのちょうど中間にある被害である。環境問題と災害研究の接点を見るときこのようないわゆる自然現象としての類似性や接点を指摘できる。ただ、ここでの問題は現象としての類似性や接点ではなくて、被害の帰属に関する類似性と差異である。

補償という観点からまず見てみる。温暖化や大気汚染などの環境問題や、特定の企業活動の過失や故意によって引き起こされる公害問題は、しばしば帰責先が曖昧である。被害が将来世代において生じうる可能性もある。責任帰属という点では、いわゆる「企業城下町」の場合のように、住民側も恩恵を受けてきたのではないかという言い方などがなされ、加害側がひとつの地域の開発と発展に大きく寄与してきたことが指摘される。それゆえに、問題発見から問題定義、そして責任追及までの時間が大きく開きうる。原発事故の補償の問題は、公害や原爆に類似するため、研究者からも警鐘がならされている（直野 2011）。他にも水俣病の患者の認定基準の問題のように、国の定めた認定基準の緩和を求める患者側の要求の正統性が 2004 年に最高裁により肯定された（北岡・水俣病不知火患者会・ノーモアミナマタ国賠償訴訟弁護団 2010）にもかかわらず、緩和策を取ることの代替案として、国は認定制度とは別に救済法を出し、認定制度に基づく認定申請を取り下げるかわりに、救済法の定める補償をおこなうという対応をしている。この場合、後者の方が金額的にも社会的にも条件が悪い提案であるという（北岡・水俣病不知火患者会・ノーモアミナマタ国賠償訴訟弁護団 2010）。
　このような過去の被災者救済は、津波被災者への補償問題と構造的に類似している。補償のためには責任帰属は必ずしも必要ではない。国や政府からの給付金という形で、国や政府の加害性を問わずに、救済措置や見舞いという形で補償がなされることは、公害問題よりは自然災害の被害に対しておこりやすい。この点は両者の違いである。
　さらに責任帰属という観点に着目するのであれば、地球温暖化の問題のように、企業の社会的責任が問題になることがある。公害問題では、一定の企業が被告として訴えられ、その企業と中央政府との関わりが、指摘されてきた。ただし環境問題は常にリスクとしての要素を含むために、とりわけ法的な賠償責任の帰属が明確でなかったり、現段階では困難であったりするという特徴が指摘できる。環境問題といってもさまざまではあるが、経済効果と相克しないかたちで環境問題への対策が選択されていくのである。さらにこの環境リスクの問題は、受益圏と受苦圏の立場の不均等を示すものであり、福島第一原発事故を中心 - 周辺図式で把握すること（山下〔2013〕、開沼

〔2011〕など）と類似する。受益圏は、しばしば上記のようなコスト‐ベネフィットの計算に基づいて、環境リスクを誘発するような選択をおこなうかどうかについての決定者であり、受苦圏は決定に参与できずしかし環境リスクの及ぶ、または未来において重大な被害に見舞われる可能性のある地理的な範囲[3]に住まう被‐決定者である。

　この点との関連では、小松（2003）がルーマンのリスク／危険の区別と受益圏／受苦圏の区別とをあわせて論じている議論が参考になる。敷衍すれば、ルーマンのリスク論は行為者のおこなっている観察の観察（セカンドオーダーの観察）の地点に立つ。ある行為者がおこなうあるリスクに関する行為は、未来において生じうる損害を念頭にいれながらコスト‐ベネフィット計算のもとにおこなわれる。つまり生じうる損害と便益を計算しそのリスクを選択するかどうかを決定できるということである。その反面で、他人の決定に影響や抗議をおこなうことができないけれども、その決定の結果を損害として被ってしまう人はリスクテイクの決定ができず、単に危険を身に被るだけである。

　自然災害との関連でいえば、建物が地震に弱い作りになっていることを知っていて引っ越すこともできたのにあえてそこにとどまり、ありうべき損害が自分の決定に帰属できる（自己帰属）なら、それはリスクであるし、建物の倒壊によって被るさまざまな損害を、地震が起こったという自然の出来事に帰する（外部帰属）のなら、未来における建物の倒壊の可能性は、危険である（小松 2003: 32）。リスクか危険かを判断するのは誰かというと、観察者である。私たちは社会において他人が行っている自然災害の原因・責任帰属を、これはその人にとってのリスクなのか危険なのかという観点から、観察している。地震に対する地震保険への加入や倒壊防止器具の取り付けをしている人がいるならば、その人にとって地震はリスクとしてその行為に自己帰属される[4]。

　もちろん補償の対象とならない被害の方が多いことは容易に推測できる。そのような多様な被害に関する社会学的アプローチとしての、環境社会学における被害論は、飯島伸子を筆頭として論じられてきた。舩橋（2001: 39）によると医学的研究が、主要には人体としての被害者に注目するのに対して、

社会学的視点は生活者としての被害者を把握しようとし、その生活総体への打撃として被害を捉えようとする。ここに被害論の力点がある。あわせて、社会過程のなかでの被害の増幅における派生的被害すなわち、差別や日常生活における対人関係への影響、生活に必要なさまざまな動作の障害、社会的孤立もまた、被害論の論点である。

　公害の被害は、重篤なものばかりであるとは限らず、日常生活場面でその人の QOL（生活の質 Quality of Life）や対人関係の機微を損なうかたちで生じる。例えば、水俣病の患者の日常生活における被害の多様性は以下の記述から読み取れる。「言葉がうまく話せない、耳が遠い、食べ物の味がわからない、めまいがする、物忘れがひどいといった症状も見られます。食べ物の味がわからないという点については、宴席等に出席しても寂しい思いをしながら、おいしいという周りの人に話を合わせていたとか、味見ができず、家族に、おいしい食事をさせてあげることができないという訴えがあります」（北岡・水俣病不知火患者会・ノーモアミナマタ国賠償訴訟弁護団 2010: 29）というような記述である。多様で曖昧な被害の全てに対して水俣病の認定基準を開くということが困難であるにしても、法的な賠償責任論に乗らない被害、医学的に検証されたり数値化されたりすることのない生活場面での個別具体的な被害に対しては、ケアに基づく被害者へのさまざまな社会的な支援がなされるべきである。このことは自然災害についても同様であり、被害を広義に捉えていかなければ継続的な被災者支援を進めることはできない。

　ただし、本書の焦点は、テクノロジー問題や公害問題の被害ではなくて、自然災害の被害である。自然災害では、住宅倒壊の程度の認定や、支援金の支払いだけではなくて、継続的な支援のあり方、その支援を誰が行うべきかという責任が、長期化すればするほど問題になってくる。自然災害の被害は、誰かの過失や社会構造の生み出す不平等から生じる側面をもつ。

　以下に検討するヴァルネラビリティ概念は、まさに自然災害の社会科学的研究にとって、1つの視角となる概念である。この概念を軸としながら、被害の原因・責任帰属の問題、リスク社会論との関連について、次節でとりあげる。

3　ヴァルネラビリティ概念とリスク社会論

3-1　ヴァルネラビリティ概念の多様性

　まず、本書でいうヴァルネラビリティとは、個人の自然災害時における被害の受けやすさを自然的ではない要因、つまり社会的格差や不平等、その都度置かれている社会的状況に結びつけて論じるための視角である。いわば被害の社会性を考察し、被害の個人差・社会的属性間の差を示す。ただしこの概念は広い意味で用いられるため、災害研究以外での他の用いられ方についても概観しておく必要はある。

　同じくヴァルネラビリティという言葉を用いていても以下の議論とは異なる。現代思想の分野にみられるような議論、国内では災害研究として似田貝（2008）が災害ボランティアを論ずるときに示す「可傷性」論[5]、教育社会学や人類学におけるいじめの研究における攻撃誘発性としてのヴァルネラビリティ論（代表的なものとして山口〔2007〕）、コミュニケーション論における傷つきやすさに関する議論（Goffman の議論については木村〔2007〕）、一般用語では、コンピューターや IT システムの脆弱性についての議論、社会福祉学の分野での「社会的バルネラビリティ［ママ］」（三浦 2011）についての議論である。

　災害研究においてはこの概念はもう少し広く使われる。社会的ヴァルネラビリティ（＝社会的脆弱性）として、浦野（2008: 38）のいうように社会・経済・文化構造の中に潜むヴァルネラビリティが指される。それは、自然災害の自然的・物質的側面だけではなく、例えば、災害の常襲地域における開発が進み、海岸地域にコンドミニアムが立ち並んで、結果的に災害がその地を襲ったときには、莫大な経済的被害が発生する、というように、平常時の社会・経済・文化構造の自然災害からの被害を左右する性質である。ここでは個人というよりも社会システムの脆弱性が示される。

　この性質を考察するときに、ハザードとディザスターの区別は決定的に重要である（田中 2013）。人の居住しない山奥で地震が起きてもそれは災害とはならない。災害とは人に何らかの害が及ぶものである。また、震度として

は等しくても、ある国で起きた災害と別の国で起きた災害とでは、被害内容は異なる。この時、地震そのものや、津波・地滑り・台風・ハリケーン・洪水といった自然的・物質的な出来事[6]それ自体はハザード（自然界の危険要素）であるが、それによってディザスター（災害）として、いかなる被害が人間や社会に対して及ぶのかは、その社会のあり方によって左右される。

「災害の人類学」者の Hoffman と Oliver-Smith（2002=2006: 7）は、災害は、物質的世界と社会的世界の両者が合体した空間において出現する多次元的なものだとする。人間集団や社会と、破壊をおこす可能性のある素因（＝ハザード）とが、歴史的に作り上げられた脆弱性のパターン、つまり場所・社会基盤・社会政治組織・生産分配体制・イデオロギーのなかで明らかになるパターンを介して結びつくものであると述べている。このように、ヴァルネラビリティは、ハザードという用語と対となって災害を定義する。

同様に、UNISDR（The United Nations Office for Disaster Risk Reduction）の公式サイトにおけるヴァルネラビリティの定義を見ると、「ハザードの損害からの影響の受けやすさの程度をきめるようなコミュニティやシステム、財 assets の特徴や環境」と定義されている[7]。同じ箇所の注記では、「ヴァルネラビリティは多様な側面を持ち、それは物質的なもの、社会的なもの、経済的なもの環境的なものなどのさまざまな要因から生じ」るとされる。「建物の設計や建造の劣悪さや、適切ではない財産保護、公的な情報や啓発の欠如、リスクや防災に対する公的な認知度の低さ、環境管理の不十分さ」が例にあげられている。

さらにヴァルネラビリティ概念は池田（2010）も指摘するように、環境問題や貧困研究との接点が強い。確かにグローバルな環境変動、それに関する政治的な決定、貧困は、相互に関連しながら、開発途上国の災害の被害を左右している。

地球環境変動との関連では、Adger（2006）は、ヴァルネラビリティを、「環境的ないし社会的な変動や、変動に適応する能力の欠如と関連して外圧にさらされ害を被る可能性のある状態、もっとシンプルには害を被る可能性」とし、この時に害を被るのは個人ではなく、社会-環境システムであるとしている。ここでは、害があるかないかが重要である。もちろん何を害と

見なすかということは社会学的な論点であろう。地球環境変動の分野ではヴァルネラビリティは環境的要因と結びつけられる。同じく、Adger（2006: 270）は、ヴァルネラビリティ概念は次のような特徴があるとする。つまり、混乱や外的なストレスへの暴露（exposure）やそれへの敏感さ（sensitivity）、適応能力といった概念から構成されているということである。暴露はシステムが環境的・社会経済的なストレスとして経験する事柄の性質や度合いに応じて異なり、敏感さとはそれによりシステムが変化する度合い、適応能力とは変化に対してどのように対処していくかを規定するものである。

　同じく環境要因に着目したものとして、Cutter et al（2003）のものがある。Cutter et al（2003）は、ヴァルネラビリティ研究には次の特性があるという。極度の自然的な出来事（揺れや水の氾濫、旋風などそのもの）に対して人々や場所を脆弱にしている状態の特定化としての暴露モデル（exposure model）、つまりどのような脅威に人々や場所がさらされやすいのか、ヴァルネラブルであるのかに基づいており、その状態は社会的な状態であると考えるということである。先のAdgerに比べると、システムというマクロレベルのものというよりは人々や場所といった個別的なものそれぞれの脆弱さが念頭におかれている。社会的ヴァルネラビリティは、人々の個人的な特性である年齢や人種、健康状態、収入、居住形態、雇用状態を用いて記述されることが多く、それは社会的不平等から生み出されているという（Cutter et al 2003: 243）。同時に、彼らの提示するHazards-of-Place model（1つ1つの場所間における災害への脆弱性の違いや、それぞれの場所の性質が社会的ヴァルネラビリティにもたらす影響）にも注意が促される。都市化の度合い、人口増減、経済力は社会的ヴァルネラビリティと影響しあい、その場所の物質的要因や生態的要因を構成する環境要因が、その場所のヴァルネラビリティを規定するものとして描かれる[8]。Cutterらは、場所のハザードモデルのモデルに基づき、各種の統計データから社会的ヴァルネラビリティを測る指標を考案してアメリカ合衆国の諸都市・諸地域の社会的ヴァルネラビリティを地図上にマッピングしている。

　さらに、ヴァルネラビリティ概念を、概括的に整理しているものとして、Hufschmidt（2011）の研究がある。ヴァルネラビリティ概念は、学派や論者

や研究領域によって射程が異なる。Hufschmidtはヴァルネラビリティの明確な定義はおこなわないものの、様々なヴァルネラビリティ論の比較検討をおこない、共通性や差異について述べている。

　概念的な整理という点で、Hufschmidtは、ヴァルネラビリティについての6つのモデルを区別する。区別にあたりヴァルネラビリティ概念・ヴァルネラビリティ論に影響を与えてきた先行研究を次のように二分する。つまりこの概念と議論のルーツを大きく「人間生態学派（human ecologist school）」と「構造パラダイム（structual paradigm）」とに二分している。

　人間生態学派はシカゴ学派とも呼ばれ、自然災害への人間の合理的な適応能力、つまり、周りの自然環境、物質的環境もまた人間の行為からの影響を受けて、さまざまな適応戦略が災害脆弱性を強めたり弱めたりすることに注目する。自然的な力からのみというよりはむしろ、人間の間違った適応の仕方から自然のハザード（危険要素）や自然災害が生み出されること、人間は自然災害により引き起こされる潜在的にネガティブな影響を軽減するために自然のハザード（危険要素）に適応できるしそうすべきであることが、この学派の考えの中核である（Hufschmidt 2011: 624）。

　他方で、アメリカにおいて流行ったこの人間生態学派の見方に対して、社会経済的ならびに政治的な構造こそが、開発途上国の災害において増大する損失の原因の帰属先であるという「構造パラダイム」が地理学の分野から出てくる。前章でふれたHewittは、支配的な見方と「排除された視点」とを対比して、理工学的ないし国家的な危機管理のあり方を、ヴァルネラビリティ論から批判した。Hufschmidtによれば、Hewittの研究はこの構造パラダイムの初期に位置する。

　以下、次節で重点的にとりあげるのもこの構造パラダイムの方である。このパラダイムは、災害への適応能力自体が不平等や格差に裏打ちされているという認識に立つ。上記の二つの見方のどちらもが適応能力を焦点化しているが、後者になると、手段的に適応するための活動に必要な資源へのアクセスの制限という障壁に焦点（Hufschmidt 2011: 625）がある。後者のパラダイムについてリスク社会論との関連で考察するが、中でもWisnerらの定義に注目する。なぜなら、Wisnerらは、単に社会システムの脆弱性というマク

ロな要因からヴァルネラビリティを捉えるのではなくて、そのマクロな要因がいかに個人に影響するのか、といった個人や集団レベルでのヴァルネラビリティについて論じているためである。

3-2 ヴァルネラビリティの構造パラダイム

ヴァルネラビリティの定義として、多く引用されるものが、国内でも東日本大震災以後に取りあげられてきた Wisner et al（2004）の定義である。この定義の背景には less developed countries（LDCs）（以下、本章中でも LDCs と表記する）における災害（先進国における災害ではなく）が背景にあることが、この研究では明示されている。例えば、洪水のさいに被害の大きい氾濫原の地帯、火山の斜面にあたる地帯、地震の多い地帯への居住は、その人々のおかれている政治経済的な状況を反映しやすい。知識や情報などの資源へのアクセスや収入、財産も、異なる社会集団に対して異なる仕方で分配されている。ゆえに危険も不均等に分配されていることになり、この事態は富の分配や社会保障上の格差からなる差別構造に端を発する。これが、LDCs の人々の日常的な状況である。よって、自然災害は自然界のハザードと人間行為（human action）との混成物であるといわれるのである。このハザードという言葉には、後述するが地震や地滑り等の自然物質的な（physical）出来事の発生頻度や規模等、自然界に内在する危険要素が想定される。

それだけではなく LDCs で生じる災害は「単発の出来事というよりも、ヴァルネラブルな人々（vulnerable people）が、家族や住まいや生活に対する複合的かつ相互強化的で、かつしばしば同時的な打撃によって、頻繁に繰り返し脅かされる」（Wisner et al: 2004: 5）ような、一連の連鎖的な過程である。図 2-1 は自然 - 社会の区別に基づいた自然災害の被害と因果についての、大まかな見取り図である。自然災害は自然環境の多様性のみならず、社会関係の多様性（さらにいえば階層関係）の双方から理解されるべきであるが、単なる社会統計学的な変数（階層や教育、貧困、年齢、ディスアビリティ等々）に還元しきることはできない。自然環境が人間の活動に対して何を可能にしているのか（図 2-1 でいえば 3 のボックス）という自然と人間の間の空間（場所）的な関係性の歴史、アフォーダンスによっても規定されることになる[9]。

ではここでヴァルネラビリティはどのように定義されているか。いいかえれば被害の原因として何を彼らは主張しているのか。自然災害の被害は単なる自然的な出来事が最も決定的な原因であるという彼らのいうところの支配的な見方を否定するわけでもなく、人がたまたま悪いときに悪い場所にいた（in the wrong place at the wrong time）という事実の他に、人々の被害の説明に社会的ヴァルネラビリティを持ち出すことの余地はほんの少しあるばかりだとしつつも、彼らによるこの概念は実はかなり包括的である。

> ［ヴァルネラビリティという言葉の］共通の意味は、損害（damage）や傷害（injury）にさらされている、もしくはさらされるおそれのあるということである。（中略）ヴァルネラビリティという言葉で私たちが意味するのは、自然災害（極端な自然的な出来事や過程）のもたらす衝撃に未然に備えたり、その衝撃に対処したり、その衝撃に抗ったり、その衝撃から回復する［(1)］能力（capacity）を規定するような個人や集団の［(2)］特徴（characteristics）ならびに個人や集団の［(3)］状況（situation）のことである。ヴァルネラビリティは、人の生命や生活、資産、その他の財産が、自然あるいは社会の個別の特定可能な出来事（またはそれらの出来事の連続）によって、どの程度リスクにさらされるのかを規定する諸要因の連関をも含んだものである。(Wisner et al: 2004: 11)

まず（1）能力（capacity）に焦点が当てられている。この（1）能力は、個人や集団の（2）特徴と（3）状況に規定される。つまりヴァルネラビリティは個人や集団の特徴のみではなくて状況という曖昧なものも含んだ概念である。しかし単に（2）を指して社会的属性のことであろう（年齢や階層やジェンダーやエスニシティ）というのは早計である。もちろんそういった社会的属性を結果的には指すのだが、この定義でほのめかされているのは、個人や集団の今ある状況を構成している、歴史的な（時間的な）社会における位置である。それが観察可能になるには、先に述べたような年齢、階層、ジェンダー、エスニシティ、あるいは障害の有無であるとかひとり親世帯であるとか、たまたま交通事故で怪我をしていたとか、災害危険区域を通勤のため

```
┌─────────────────────────────────┐
│ 1．自然環境の多様性・バリエーション │
└─────────────────────────────────┘
                 ↓
┌───────────────────────────────────────────────┐
│ 2．機会やハザードの不均等は配分とその空間的な多様さ │
│ 自然・地理がそれぞれの場所において（空間的な）多様なあり方を │
│ 持つことは環境が人間行為にアフォードする生活・生業の機会や、 │
│ その環境の持つハザード（危険要素）を規定し、ある場所は他の場 │
│ 所よりも地震や洪水などの災害の危険が高かったり、ある場所は農 │
│ 業に適していなかったりすること                    │
└───────────────────────────────────────────────┘
                 ↓
┌──────────────────────────┐  ┌──────────────────────────┐
│ 3．人間の活動のための機会、位置、資源 │  │ 4．人間活動に影響を与えるハザード │
│ （例）農業用地、水、鉱山、エネルギー資源、│  │ （例）洪水、干ばつ、地震、ハリケーン、│
│ 建設用地、住んで働く場所          │  │ 火山噴火、疾病               │
└──────────────────────────┘  └──────────────────────────┘
                 ↑
┌───────────────────────────────────────────────┐
│ 5．機会へのアクセスの不均等やハザードへの不均等な暴露 exposure を規定するような社会過程 │
└───────────────────────────────────────────────┘
┌───────────────────────────────────────────────┐
│ 6．階層、ジェンダー、エスニシティ、年齢階級、障がい、在留資格等の状態 │
└───────────────────────────────────────────────┘
┌───────────────────────────────────────────────┐
│ 7．社会システムと権力関係                           │
└───────────────────────────────────────────────┘
┌───────────────────────────────────────────────┐
│ 8．国家的・国際的な規模での政治経済システム             │
└───────────────────────────────────────────────┘
```

図2-1　自然災害の要因図式（Wisner et al〔2004: 8〕を参考に一部改変）

※例えば、洪水に見舞われやすいという自然環境（1、4）は、農業経営や居住に対して痩せた土地をしか提供できず（2）、生活の維持にとって生産可能な活動を制限する（3）とともに、しばしば開発という国家的プロジェクト（8）はその国家内部の権力関係（7）において、人々の属性ごとに（6）機会へのアクセスの不均等（5）やハザード（1、4）への不均等な暴露（5）へと帰結するといえる。自然環境からの恩恵という意味でも社会的な補償という意味でも、より災害の被害を受けやすくなる人々は、平常においてもさまざまな機会から疎外された自然-社会的な環境のなかで生活している。

に通らざるをえなかったとか、ありとあらゆる説明要因が用いられる。ただし、いまあるその人一人一人の被害は、その人が○○という社会的属性を持つからである、という説明をしてしまうのであれば、この概念は大きな意味をなさない。そうではなくて、その人が○○という社会的属性を持つことの長い生活歴や個人史、場合によっては個人のそれではなく、属する民族や集団の集合的な歴史が、彼女らのヴァルネラビリティとしての能力の程度を形成しているというのである[10]。

　さらに、ヴァルネラビリティとは能力の程度であることに注意が必要である。ヴァルネラブルであることの対義語としては、「安全であること（secure）」が例として挙げられているが（Wisner et al 2004: 12）、ヴァルネラビリティという言葉で彼らは一つのスペクトルを想定している。スペクトル的に悪い方向に位置する（＝ヴァルネラブルな）状態は、時間軸上やその時々の状況の如何によって、一人の人間や一つの集団においても、変動しうる。つまりこういう人ならば確実に安全か危険かといったことではなくて、それは連続的なものとして捉えられているし、状況依存的なものとしても捉えられている。では、ヴァルネラビリティとは危険やリスクという言葉とイコールなのか。

　まず、ヴァルネラビリティとリスク・危険との関係について彼らは、次のように定式化する。

RISK = Hazard × Vulnerability

　ここで、リスク・危険＝ハザード×ヴァルネラビリティ（リスク・危険はハザードとヴァルネラビリティの積である）という式における「ハザード」とは、「海岸線、山腹、断層、サバンナ、熱帯雨林などのように異なるそれぞれの場所に単一的にもしくは複数的に影響を与えるような」（Wisner et al 2004: 49）、地震・津波・台風・ハリケーン・大火・地滑りなど（＝災害因）の自然的・物質的な出来事（event）である。予知や予測といった科学的な知識の第一の対象となるのはこのハザードである。

　ハザードが、社会的なレベルでの機能不全をおこすような災害現象を構成

するためには、被害として同定できるものが必要である。ひとの居住していない未踏の大地で地震が生じてもそれは災害とは呼ばれない。ハザードが起きてもヴァルネラビリティがそのハザードの影響を拡大させる（被害を大きくするような）程度でなければ、彼らのいうところのリスク（＝被害）も小さくなる。災害は、外的な手助けがなければ復興ができないような仕方で、非常に多くのヴァルネラブルな人々がハザードを経験し、生活の破壊や深刻な損害に苦しむときに、生じる（Wisner et al 2004: 50）。

　このことを示したのが図2-2である。これはPAR（プレッシャー＆リリース）モデルと呼ばれており、リスクと災害がほぼ同じものとして扱われているのが図からわかる。左側の1・2・3として示されている過程は、ヴァルネラビリティが拡大していく過程であり、右側のハザードと合わさることで災害が生じるとされる。これらは、国内の災害に関する研究（田中 2013、池田 2010）でもしばしば言及される基本図式である。1の根本原因 root causes としての、権力、構造、資源へのアクセスの制限や政治システム経済システムが、この図では、一番左側に置かれており、彼らはこれらの要因がヴァルネラビリティの根本的な原因であるという立場をとる。つまり、災害の被害の原因として、ハザードの生起以外の要因として、構造的な要因を打ち出すのである。潜在的にしても顕在的にしても災害被害のリスク・危険は、ハザードと同一視できるものではなく、社会的要因としてのヴァルネラビリティに起因すると捉えている。リスク・危険は、さまざまなハザードと、複合的な社会的要因の連関として、それが潜在的・顕在的にであれ、部分的には予測可能になる。

　では、積算であることの意味は何か。彼らの著作の1994年の初版では積算ではなく、乗算だったものが、2004年の第2版では積算に改められている。ヴァルネラビリティは、さまざまな、社会における根本的な原因（権力、構造、資源へのアクセスが制限された状況、政治・経済システムといったイデオロギーと関連した状況）が、人口変動や開発や諸制度の欠如（不十分さ）を介して、安全ではない状況（建造物、地域経済による生計の困難、特定集団に対する不平等、ローカルな制度の欠如、防災や感染症予防の困難）を生み出し、平常時から積み重ねられた圧力（プレッシャー）が、自然のハザード（地震や噴火等

```
        ヴァルネラビリティの進展 →

1:              2:              3:
根本原因          動態的な圧力      安全でない状態    災害        ハザード

                欠如            物質的環境                     地震
                ・地域組織        ・危険な立地      Risk =
                ・訓練          ・補強されて      Hazard ×     サイクロン
                ・適切なスキル     ない構造物や     Vulnerability
限られたアクセス    ・地域経済       インフラ                    ハリケーン
・権力           ・地域市場
・構造           ・表現の自由      地域経済                     台風
・資源           ・公的生活に      ・生計のリスク
                 おける倫理基準    ・低所得                     洪水
イデオロギー
・政治システム     マクロな力       社会関係                     噴火
・経済システム     ・人口の急激な    ・特定の集団へ
                  変化           のリスク                    地滑り
                ・加速する都市化   ・地域組織の欠如
                ・軍事費用                                   干ばつ
                ・債務支払い計画   公的な政策や制度
                ・森林伐採       ・防災の欠如                  感染病
                ・土壌の生産     ・感染症の広がり
                 性の低下
```

図2-2 Wisner et al（2004: 51）におけるヴァルネラビリティの進展に関する PAR（Pressure and release）モデル

その他の災害）の勃発によって一気に顕在化する。

　ここで顕在化するのが被害であり、ヴァルネラブルな状況である。積算の意味は、単に圧力とハザードが平板に重なるというのではなくて、複合的に、より発散の力を強めるようなかたちで関連し合うということである。一端発生した災害に対して、人は行為のレベルで反応し、対処し、適応しようとする。問題は、この反応、対処、適応するための社会的資源や能力が不平等に配分されているということだ。以上が、ヴァルネラビリティそれ自体の構造的な見方における代表的な定義である。

第2章　個人のヴァルネラビリティとリスク社会

4　個人のヴァルネラビリティとリスク社会論との乖離

4-1　リスク・被害と帰属

　リスクや被害への対処を論じるさいに、それらのリスクが行為者によってどのように観察されているのか、という観点は本書の課題にとって必要である。何をリスクと見なし誰にどのようなニーズが生じうるとされるのか、リスクはどのように観察されているのかという観点から、さらにヴァルネラビリティ概念を検討する。自然災害の社会学的研究もまた、自然災害のリスク・危険をそして被害をどのように扱うことができるのかという点で、観察の問題は避けて通ることができない。先述の図2-2でいうリスクとはどういうものか。

　ヴァルネラビリティ論は被害を社会的な要因から考察するが、図2-2を見る限り、リスクは実際に生じる損害の可能性（＝災害が生じた場合の被害）や既に生じた被害などと、ほぼ同様の位置をしめている。さらに、図2-2の3では安全ではない状況という言い方で、リスクと対比されるところの安全という言葉も出てきている。安全ではない状態はここで、危険な状態ということになるのか。安全か危険か、リスク概念を他のどの概念と対比させるのかという、区別に関する問題はリスク社会論でも議論される。決定者／被影響者という区別を、リスク／危険の区別のさいの前提としているLuhmann（1993）や、Nassehi（2002）のリスク論では、安全か危険（リスク）かというときに、危険とリスクが同義語なのではなく、安全と危険、危険とリスクなどそれぞれ何をどのように区別の軸とするかによってターミノロジーが使い分けられてきた。

　ただしこれらの問題が社会学の分野で扱われる限りは、リスクや危険に関する被害を社会学的な議論にのせようとする点は共通している。正確には、被害の原因帰属と、その社会学的考察が、この議論にとっては、暗黙的にであれ、明示的にであれ焦点となっている。危険を何と区別するかという軸をどこに定めようとも、被害の社会的次元を考察していることになる。

　その自然災害の被害が考察されるさいにも、二つの方向があることを以下

でみたうえで、ヴァルネラビリティ概念とリスク概念との関連を考察する。その2つの方向は、まず（1）社会構造から生み出されるものとしてリスクや被害を定義しそのようなリスクを考察する仕方と、（2）リスクや被害の定義され方それ自体を考察する仕方である。この2つは異なる。（1）は、リスク・被害が社会的な過程をとおして生みだされる、つまり社会構造ないし日々の営為から生み出されることは既に議論の前提である。ヴァルネラビリティ概念はこちらの意味でのリスク概念に近い。（2）は、リスク・被害の説明や帰属、例えば法的な賠償責任が問題になるケースにおいては責任帰属のされ方そのものについて考察する場合である。何をリスク・被害とみなしどのような説明をするのかという定義づけの行為がどのようにおこなわれているのかという、コミュニケーションの側面に注目するものである。Luhmann（1993）や、Nassehi（2002）におけるリスク／危険の区別はこの後者に関するものである。

　ここで、（1）前者の意味で危険を捉える見方を、リスク・被害の構造論、（2）後者の意味で危険を捉える見方をリスク・被害の過程論とするならば、この二つの区別は、危険（リスク）の実在／構築や危険（リスク）の社会的／認知的側面といったような、既存の軸とは異なる。後者の場合、Luhmann（1993）が問題としたように、実在／構築や社会的／認知的という軸では捉えきれないような、リスクの帰属（原因帰属・責任帰属）実践を念頭にいれることが、東日本大震災の被害を考えたさいに重要となる。そして本書の課題とも重なる。それゆえに本項では、構造論と過程論という区別からこの帰属の問題を視野におさめてみたい。自然災害の被害をどのようなものとして考察するかという本書の課題に対して、リスク・被害の帰属に注目する視点をここで検討しておく。まず帰属の時間性、事前と事後の時間区分についてである。

　帰属は基本的に事後的なものである。ただし事前にでも、危険（リスク）を事前に評価し対処する実践、つまりリスクを何と結びつけて論じるのか、リスク対処の何が誰にとっての問題なのか・生じ得る被害はどのようなものか、リスクを承知でひとつの選択を取ることで生じる新たなリスクが顕在化し何らかの害が及んだ場合に誰が未来において責任を持つのかということに

焦点を当てた実践は、おこなわれる。

　例えば、それは個人のレベルであってもリスク管理能力として、地震保険への加入や住宅の耐震補強、場合によっては非常時に頼ることのできるセーフティネット獲得の自助努力として推奨される。事前に責任を明確にしておくということは、組織運営にとって不可欠である。リスクと呼べるためには少なくとも何らかの予測が事前に成立し、どのような損害が生じるのかということをあらかじめ見積もることができなければならないのである。ただしリスクには事前に予測不可能なものも含まれる。

　事前に予測不可能なリスクは、複雑な因果が時に世界規模でさまざまに結びついた結果、どの範囲で生じるのか、例えば、特定の受苦圏なのか、開発途上国においてグローバルな格差がおしよせるエリアなのか、地球規模でのそれなのかが、不確実な種類のリスクである。そうすると被害について、その生じた事後に原因や責任を何に・誰に帰属するのかということは、世界規模であればあるほど、そして被害が大きければ大きいほどに著しく困難である。Young（2013）は、賠償責任モデル（liability model）と社会的つながりモデル（social connection model）とを区別し、グローバルなリスクの連関のなかで歴史的に生じる、特定集団や個人に対する損害の責任の捉え方について、法的な賠償責任ではなく、より広い時間的・空間的な責任モデルとしての後者を打ち出した。もっとも、仮にグローバルな経済社会構造にその原因を求めること、この背景から災害の被害をまさにヴァルネラビリティ論が指摘しているような仕方で指摘することはできても、特定の組織や団体や人に対して責任を法的に取らせるのは困難である[11]。このことは東日本大震災の多様な被害を見ても明らかであろう[12]。

　「帰責と責任——因果性と罪——についての確立した規則は無力となる。これを研究や裁判にたゆまず適用しても、反対の結果、つまり、危険を増やし、その匿名化が正当化される」（Beck 2011=2011: 2）と指摘されるように、特定の組織や集団に対して被害の責任帰属が、福島第一原発事故の後には、困難な問題となってきた。ここで、いかなる論理でもって多様な被害の原因（因果）と賠償責任（罪）を認定するかということは、危険（リスク）をどのように社会的行為をとおして定義するかというその都度の行為の考察（過程

論）がかかせなくなる。賠償責任といった法的に追究しうる責任の帰属も困難ななかで、先に見た社会的つながりモデルにおける責任ということになると、多くのひとの被害が私たちひとりひとりの生活と無関係ではない。

一方で、災害研究のヴァルネラビリティ概念は原因帰属を経済社会構造に対しておこなっている点では議論をクリアにし、社会的不平等と格差、何よりもマイノリティに関する議論の土台となる。つまり、災害研究における構造パラダイムを重視するようなヴァルネラビリティ概念はほとんど構造論のような関心から立論され、社会構造の内部で危険（リスク）が階級的に不平等な形で生み出されることを強調し、そのような根本原因（Wisner のいうところの root causes）の改善の重要性について提起している。

他方で、Luhmann によるリスクの社会学にみられるような議論では後者の過程論こそ、まさに本題である。いくら構造的に危険（リスク）が生み出されるとはいっても、小松（2003: 69）が Beck の議論の特徴を考察するかたちで述べるように、「リスクが社会的行為の概念あるいはコミュニケーションの概念と適切なかたちで結びつけられていない」のであれば、東日本大震災以後に国内で噴出する問題である被害と原因帰属・責任帰属の問題（＝過程論の課題）は十分に扱えないであろう。

それだけではなくて、前者のような（＝構造論）関心に立つリスク社会論でさえも、それに比較的近い見方であるような構造パラダイムに立つヴァルネラビリティ論者からすると、距離のあるものである。リスク社会論のいうリスクは近代西欧社会のリスクであって、開発途上国（Wisner の言い方では LDCs）における危険とは異なる。この指摘は、西洋中心的に組み立てられたリスク社会論の枠組みをとおして他のあらゆる社会における自然災害の被害を捉えようとすることについて留保を要求する。

> ［本著においてリスク社会論について直接的に言及しない理由は］それらが、第一にはより開発が進んだ産業社会の国々におけるテクノロジーのハザードや、その国々が自己規定しているような後期近代の条件に焦点を当てているからである。対称的に、私たちはより開発の進んでいない国々において経験されたり解釈されたりするものとしてのリスクに直接的に注意を払っている

(中略)ちょうど私たちが本著においてヴァルネラビリティの根本原因[13]を探求するのと同じようにBeckは環境的な危機の根本原因を探求する。(中略)
(Wisner et al 2004: 16-17)

　Beckの議論もWisnerらの議論も、害を生み出す根本原因を社会の側において論じるものではあるがBeckのいう後期近代が対峙しているようなリスク(テクノロジーが生み出すリスク)と、開発途上国におけるリスク(Luhmannに従えばリスクというよりも危険とした方が適切なリスク)とは別であり、被害の原因や責任をどのように帰属していくかということは、現在も実践的にはオープンな問題である。つまり、災害研究のヴァルネラビリティ概念におけるリスク(危険)概念と、リスク社会論とでは、それぞれに距離があるということである。
　では、東日本大震災とリスク社会論、災害研究とリスク社会論は、どのような関係にあるのか。この点について、リスク・被害の社会学的考察という観点からもう少し、リスク概念に注意しまとめてみたい。ただし本書は福島原発事故ではなく、自然災害を主な対象としているため(福島原発事故のようなテクノロジーの災害と自然災害の境界は曖昧ではあるのだが)その限りにおいての整理である。
　一つは、新たな危険(リスク)について述べるBeckの研究(Beck 1986=1998)である。先の区分でいうとこの研究は構造論であるが過程論的見方も含んでいる。つまり、近代産業社会において構造的にリスクが生み出される仕方について言及しつつ、合理性に関する議論はリスクについて語られ定義される仕方についても言及している(=「何が危険かの定義は、つねに《認知的》かつ《社会的》に構築されたものである」〔Beck 1994=1997: 19〕)。しかしその議論の基調は構造的に生み出される危険(リスク)にある。
　Beckは、危険(リスク)を近代社会の(構造的な)特徴として捉えている。その危険(リスク)とは、放射線のように人間が直接知覚できないような意味での非知(no-knowing)のものを含む。近代化を推進してきたような工業・産業が危険(リスク)を産み出していき、近代社会がそのような危険(リスク)と対立するようになる再帰的近代化の過程である。その危険(リスク)

がいくつかの階層もしくは階級に集中するという不公平はある。むしろ集中するというだけではなくて強化されることが論じられる。

> 危険は階級社会を解体させずに強化させているのである。下層階級では、生活が困窮しているだけでなく、その安全性が脅かされている。[中略]収入、権力、教育のある豊かな者は、安全性と危険からの自由を金で買うことができる。[中略]専門教育を受けていない者が失業する危険性は、高度な有資格者に比べて極度に高い、また、就業中の放射線を浴びたり、ストレスを受けたり、中毒になる危険性は、職種によって不平等に分配されている。[中略]危険な状態を処理したり、回避したり、埋め合わせたりする可能性や能力も、所得や教育レベルの異なる各層に平等に分配されていないのである。危険を回避するのに必要とされる経済的な余裕が十分にある者は、居住地を選択したり、居住の形態を変えるなど、危険を回避するさまざまな方法を試みることができる(これはまた、セカンドハウスや休暇などによっても可能である)。
> (Beck 1986=1998: 49)

ここで言われている危険な状態を処理したり、回避したり、埋め合わせたりする可能性や能力は、まさに先にとりあげた Wisner らのヴァルネラビリティの定義、つまり、「自然災害(極端な自然的な出来事や過程)のもたらす衝撃に未然に備えたり、その衝撃に対処したり、その衝撃に抗ったり、その衝撃から回復する能力(capacity)を規定するような個人や集団の特徴(characteristics)ならびに個人や集団の状況(situation)」(Wisner et al: 2004: 11)という定義と類似している。

しかし、「危険社会」にとって本質的なのはその不公平ではない。確かに、財の生産にともなうリスク(原子力や化学関連の巨大技術、遺伝子研究、環境にたいする脅威、過剰な軍事拡大、西側工業社会以外での窮乏化の進行)を、どのように配分し、阻止し、管理し、正当化しうるのかという「負の財の配分をめぐる対立」(Beck 1994=1997 :18)は生じるにしても、影響範囲の不確実なその危険(リスク)は、危険(リスク)を作り出した当の者たちにも跳ね返る。それらは原子力の危険や化学物質などのような民主的に降りかかる

危険である（＝「貧困は階級的で、スモッグは民主的である」〔Beck 1986=1998: 51〕）。危険（リスク）こそが、Beck のリスク社会論の焦点である。

その危険の原因の特定とその除去、危険の経済システムに対する影響といったことが、単に科学技術的な問題や経済的な問題としてシステム内部に閉じたかたちでその内部のみで純粋に行われるのではなくて、危険（リスク）の帰責や危険（リスク）への対応が、あまねく政治的なもの（政治システムにおけるもの）としても処置される。ただし「あまねく政治的」になるということの意味は、政治的なものとして処理される／処理されないことの二つの場合を含み、いずれの場合も結局は政治的かどうかというコードを前提にしている。

科学技術の発展からもたらされる危険（リスク）は、直接知覚できないものについてはその発見や評価自体が科学的知識に依存することになり、確率論的計算や精確なシステム制御をとおして合理的に処理される。ただし、原子炉の安全性に関する研究は、事故を想定してはいるが、その研究対象を、数量化し表現することが可能なある特定の危険を推定することだけに、限定している。そしてそこでは、推定された危険の規模は研究を開始した時点から既に技術的な処理能力に制約されてしまっている（Beck 1986=1998: 40）。

科学的合理性のレンズをとおした限りの危険がコントロールされているのである。発生確率がいかに小さな事故であっても、潜在的な被害者として一定の抗議の手段を取り得る市民からすると、それは安全なものではない。科学的合理性に基づく決定を下す側からすると、自らの下した決定の正当化の根拠となった科学的知識や推論体系からは想定外であるような事後的な被害に対しては、福島原発事故のようにいざ被害が無視できない事態になってはじめて、遡及的な原因帰属・責任帰属がおこなわれる。

それだけではなくその手前として事故の起こる事前に、現存する危険（リスク）要素への抗議や調整が、社会運動としておこなわれることもある（福島原発事故後に他の原発立地県においてもデモがおこなわれたように）。構造論的な見方、つまり自らの生活している産業社会の営みをこのまま続けていくと自らに危険が及ぶことを構造的に避けられないという見方を、潜在的に被害者となりうる市民も共有している。リスク社会論に近い認識は、はいわゆ

る素人にも共有可能である。その上で、同時に過程論的な見方からすると、その危険への原因帰属や賠償責任帰属（責任追及）が社会的行為としておこなわれていることになる。このように科学的知識といわゆる素人の知識とは、現代社会において全く関係のないものではなく相互に関連している[14]。

　ここで、ヴァルネラビリティ概念に関していえば、構造論と過程論の二つは混在している。とはいえ、この概念は構造的な見方に主な焦点がある。ただし、リスクの再帰的な過程[15]や、現代的リスクの特徴、さらにリスクテイキング、つまり進んで未来の損害可能性を引き受けることや、損害の責任とその帰属先といった、リスク社会論ではおなじみの論点はそれほど明確にされているわけでもない。

　そもそも自然災害のリスク・危険の問題をどのように捉えるかということは、テクノロジーの災害、チェルノブイリ原発事故や福島第一原発事故や戦災、公害・薬害などの問題と比べると、厄介な問題でもある。そして、リスク概念と同様にヴァルネラビリティ概念もまた、何にまたは誰の行為に生じた損害や被害を帰属するのかといった問いを避けて通ることができないし、被害の一個人への集中が社会構造といったマクロな構造を十分に反映しているものであるにしても、私たちは行為のレベルでヴァルネラビリティを軽減していかねばならず、それを怠ることは生じた被害の責任を自らに帰属させることでもある。リスクやヴァルネラビリティの軽減のための行為について考えるならば、リスク・危険がどのように観察されているかという見方はまさに社会的である。そして、私たちの行為の一つ一つがもはやリスクとヴァルネラビリティの軽減と結びつけられていくことは、今後の地域防災や政策においてますます顕著になっていく。

　本書ではリスクが定義されていくようなコミュニケーションをミクロレベルで観察するというよりは、次のような立場に立つ。つまり、いわゆるヴァルネラビリティ論のなかでも個人や集団のヴァルネラビリティに焦点を当てた議論、被害が社会的属性と結びつけられて論じられていく議論にコミットする。だが同時に、いわゆる構造論と先に名付けた視点では、自然災害における被災者ケアの問題を論じようとするさいに、不十分となりうる事柄がある。その事柄を浮かび上がらせる。地域社会においてどのような被災者ケア

体制を構築していくのか、そのために可能な地域防災・災害対応の実践について考察する。

　ではその不十分となりうる事柄とは何か。被災者支援において、構造論的な見方に立ち、被害を社会構造に起因するような社会的属性と結びつけた支援の実践では次のような把握はオーソドックスである。つまり、高齢者ならこういう事に困るとか、女性のニーズにはこういうものがあるとか、外国籍住民は災害時に排除されやすいから平常時からの包摂が重要であるという予測や社会的属性と被害の関連づけである。だが支援の実践としても社会学的研究としても、このような視点や説明の道筋で地域防災・災害対応を考察すると不十分さは残る。それこそニーズ把握の困難の問題である。本章ではさらにリスク・被害の帰属と決定に関する事柄に焦点をあてて考えてみたい。

4-2　非知のヴァルネラビリティ

　まず、なぜリスク・被害の原因帰属や責任帰属を私たちはおこなうことができるのか。このリスクや被害を生み出している原因と責任を誰にそして何に帰属することができるかという問題である。地域防災であれば適切に防災訓練をおこなってこなかったことが犠牲者数の大小という被害を生み出したとされることもあるし、障害児を抱えた家族が避難所に入所できず在宅避難時に体調を崩した場合はその近所の避難所のリーダーが避難所設備の状況を理由に入所をやむを得なく断ったことが直接的な原因だとされることもある。リスク・被害を定義するだけではなく、未来におけるリスク・被害に影響を与えるような行為が焦点とならざるを得ない。その行為とは不確実な状況における決定という行為に他ならない。

　まずリスク社会論の分野で決定に関わる論点として、決定者-被影響者という区別をもちいて考察するのが、Luhmann（1993）である。未来に何が生じるかは分からないけれども、それでも何かしら未来の害に影響を与えうる行為を、私達は常におこなわなければならない。リスクの認知は、「ある決定の（可能的な、ないし現実に生じた）損害を、まさにこの決定に帰責することに依存する」（Baraldi et al 1997=2013: 303）。ある決定の可能的な損害とはリスクであるし、ある決定の現実に生じた損害とは被害である。前者は未

来に関するものであり後者は現在から過去の間のタイムスパンを経て顕在化する被害に該当する。リスクであれ被害であれ、何かに関するリスク‐ベネフィット（利益‐損害）の計算に従い、誰かが決定したということに、原因や責任が帰属される。Baraldi et al（1997=2013: 305）によると、社会学的観点からみればこの問題は次のことによってなお複雑化する。リスクの見積もりと損害を受け入れる準備はリスクの（決定者の）パースペクティブからそれを見るか、それとも、危険の（影響を受ける者の）パースペクティブからそれを見るかによって異なる。タバコを吸うという自己の決定による高いリスクを受け入れる人が、環境汚染その他の汚染形式の結果としての健康被害の危険にはまったく違った反応を見せる。喫煙者は喫煙のリスクを受け入れるにもかかわらず、他の人々のリスキーな行動様式によって生成される危険にはさらされたがらない。自らの決定によるリスクであれば受け入れざるを得ないが、他人の決定により（自らに決定権のないままに、もしくは他人の決定に何らかの影響を与えることができないままに）さらされる危険は、未来において被害を被ったとしてもそれは自らの責任ではないことになる。実際は、原因と責任の帰属は、それぞれ争われながらおこなわれている。感情に関わることであれば確かに私たちの行為の一つ一つが遠く離れた地域の自然災害のリスクを高めているのだという罪悪感のようなものに訴えて、リスクに影響を及ぼすことのできる自らの決定の範囲を拡大解釈することは可能である。だがしかし、そうするだけでは当のリスクや被害を軽減することにはならない。

　ここで注意すべきは小松（2003）も述べるように、この決定に関するリスクと危険の区別（未来における帰結が自らの決定の原因として結びつけられるものについてはリスク、帰結が自らの決定の原因として結びつけられないものについては危険）は、自己責任論を称揚するものではないということである。これはあくまでも第3者が観察者として誰かの行為をリスクの問題と合わせて観察するさいに、人々の行為とリスク・被害の関係をどのように捉えるのかというときの枠組みである。

　この前提に立ち、自然災害の被害を社会学的に考察するにはどうしたらよいか。まず、被害の原因を何の誰の決定に結びつけて考えるかということが

問われる。構造パラダイムのヴァルネラビリティ概念の場合は、それはマクロな社会構造を生み出す諸個人の行為である。リスクは何らかの決定力のある人物の決定に結びつけられ、被害は社会的属性がまるで変数のように措定されることで社会学的に考察される。コミュニティの紐帯や共有された防災知識に原因が帰属される場合もあり、社会学的考察の仕方は多種多様である。

まず非知の問題について考えてみよう。被災者支援の文脈では、何が現在生じているのか、誰にどのような被害があり、誰が何を欲しているのかが、不明瞭である。ニーズ把握といった言葉はメディアにも数多く登場した[16]。ニーズをどのように拾い上げていくのか、という課題について考える上で、非知の問題は重要である。以下に、非知について、リスク問題に焦点を当てた議論をとりあげる。被害の受けやすさ（＝ヴァルネラビリティ）の問題についても、リスクと類似する性質が見てとれることを示してみたい。

非知とは「知らない」ということである。ケアの文脈では、知らないと何が困るかというと、ニーズ把握が困難になることである。迅速に支援をおこなっていくうえでニーズ把握すらできないことは障壁になる。もちろんこの非知自体についてはケアの文脈というよりは、リスクの文脈で扱われる事が多い。リスクとの関連では、エコロジー問題として Luhmann（1992=2003）が扱っている。Beck（1986=1998）も放射線のような影響範囲も影響内容も不明瞭なリスクと関連づけて論じている。Luhmann（1992=2003）は、エコロジー問題（現代的な環境問題）の文脈で社会における権威や社会の代表性の失墜にともない、確実な信頼を可能とする仕方でリスク評価やリスク対処を、権威をもっておこなう行為者が不在となっていることが、非知のコミュニケーションを生じさせるとする。つまり、何が生じるのかわからないということが不安と結びついて社会のあらゆる場面における、さまざまなアクターにおけるリスク定義やリスク対処の実践を左右していくことになる。

小松（2003）もまた、ルーマンのこの議論をうけて、産業社会の科学・技術・エコロジーのもたらすリスクは、「特定化される非知」と「特定化されない非知」とに区別できるとまとめている。つまり特定化される非知とは解明されるべき問題が明らかな（何がまだわかっていないかわかっている）タイプのもの、特定化されない非知とは何が分からないかすら分からないといっ

表 2-1　無知とリスク（吉澤・中島・本堂（2012: 0789））

知識の不定性の4類型

発生確率についての知識	有害事象の発生可能性(発生結果)についての知識　定まっている	定まっていない
定まっている	リスク	多義性
定まっていない	不確実性	無知

た、状況把握が非常に困難となっているようなときの知のあり方である。何が分からないかすら分からないといった不確実性の高い状況においてもリスクを念頭にいれた決定がおこなわれなければならないことが、後期近代のリスク問題の本質である。非知とは、無知と近い意味で、表 2-1 のように整理される。

　リスクは通常表 2-1 のように発生可能性と発生結果（損害の程度）の積算として測られることが多いが、表 2-1 ではその積算にあわせて、あるリスク評価に対する専門家同士の判断に論争がなく、しかもその判断を社会一般が受容している状態の有無に応じて、定まっている／定まっていないという軸を組み入れている。リスクに対する知識は専門家と素人の間で不均等であるだけではなく、専門家同士でも異なるし社会的にどの程度受容されるかによっても異なる。

　Beck の議論とも関わることだが、リスク研究は、後期近代におけるエコロジーや科学・技術の不確実性を経験的な背景として描いており、開発途上国における自然災害の被害の考察にどの程度援用しうるかという課題が残る。東日本大震災でも福島原発事故については特定化されない非知は議論のテーマとなっている。自然災害自体に焦点を当てるならば、特定化されない非知に該当する知のあり方は、経験的にはどのような事態ということになるか。

　津波の予想浸水域や高さ、それによるインフラや建造物被害額の程度は、確かに事前には想定していなかった被害であるが、事前に少なくともこれらの項目は特定化される非知として予測されているし、南海トラフ地震についても同様の項目から被害が予測されることは確かである。となると、自然災害については実は特定化されない非知に該当するような極めて不確実性の高

い問題というのは、生じ得ない。いつどこで地震が生じるかは厳密には分からないけれども、発生確率として推計は既にされている。ただし事前に特定化されている被害項目は正しくてもその被害の程度や時期については想定外というしかなかったという意味では、事前のリスク認知やリスク対処からはその損の程度を正しく計算することが困難である。

このように非知の問題を考えた場合、ではヴァルネラビリティについて何が言えるかというと、事前に災害時要援護者として特定の層のヴァルネラビリティの内容を項目別に想定しておくことは確かにできそうだということである[17]。しかしヴァルネラビリティの程度および内容はとなると、以下に見るような仕方で、事前に想定しておくのは困難である。

つまりヴァルネラビリティについては、内容は想定可能だがその程度（内実）は想定不可能である。Wisner et al（2004）のいうようにヴァルネラビリティは二値コードではなく、その「程度」によって構成される概念であり、このことは被災者支援にとって重要な問題である。ヴァルネラビリティについては、誰のヴァルネラビリティかは既に知として想定することができるが、どの程度のヴァルネラビリティなのかという点は、それこそ特定化される非知としてのリスクのあり方と関係する問題である。どの程度のヴァルネラビリティかは事前には分からない（非知）ということが分かってはいる（特定化されてはいる）タイプのリスクとして、自然災害におけるヴァルネラビリティと関係する限りでリスクをこのように整理する。以下に、これらの整理をもとに、開発途上国における被害も視野にいれた仕方で、非知であることのリスクとヴァルネラビリティの関連について考察を進める。

5 地域社会における包摂・排除とヴァルネラビリティ

5-1 グローバルな災害リスクとローカルな被災者支援

非知とリスク、ヴァルネラビリティについて考察するさい、グローバルな規模での環境問題や開発といった背景に言及することは、必要であろう。なぜなら、現代における自然災害はシンプルに国家内の出来事なのではなく、グローバルな環境破壊や経済格差をその背景に持つ複合的な災害であり、国

際規模での被災者に対する人道支援は、グローバルな不平等と格差に対して取るべき責任の問題でもあると考察できるからだ。このような考察の仕方は、先の区別に従うならば、「構造論」に関するものである。

　グローバルな規模での環境破壊や開発といった、自然的かつ物質的なものに対する人間行為の影響が、自然災害の場合は、ローカルに（＝局所的に）現れる。このことは、自然災害と（民主的なスモッグにみるような）エコロジー問題との差異である。災害は Hoffman と Oliver-Smith（2002 = 2006: 30）のいうように、「物質的世界と社会的世界の両者が合体したもの（ハイブリットなもの）」である。自然と社会、物質と文化といった区別と災害研究の関連、そのなかでの被害の局所的な集中について、次節に関連づけて考察する。

　ヴァルネラビリティは、一方では自然物質的なものから生み出される反面で、他方では社会文化的なものからも生み出される。この二重性、そして自然 - 社会のハイブリッド性はとりわけ、現代のグローバルな文脈において、より顕著となる。Oliver-smith（2004: 21）は、「グローバルな資本主義の拡大とグローバル化の過程が、ヴァルネラビリティのレベルにも深刻な影響を与えており、私有財の使用に規制を設けず、公共財の保護もせず、大気や海洋、河川、土地を保護することもできていない中で、世界内部での人間活動が拡大していき、人間の適応能力と自然の回復力の限界が緊張関係にある」という。自然災害が人間の行為をとおして生み出されている側面はあり、わずかな変化や、人為的な自然の変容の蓄積が、予測不可能な帰結となって生じる。

　バタフライ効果のように、それぞれの行為が、予測不可能な形での変化とその変化の加速、自然物理的な要因から引き起こされる出来事の性質を根本的に変化させていく[18]。現代社会におけるヴァルネラビリティも、一面では、このような予測不可能性と不確実性に富む変化によって、事前には予測しきれないが、個別具体的にローカルに生じる。このことが被災者支援・ケアにとって問題なのである。

　自然災害を含むローカルな問題の多くは、「その根本原因と誘因、そして解決策を、地球の反対側に持っている」（Oliver-Smith 2004: 24）。災害を含む

問題は、「非線形的な因果関係に基づき」(Oliver-Smith 2004: 24)、空間と時間の双方において不連続かつ予測不可能であるがために、伝統的手法が効果的でなくなっている。換言すれば、災害という現象自体が、自然物理的、人為的、社会文化的構成物である上に、災害が生じる空間のハイブリッド性（物理的世界と社会的世界の複雑な形式での交差）が、現代社会における危険を特徴づけているということだ。

さらに、多様な物質や情報、ハザード、人々の流れ[19]が加速する中で、特定の個人・集団のヴァルネラビリティが際立つことになる。自然災害におけるエスニシティと被害の関連の問題や、津波と原発の被害の連鎖の問題はその例である。また、環境破壊は、自然のハザード（危険要素）の拡大を生じるものであり、一つの地域における地理的・物質的なヴァルネラビリティの拡大が、新たなハザードの生成につながる。ヴァルネラビリティは、現代社会の文脈、グローバル資本主義経済やそれに伴うグローバルな格差において、より増加し、より複雑に構成・配分されている。

ただし、ヴァルネラビリティを経済的問題（貧困）の産物とするアプローチは十分ではない。社会主義経済や資本主義経済が物質的実践を通して、自然に刻みこんできた（現在も刻みこんでいる）過程、つまり、「『社会的』なるものと『物質的』なるものとの社会史的な過程」(Urry 2003: 18) を無視することはできない。それでは、自然 - 社会の関係性から生じる動態的な過程をどのように捉えればいいのか。

自然 - 社会の関係性を、「複雑性」の観点から捉えようとする試みは、社会学の分野ではとりわけ Urry によって行われてきている。Urry は、健康、テクノロジー、環境、インターネット、道路交通、異常気象などの問題を挙げ、これらの現象のほとんどは純粋な物理的関係の組み合わせ、ないし純粋な社会的関係の組み合わせではなく、「相互に結びつきあった物質社会的ないし『非人間的』な世界を構成している」とする (Urry 2002: 17-18)。災害研究でも、ここ数十年の間に、自然と社会を分離したものとして捉え、災害因を自然物理的な現象としてのみ扱うことの限界が指摘されてきた。客体としての自然、自然物理的なハザードをテクノクラティックに管理しようというアプローチ（第 1 章における Hewitt の議論も参照）の限界である。ヴァル

ネラビリティについても同様のことが言える。ヴァルネラビリティを特定の個人や集団の属性としてしか見なさないのならば、トップダウン型の支援を行えば良い。しかし、実際は、その属性一つをとってみても多様であり、行政や国家からの支援ではこぼれ落ちるものが多く、だからこそ、ボランティア・市民型の災害支援はその文脈で災害対応力を見せてきた。

　災害研究でも、自然災害における自然的なものと社会的なものの動態的な関係性へと焦点が移っている。Hilhorstは、災害への構造論的アプローチに代えて、自然-社会の複雑な過程に着目する災害への複雑系アプローチを提示する（Hilhorst 2004: 53）。このパラダイムは、災害へのヴァルネラビリティの原因は、その数少ない根本原因をつきつめれば明らかになるという災害の「構造論的な分析」（Hilhorst 2004: 53）を一蹴することになる。この主張は先のWisnerらのものと比べると、構造よりも過程に注目したものであり、因果の特定の困難な不確実なものとして自然災害の被害を記述しようとする。Hilhorstによれば、災害を自然と社会、ないしハザードとヴァルネラビリティの（サブ）システムの相互作用として記述することにこの複雑系アプローチの可能性がある。

　リスクについていえば、さまざまな社会的営為から産出されるリスクは、「予測不可能で、［被害に対する］補償措置がとれず、［影響範囲が］無限定で、説明不可能なものであり、放射線のように人間の感覚では捉えることができない」（Urry 2000 = 2006: 143）。全ての者に不安を掻き立てる危険の性質は、そのままヴァルネラビリティの性質にもあてはまる。つまり、知覚・把握することができないままに、潜在的に、より悪く安全でない状態へとヴァルネラブルな層が増加していくのである。災害研究においても、線形的な説明図式ではなく、非線形的な説明図式、予測不可能な因果関係を前提としたパラダイムが必要とされることになる。ヴァルネラビリティが能力と結びつけられて論じられることは前節で見た通りである。この能力は、程度に関する概念であるので、社会的属性ごとに割りふられたものであるのと同時に不確実な仕方で状況依存的に規定されたものである。

　自然災害は、物質的な観点からみると、一見、平常性（秩序）を保っているように見える状態が、突如として非常性（無秩序）を呈する現象である。

平常であるように見える中に、既に非常性を生み出す要素が、時間的に蓄積されているのだ。災害は、「いまだに平常の状態からの逸脱であり、開発に対する一時の妨害だと捉えられている」(Hilhorst 2004: 54)。災害は開発を妨害する一面を持ちながらも、開発そのものから生じる。社会が進展する中で、多次元的な形式で危険が生成され、ハザードとヴァルネラビリティとが、社会的排除と関連しながら、相乗的に累積していくのである[20]。そしてその影響はローカルに個別具体的に現れる。

そのようなリスク・被害に対してどのように対処するかということについての考察は、多様な実践者の矛盾、葛藤、交渉を視野に入れなければならない。リスク・被害への実践はヴァルネラビリティを軽減する意図においておこなわれるが、ヴァルネラビリティの根本原因を仮に社会的属性と不平等や格差として捉えることと、それの軽減方法とを論じることとは別である。その実践者の多様性と関係性を記述する枠組みとして、Hilhorstは「社会文化領域（socio-cultural domain）」という考え方を用いる。

Hilhorstに従えば、人々や制度からなるアクターは、状況や出来事に対して異なった理解をしており、共通の状況や過程に対しても異なる応答をする (Hilhorst 2002: 56)。各々のアクターは、それぞれの持つ解釈や知識、価値観に基づき、自身の振る舞いを再帰的にモニタリングしながら実践を進めていく。アクターの振る舞いは、制度の意味や出来事を予測不可能かつ、多次元的な形式で変容させ、多元的現実を構成することになる。それぞれのアクターは、単一のシステムではなく、複数のシステムやサブシステムに属しており、空間的に離れたサブシステムとネットワークを構成する中で、特定のアクターが持つ災害への応答能力や知識、現実認識も単一のシステムに還元できないような多様性を持つことになる。

この状況のなかで、社会文化領域は、Hilhorstが（1）科学と災害管理の領域（災害研究と科学的な災害制御）、（2）災害を統治する領域（政治的行政的な災害対応）、（3）ローカルな応答の領域（生活者による災害に対する応答）と呼ぶ3つの領域で構成される。そして、それぞれの領域は、科学者と管理者、官僚と政治家、地域住民とヴァルネラブルな人々によって構成される。それぞれの領域が、自然‐社会の相互作用やヴァルネラビリティ、リス

ク、災害に対して、特有の知識と行為様式を有しており、それぞれに差異化され多元的な現実を形成している。社会文化領域の内部では、規則や規範、価値といった広義の価値体系への参照によって組織された社会生活（Hilhorst 2002: 56）が営まれ、実践の方法や言語の使用方法が共有されているが、同時に、各アクター（ステークホルダー）間の葛藤や矛盾、交渉がその領域内で生じている。仮に、社会領域の内部で、危険や災害への解釈が異なっていても、言語の共通性でその違いは覆い隠される。このような交渉や意味づけ、応答を行う過程において、各アクターも変容を被り、当該の社会文化領域の性質を変えてゆくのである。

　この見方は、災害時要援護者災害弱者を一括りにヴァルネラブルな層として「析出」（吉原 2008: 187）する行政対応的な認識を相対化し、災害時要援護者災害弱者もまた主体としてリスク対処に参加していることを示す。本書の議論に従えば、ヴァルネラビリティの構成過程は、複雑であるがゆえにその内容と程度も、さまざまな形式をとることになる。ゆえに、災害弱者のヴァルネラビリティを一義的に想定することは困難であり、それぞれの固有性に目を向けるアプローチが重要である。リスク問題にしてみてもその不確実性こそが今日的なテーマであることは前項で確認した。

　ここで、リスクとヴァルネラビリティが不確実性という問題からみてどのように異なるのかというと、リスクの不確実性はまさに特定化されない非知という形で将来的な影響範囲も影響の程度も特定化できないということに焦点があるのに対して、自然災害におけるヴァルネラビリティの不確実性は生じる被害の内容はおよそ検討がつく（特定化される）けれども、その程度こそが、分からない、ということになる。

5-2　ヴァルネラビリティと社会的包摂・排除

　確かに社会的属性に分けて、例えば、女性にはこのような災害時の困難があるということを前もって把握し、地域における避難所運営に反映していくことは重要である。リスク・被害を社会的属性と関連づけて議論していくことは、地域防災という実践にとって有意義であるし、社会学の研究枠組にものりやすい。災害弱者・災害時要援護者の属性や、そのヴァルネラビリティ

の内容は社会的・文化的に異なっている。ただし、災害に対するヴァルネラビリティの構成過程ならびに、ヴァルネラビリティ軽減のためのローカルな領域からの実践にとって、問題は個人の一人一人において被害が生じているということである。その個別具体性が、ニーズ把握の困難を生じるのである。社会的属性に関連づけた被害の考察では不十分であるのだ。すなわち、被害は抽象的な概念としてのみ災害研究と関連するのではない。社会的属性を統計的変数として、それらが被害の内容や程度とそれぞれ相関するというだけのでもないという点に注意が必要だ。災害発生時には、いわゆる排除が強化され、その排除は身体をとおしておこなわれる。ヴァルネラビリティは社会的排除の問題、さらにいえば、自然災害においてこそ強化される排除の問題として考察しうる。

　社会的排除の経験的な事例は、第3章において詳述するが、自然災害のさいの障害者の犠牲者の割合は健常者に比べて2倍であったり、災害の種類ごとに被害は性別において異なったり、エスニック・マイノリティとされる人々は関東大震災を極端な例としても差別・偏見にさらされる。貧困家庭における貧困の度合いは自然災害を介して改善するというよりは悪化し、震災後のひとり親家庭はあらたに貧困のリスクを高める。それだけではなくて、自然災害においては、個人の帯びる複数の社会的属性が複合的なかたちで、ヴァルネラビリティを高める。

　このことを本書では「ヴァルネラビリティの複合性」と呼ぶ。それは平常時からの排除の強化でもあれば、緊急時に新たに生じる種類の排除ということもできる。緊急時には多くの物資が不足するため、そのしわよせが平常時からの社会的弱者とされる人々に集中する。障害を持つ人が発災直後に何が起きているのか分からず、数日間家の中で閉じこもらざるを得なかった話や、平常時からの地域的なつながりがほとんどなかった話[21]にみるように、個人に対して被害が及ぶのである。社会的属性と被害を結びつけることで排除の問題は考察しやすくなる。

　しかし、なぜ自然災害といった緊急時においてこそ、社会的排除が強化されるのか。災害ユートピアとよばれる現象は生じるにしても、自然災害は例えば女性でありシングルマザーであり貧困家庭であり障害児の子どもを持つ

ようなひとにとっては、複合的な被害をもたらし、避難生活から生活復興に至るまでの十分な補償やケアは困難である。平常時からの社会的不平等や格差が緊急時に顕在化するという議論は、既に災害研究ではおなじみのものである。

　自然災害における社会的排除のあり方は、第一に物質的な安全を脅かされるという形での排除である。災害時要援護者における避難行動での支障のきたしやすさ、障害者の避難所への入所拒否は自然災害におけるそれぞれの個人の身体を起因とする被害の経験である。排除は社会的属性と結びつき社会的不平等を背景としつつも、個人の身体をとおして経験される。自然災害は第一に物質的出来事（建造環境の破壊や道路の冠水、突風による危険物の飛来）であるゆえに、人間の身体は外部からの物質的な脅威や攻撃には脆いものであり、身体の脆さと社会的な不平等にもとづく排除の過程が同時に生じる。長期的にみると復興過程での排除のあり方は物質的な身体に直接起因するよりというよりもまさに社会的な背景を持つ社会的な排除である。災害は社会的排除[22]を強化する。

　社会的排除という観点からヴァルネラビリティ論をみると、地域防災・災害対応にとってやはり地域（＝地区）が考察されるべきである。

　まず、物質的な出来事としての自然災害において個人の身体を救援するさいに、物質的に近接した空間にいる他人やその自然災害が生じている物質的な空間が重要になる。地域単位での災害対応をどのように進めていくかという問題である。けれども、実際は地域的なつながりからも排除されている災害時要援護者の事例は稀ではない。さらに、地域単位での災害対応においても、被害を社会的属性と結びつけるだけではなく、一人一人への個別具体的な支援、きめ細やかな支援を進めていくことが課題となる。ボランティア・NPOはその支援の担い手として阪神・淡路大震災以降に注目を集めてきた。けれども、東日本大震災のように広域型・複合型の自然災害では復興過程は長期化していく。ボランティア・NPOだけではなく、心身面の健康ニーズとして被災後数年たって顕在化するような心のケアの問題や健康問題というかたちでの個別具体的な被害と被害への予防的ケアもまた比較的近接する物質的空間に根ざした支援者がおこなうことが望ましい。後者の論点について

は第5章で述べるため、ここでは前者の論点、つまり地域単位での災害対応の問題について考察する。

地域防災において地域に注目が注がれるとき、地域のつながりの活発化や日常的な交流の促進といった情緒的な側面がテーマになりやすい。しかし、同じ地域社会に住むとはいえ、その人々が地域に対する帰属意識やコミュニティ感情を持つことは無前提には期待できない。実際に平常時から地域に情緒的コミットを有さない、もしくは地域社会における相互作用から排除されている人々は、自然災害時に救援されにくいという認識が既にあるがゆえに、地域防災において、地域のつながりの強化や日常的交流の活発化がしばしば課題[23]となり、地域に住んでいる高齢者や障害者を把握しようとする試みがおこなわれるのである。

地域防災や地域における災害対応で想定されている地域は、一方では地理的にローカルであるという意味での地域であり、もう一方では情緒的なつながりという意味でのコミュニティ[24]のことである。当然、自分の住んでいる地区が自分の生活空間の全てではないがゆえに、情緒的コミットメントはこれらの地区と必ず一致するとは限らない。この切り離しは人の移動性が高まるほど生じる。

例えば、その切り離しについて、グローバル化が人々の生活世界の中にどのように現象してくるのか、という点を、「ミクログローバル化」という用語で取り挙げたのがDürrschmidt（1996, 2000）である。Dürrschmidtは、個人が自らの行為のフィールドや経験のフィールドを移動やコミュニケーションの手段によって拡大させることによって、「人々が選択的に自らの生活世界を生成していく能力」「つかの間で、かつ、拡大してゆくグローバルな環境の中で、場所感覚および帰属感を見つけようとする努力」（Dürrschmidt 2000: 18）に着目する。彼は、世界都市に自らの選択によって移動してきた人々へのインタビューを通して彼らの帰属感の形態を考察した。そして比較的安定した彼らの生活世界を捉えるために「ミリュー（milieu）」というタームを用いる。ミリューは通常は環境と訳されるがDürrschmidtによる定義は次のようなものである。

> ミリューは、あらかじめ定義するならば、行為と経験が比較的安定した状況づけられた形態（situated configurations）であり、個人はかなりの程度の慣れ親しみと実践的な能力をミリューにおいて、能動的に生成する。(Dürrschmidt 1996: 57)

ミリューとは、変化に富むグローバル化の中で個人がその変化に適応しながら自らの生活世界を安定したものとして構築する際の、個人にとっての安定し慣れ親しまれた環境である。けれども、その環境は、個人が、現在身体的・物質的に位置している場所に限定されるのではない。なぜなら、ミリューは個人にとってのレリバンス（有意性）のシステムによって構築されているからである。

> マックス・シェーラーによって用いられたミリューという概念は、人間存在と彼らに関係している環境の間の、動態的な相互作用に、個人が能動的に参入することに焦点をあてる。［中略］ミリューは、選好の規則性（rule of preference）によって構成された環境（environment）であると定義できる。［中略］シュッツは、自然的態度で生きている個人は、自らの世界における位置をレリバンスのシステムによって、不変に構成しているとする。レリバンスは、部分的には押し付けられたレリバンスであり、押し付けられたレリバンスは、存在論的にあらかじめ形作られている世界における時間 - 空間の構造から、引き出される。けれども、より重要なことは、レリバンスは、ライフプランや知識の蓄積、（身体に関連した）習慣といったような、個人の実際の履歴的な状態 biographical state からも、引き出される。(Dürrschmidt 1996: 61-62)

ここでいう履歴的（biographical）とは、諸個人の履歴を指した言葉である。履歴は、個人が自分にとってレリバントなものを選択した選好の結果であり、同時に、個人にとって慣れ親しまれた環境としてのミリューを構成する。重要なのは、個人の能動的な選好によってミリューが構成される側面を、Dürrschmidt が強調している点である。そして、世界都市に移動によって流

入してきた人々にとっては、ミリューは、今現在その個人が住んでいる物質的な空間と一致するものではない。ミリューは、領域性を越えて広がる個人の生活世界、個人を取り巻くものとしての環境（environment）である。そして、空間と時間において、直接的、物理的な環境を超越し、その個人にとっての重要な場所、ホーム、すなわち、個人にとって慣れ親しまれ、落ち着きを与える環境として、広がっている。この説明はまさに今住んでいる地域と自らの情緒的コミットメントのあるつながりとを分けて考えるために重要である。一つの地区に居住する人々の異質性を前提としたかたちで、地域防災・災害対応を考察する必要がある。

6　被害の個別性という問題

　本章では、ヴァルネラビリティ概念とリスク社会論を参照することで、リスクや被害の原因帰属・責任帰属について考察し、原因帰属や責任帰属の困難さの背景として非知の問題を取りあげた。リスク概念や非知としてのリスクのあり方は、ヴァルネラビリティの軽減を論じるさいにも重要な論点であり、概念的な連関の強い事柄である。

　本書の主張は、自然災害時のヴァルネラビリティについて、高齢者であれば移動が困難である、障害者であれば避難所生活に支障がきたされる、女性であれば性暴力のリスクが高まる、外国籍住民であれば補償制度において日本人に比べて不利な条件におかれるという予測は事前におこないうるとしても、誰にどのような個別具体的な被害が生じるのかを、事前には想定しきれないのではないかということである。

　本書における「被害」についての考え方についても書いておきたい。つまり、自然災害の被害をグローバルな文脈からあるいは国家内における文脈から考察するにしても、経済・政治に関する決定という行為の連関からなる社会構造が背景にあるという構造パラダイムからみたヴァルネラビリティ概念が被害の考察にとって重要である。被害は社会的属性から規定されるが、その都度の状況に応じてその程度が異なるのである。

　被害は諸個人において個別具体的に生じてくるがゆえに、ヴァルネラビリ

ティとケアというテーマが論じるに値するのである。もう一点重要なことがある。それは、自然災害の被害はグローバルにあまねく生じるのではなくてローカルに、しかも個人のレベルで個別具体的に生じるということである。その個人がどのような人なのか（＝社会的属性はどういったものなのか）ということも被害を左右するが、第一にその個人の身体のレベルで被害が生じるからこそ、個別具体的なケアが必要となるのである。しかも、そのケアがおこなわれる地域を、成員が情緒的コミットメントを有する場として描くのではなくて、地域的なつながりからも排除されうる人々を前提に社会的にケアする仕組みを構想すべきである。

［注］
1　具体的に念頭においている経験的な事象については、第3章、第4章で「災害と女性」として別個に論じているので、この第2章は後続する章の理論編としての位置づけである。
2　責任概念について本書では、Young（2013）の2つの責任モデルを参考にしながら、自然災害の考察に沿うかたちで、次のように区別してみたい。つまり、特定のアクターの失敗や過失、不十分さに還元されて理解されるような意味での責任と、例えば環境問題など社会構造全体の帰結として単一のアクターのみにはその責任も因果も帰属することのできない責任とである。両者は、内容的な違いというよりも、その記述のされ方の違いによって区別できる。社会的行為をとおしてそれらがいかに記述されるか、観察されるかといった問題である。そもそも因果の帰属と賠償責任の帰属は別である。社会構造に被害の複数的な因を帰属したとしても、その社会構造自体に法的な賠償責任の追及が行われることは、なにしろ相手は人格のない構造なので不可能である。
3　この点については環境正義論と関連する。ドイツの原子力施設反対運動について住民の行為のレベルからフィールド調査をもとに考察している青木（2013: 16）は、1980年代アメリカで環境正義論が提唱された背景について、人種の多様性と階層間格差とがともに著しいアメリカ社会では、1980年代以降、環境汚染による被害が有色人種や低所得層の居住地に集中的に発生し、そのことに対する批判が強まったこと、とりわけ、有害廃棄物の処分場がアフリカ系アメリカ人の居住地域に集中立地されてきたことを挙げている。このことが環境をめぐる人種差別としてとらえられて、環境保全と社会的公正の同時達成としての環境的公正（環境正義）を求める社会運動として展開されたと指摘している。
4　この区別は受益圏／受苦圏の区別とパラレルである。リスクテイクが可能である場合前者である。後者はそれが不可能であり損害のみを被る場合である。しかし決定者と受益者は必ずしも同じではなく、受益圏／受苦圏の区別は、誰がいずれの圏に属するかが比較的明瞭であることを前提にする。リスク／危険の区別は、誰が被害者なのかそれ自体が論争的になるという今日的課題を考慮に入れている点で、前者とは区別される

（小松 2003: 34）。自然災害の被害もまた被害とは何かということや、政府側が補償すべき責任を有する範囲はどこまでかということが、被災者支援において法的・制度的に抗議の場面をとおしてテーマとなることが多い。そのような場面でも絶えずリスク／危険の区別はテーマの前提となる。

5　似田貝は可傷性について、一般的にはこの概念は、弱者が他者（強者）から、攻撃誘発したり、つっこまれやすかったりする「傷つき易さ」を意味するとする。似田貝自身は、「〈弱い存在〉、〈受動的主体〉という概念に深くつなげ、人間が誰でも受難者たり得ること（〈弱い存在〉）から、誰もが、いつでも、どこでも〈可傷性〉を身に被ることをテーマ化」するために用いるとしている。具体的には、「支援者が支援途上で被る、自分のふがいなさ、唖然さ、自失さ、もどかしさ、無力さ、さらに自分の居心地の悪さ、不快さ等から起因する傷つき易さ」のことである（似田貝編 2008: xx）。

6　植田（2009: 20）は、コミュニティが災害から回復する条件についての研究史の流れを、災害を非常時、緊急時といった平常からの逸脱（＝非常）として捉えることで、被災コミュニティの非常時における欠損や不充足にその回復条件を学びとろうとする諸研究と、災害を非常時という点で捉えるのではなく、災害にいたるまでに被災コミュニティが構築してきた平常を十分にふまえたうえで、被災後ふたたび実現されようとする平常性にその回復条件を見いだそうとする諸研究に区分する。後者のような、平常時からの連続性に注目して災害を捉えようとする見方は、一瞬の出来事や点（イベント）ではなく過程（プロセス）をとおして災害の被害を考察するものだ。

7　http:// www.unisdr.org/we/inform/terminology#letter-v（最終閲覧日　2017 年 9 月 20 日）。

8　類似の議論として、都市環境の災害へのヴァルネラビリティを論じた Pelling（2003）のものがある。南海トラフなど首都圏において危惧される都市型災害を考察する上で重要である。また災害研究以外でも社会的不平等や格差と、都市空間の生産の関連については、Harvey などの社会・地理学者をはじめ論じられてきた（Harvey 1996）。自然災害の社会性と物質性を合わせて考察するには、都市型災害は好例である。グローバル都市の高密度化や建物の高層化、コンクリート化は、建造物間に距離があり建造物自体の大きさも小さく空間的に余裕のある郊外や農山村部で生じる地震に比べて、建物倒壊と火災による犠牲者数を増やし、人々の避難行動の障壁となる。東日本大震災で都市部を筆頭に多数の帰宅困難者が出たことも思いおこされよう。

9　災害と生業の関係では、「生業支援ボランティア」（第 56 回東北社会学会における本間照雄氏による報告における）に見るように、被災地の地場産業の支援が今日的なテーマとなっている。漁村文化における協業化のもたらすセーフティネット（金菱 2011）は、津波という被害に対して事前に準備されたリスク管理のひとつの手法であるだろう。自然環境と人間社会との歴史的・文化的な関係が災害の被害を軽減したり増強したりすることは、災害の文化人類学の研究者たちが取り組んできた経験的事実である。より抽象化したかたちでは、Harvey など。例えば、彼はマルクス主義を下敷きにしながら、自然環境と人間社会とのあいだの関係について、リスクという観点から次のように記述する。「社会的諸関係における矛盾は、その土地についての社会的矛盾を伴う。そして生態系に向けた活動それ自体の内部の矛盾も伴う。富裕層が、彼らの居住地において、特権的なニッチを占有するなかで、貧困層は、より有害かつハザードに満ちた区域で働き、住

まうことになる。変容させられた生態系のデザインそれ自体が、その社会関係をほのめかしている」(Harvey 1996: 185)。
10 潜在能力やライフチャンス論を思い起こさせる。実際 Hufschmidt (2011) は構造パラダイムと潜在能力論との類似性を指摘している。
11 この話は、環境問題に対する組織や企業の取り組みのガイドラインの求められる今日の状況からみても説得力を有する。そのほか企業に対し、社会的責任 (SCR) やフェアトレードなど自らの経済行為が搾取構造を深化させないような公正さを保つ責任倫理が要請される時代背景には、まさに Beck のいうところの世界リスク社会がある。
12 その例として、組織の危機管理と賠償責任をあげておこう。私立日和幼稚園に対して東日本大震災のさいの判断が十分でなかったとして、犠牲となった園児の遺族がおこした損害賠償請求訴訟の内容である。この訴訟では、幼稚園側の安全配慮義務違反を認定する判決(「クローズアップ 2013：宮城・石巻の幼稚園に賠償命令　大災害下でも命守る義務 1000 年に 1 度免責されず」毎日新聞・2013 年 9 月 18 日)が出されている。あらかじめ園の定めていた防災マニュアルで定められていたとおりの行動を職員に周知徹底し、その行動をとっていれば園児が犠牲にならなかったのではないか、地震発生後の情報収集（津波の到達についての）義務を園長が果たしていれば防げたのではないかという論点について、園側は 1000 年に 1 度の想定外の地震であったことを強調した。しかし判決は、1000 年に 1 度の想定外の地震であっても、約 3 分間続いた巨大地震を実際に体感したのだから巨大津波の発生は容易に予測できたとし、巨大津波が予見可能であったにもかかわらず適切な処置を取らなかったことから、賠償を命じている。この場合は、生じた人的被害に対して幼稚園長の緊急時の対応・判断が危機管理上の欠陥があったことが認定され、賠償責任が法的に追求されている。この判決の是非については本書の議論の余地をこえるが、専門家の中には厳しすぎる判決とコメントする者も見られたという。本来、複数の組織の判断や決定のもとに生じる不確実性を、一つの組織の危機管理能力に帰属させてしまうことは、次の災害における被害の軽減策を講じるさいにあまり意義があるとはいえない。
13 図 2-2 を参照。
14 リスクと知識の問題について、Luhmann の社会システム理論を基に論じた小松 (2003) の研究がある。エコロジー問題のように潜在的副作用や影響範囲、ひいては遺伝子レベルでの影響や地球環境の保護、世代間の負の遺産として最終処分施設などの影響世代や影響対象、例えばヒトなのかヒト以外のものも含むのかが不明瞭な問題については、知らないこと（＝非知）がリスクを高める。科学的な立場からの知は条件付きの知でありその帰結を全て見通すことができるわけではないが、特定の目的にそってまだ何が不十分なのかということを知っている、つまり何がまだ明らかにされていないのかを知っている場合には、小松の引用する Luhmann の言葉では特定化される非知ということになろうが、「科学的知識に基づいてどの点を明らかにすればリスク軽減が可能かといった非知の特定化が不可能である」(小松 2003: 74) ような場合には特定化されない非知ということになる。「特定化される非知ではなく特定化されない非知を問題にする人々の出現を、冷静さを失った素人大衆の情動的反応として捉え、それを戒め、リスクの評価・吟味に基づいて冷静な議論をおこなうよう規範的な養成を提起する半ばテクノクラティックな立論は、ここでの脈絡でいえば、特定化される非知／特定化されない非知という

区別を、知／（特定化される）非知への区別へと、縮減・解消しようとする試みとして把握できよう」（小松 2003: 76）。未来を知りえない圧倒的な不確実性を認識し話題にすることは、特定化されない非知のリスクをめぐる社会的行為そのものであり、この行為について考察することは「過程論」と先ほど便宜的に名付けた見方にイコールである。

15 災害の人類学の分野では、Paine（2002）がリスクを組み立てないように働きかける文化的文脈としてリスクの社会的構築をイスラエルとシオニズムを事例に分析している。他方で、Wisnerらのようにリスクを捉える仕方も、あらゆる危険が外在的に個人に影響を与えるといったように、完全に個人の決定や自発性を組み込まないというわけではない。彼らはいわゆるリスクテイキングの問題に対しても補足はしている。例えば、災害の危険があっても眺めが良いためにあえてそこに自発的に住もうとする富裕層と、選択の余地なくそこに住まわざるをえない貧困層との違いである。前者と後者では、どちらも確かに災害に見舞われる可能性を持ちながら生活することになるが、ヴァルネラビリティの内容が異なるであろう。後者の場合であれば、被害は構造的な背景を持つものとして、または不運や悲劇として考察できるが、前者の場合であれば、被害は彼女らの引き受けたリスクとして自業自得であると考察できる。もっともこの例は、被害の直後の話であって、その後の復旧や生活再建の段階では、前者と後者の差は一目瞭然となる。帰属と時間軸は併せて考察されなければならない。

16 これは緊急時に限ったことではない。例えば、2013年9月3日の河北新報では、「争点大震災から2年半／全国の被災地で要介護者支援／福祉版DMATへ東北始動」として、災害時に福祉・介護の専門職員をチームで被災地に派遣する取組が岩手県を先行に開始されたことが報じられている。DMATとは災害時の医療支援チームであり既に一般化されている。それの福祉・介護版を作るという試みである。震災時は要介護者に一般の人とは別の部屋を当てるといった対応が遅れた。災害初期からDMATの一歩後ろで福祉ニーズを把握し、ケアや調整に当たる福祉チームの存在は欠かせないと本記事では専門家の意見をもとにまとめている。誰にどのようなニーズがあるかの個別具体性は東日本大震災で際だった。今後の被災者支援に対してこの教訓は重要であるし、本章におけるリスクとヴァルネラビリティの問題に対しても経験的に大きな位置を占める。

17 第4章を参照。

18 このような議論との関連では小松（2012: 15）のとりあげるシステミックリスクというタイプのリスクの問題も考察の上で重要である。災害の被害は多くのセクターの高度な相互依存／ネットワーク化に起因して地理的にまた時間的に急激に遠方まで及ぶというように影響範囲が時間的空間的に広く一つの出来事が他のリスクを産み出し被害を拡大させていく非常に連鎖的なリスク・被害の捉え方である。

19 移動の社会学では移動（mobility）は中心的な概念であり、ヒト・モノ・カネ、リスクまでもがグローバルに移動することに注目してグローバル社会を論ずる。代表的な著作としてUrry（2007）。

20 これらの議論は複雑性理論を援用するUrryの議論のなかで紹介されている。複雑性理論では、平衡状態（秩序のある状態、平常の状態）の非平衡性（無秩序の潜在性、非常性の生成過程）が説明される。逆もまたしかりであり、非平衡性のなかの平衡性（いわゆる混沌からの秩序）についても論じている。ここで重要なのが初期条件の想定である。仮にシステム内部で秩序の保たれた初期の段階があるとすれば、「その中での小さな変

化が生じた場合、初期条件のわずかな変化に敏感に反応する」(Urry 2000 = 2006: 214) ことによって、システム内部の諸要素が平衡を取り戻すために、活発に相互作用を行う。相互作用を促進する正のフィードバックは、「もともとの平衡を再び確立するために衝撃を吸収することを不可能にしてゆく」(Urry 2003: 13)。初期条件からの変化を弱めようとする相互作用が、逆に、新たな変化を生じさせ、積み重なる変化によって、変化の傾向が「増幅される」のである (Urry 2003: 13)。このようなシステムの構造は散逸構造と呼ばれ、正のフィードバックの積み重なりは、システムを「平衡から遠く離れた」(Urry 2003: 16) 状態にしていく。しかし、平衡から遠く離れているとはいえ、平衡から遠く離れたシステムは、無秩序のなかで自らの環境と関わり、システム内部の無数の要素間の相互作用を活発化させる。すなわち、正のフィードバックの積み重なりにより、一定の臨界点に達した場合、諸要素間の活動は止まることはないが、その振る舞いに一定の規則性（創発特性）が生じ、諸要素間の均衡が保たれる。すると、一見すると安定した秩序が創出するように見えるのである。これは静態的な秩序ではなく、諸要素間が互いに緊張状態にありながら、互いのバランスを保っているような動態的な秩序であるといえる。「システムが分岐点を過ぎたところでそれまでよりも複雑な構造に自らを秩序化する能力」(Urry 2003: 28) は、自己組織性と呼ばれ、これが複雑適応系の主な性質である。複雑適応系は、「システム内の変化に対して、その構成要素が学習し、適応していく能力を有する」(Hilhorst 2004: 55)。変化に対して、受動的にはなく、能動的に対処し、より高次の特性を創発させるのだ。複雑適応系という捉え方が、ヴァルネラビリティと災害を理解する際に提示するのは、各アクターの「多元的現実」の構成過程である (Hilhorst 2004: 56)。Hilhorstの主眼は、各アクター（科学者、行政担当者、素人の人々等）の意味づけ、諸行為の相互作用という点から、リスクへの再帰的実践を記述することにある (Hilhorst 2004: 56)。

21 東北関東大震災障害者救援本部、2012年製作ドキュメンタリー「逃げ遅れる人々——東日本大震災と障害者」より。
22 Luhmannの社会的排除論については小松 (2013)、後藤 (2012) の研究がある。そのなかでの蓄積的排除論はヴァルネラビリティの複合性を考察する上で示唆的である。
23 地域防災については第4章で述べるが、ここでいう地域は小学校区以下の諸地区のことであり比較的狭い範囲を想定している。
24 コミュニティの多義性についてはDelanty (2006) を参照。

第Ⅱ部
被災者支援における被害・ニーズの考察
──災害と女性とケア

第3章
被災者とジェンダー問題

1 性別に規定された被害の社会学的考察

　本章では、自然災害の被害の社会学的考察という問題に関して、国内においてその重要性が認知されにくい、認知されたとしても贅沢だとか一方の側ばかり特別扱いするのかという論点のすりかえを喚起しがちな、災害時の女性の被害についてとりあげる。ここでは何らかの被害がまさに女性の被害（＝社会的属性に結び付けられた被害）として同定／否定される。女性という属性は他のマイノリティとされる社会的属性に比べて災害の被害を規定するものとしては扱われにくい。人々のおよそ半数を占める「女性」という括りは、大ざっぱである。さらに安易な結びつけ方は女性を災害弱者として、男性よりも弱い存在として規定することにつながる。このような困難は他のいわゆる「マイノリティ」の災害被害を考察するさいにもつきまとうが、災害と女性研究に特に顕著である。だからこそ自然災害の被害やニーズをどのように社会学的に考察するかというオープンな問いを経験的に考察するには適切なテーマである。災害の被害を女性の被害として提起しようとする動きが国内では阪神・淡路大震災以降に活発化してきた。そこで提起されている内容を本章で見ていくことで、第2章で取り組んだ被害の帰属ここでは被害を性別にそくして理解することの経験的事例を検討する。

　本章では、災害被害における性別の対称性と非対称性についての災害研究における議論と、過去の災害における事実をヴァルネラビリティ概念と関連づけて考察する。ジェンダー研究は既に社会学の研究領域ではある。しかしジェンダーのゲットー化[1]という問題がある。この問題は災害研究においてもみられる。性別だけでなく他の属性に比べて女性という属性がレリバ

ントになる文脈の特殊性にも反省的でなければ見落とされる事実は多くある。ジェンダー、フェミニズムの角度からの災害研究への含意は本章で指摘するように理論的・経験的に重要である。それはゲットー、つまり災害研究のなかのほんの一分野としての各論のなかではなくて、まさに災害研究の主流、つまり災害研究に通底する総論としてに持ちだすべき課題である。そこで、女性の視点からの災害研究の視点と方法を提示したい。災害研究における女性の視点[2]論の意義について、ヴァルネラビリティ概念やリスク論への含意を考察する。

まず、(1) 災害研究における女性の視点論について小史としてまとめる（第1節）。ヴァルネラビリティ概念と関連づけながら整理したうえで、(2) 国内・国外の災害事例をふまえて女性の災害の被害の特殊性をヴァルネラビリティやリスクといった問題とあわせて考察する。女性の被害の事例が逆にヴァルネラビリティ概念とリスク論に対して持つ含意を明らかにする（第2節）。そして地域社会における防災や災害対応における女性支援について女性と地域防災・災害対応の問題をとりあげ第4章の議論へとつなげる（第3節）。災害と女性という領域の輪郭を理論的・経験的に明確にし、第Ⅰ部での主張との関連を確認し次章以降の考察に接続する。

2　災害研究における「女性の視点」論の登場

国内においては、阪神・淡路大震災からたび重なる災害、そして東日本大震災を経て、女性の視点からの災害対応・災害支援の重要性は、学術分野からではなくて主に災害時の女性支援に携わる女性団体から提起されてきた。海外の災害研究においても、「女性の」災害被害の観点が取りあげられるのは、1990年代以降である。女性学・ジェンダー論は比較的最近に展開されてきた研究分野であり、ここ20年の災害研究におけるヴァルネラビリティ概念の浸透と、ジェンダー等のマイノリティの災害経験と支援の重要性の認識の浸透は、完全には時期として一致せずとも、ジェンダー論・フェミニズムの展開（とくに第二派フェミニズムと呼ばれるような性暴力被害や性の自己決定権を主戦場とする立場や、グローバル・フェミニズムと呼ばれるような国際社

会における女性差別と不平等を問うような領域の展開）とともに、この20年の間に生じている。

　これまでの国内の災害（阪神淡路大震災ならびに新潟中越・中越沖地震）でも、社会的属性によって災害経験・被害の性質が異なること、女／男で災害の被害は異なるということが、災害後の数々の女性支援にあたった女性団体から強調されてきた。国内では女性の視点から見た災害経験・被害のルポルタージュは、阪神淡路大震災以降からようやくまとめられはじめた（ウィメンズネット・こうべ編〔1996〕）。

　新潟中越・中越沖地震 については、松井（2011: 67）のまとめによると、2004年の中越地震のさいには新潟県長岡市の、もともとは女性学の学習会を目的としていたウィメンズスタディズ・ネットワーキングの活動の記録において、会員自身の経験や周囲の話などを含め、震災とジェンダーにかかわるさまざまな事例が報告されている。加えて2008年にはこの団体のうちの3名が参加している『女たちの震災復興』を推進する会が結成され、記録集が刊行されており、これらの活動は長岡市の地域防災計画の見直しに反映されたという（松井 2011: 74）。2005年には特定非営利法人ヒューマン・エイド22が、中越地震発生後の動きとして、未就園の子どもを持つ家庭434件からアンケートへの回答を得ている（ウィメンズネットこうべ編〔2005〕に所収）。この2004年の中越地震では、先の阪神淡路大震災のさいに比べると、阪神淡路大震災以後のウィメンズネット・こうべ等の女性支援団体の支援と活動があったからこそ、災害と女性の問題をめぐる周知度は多少向上されている。例えば内閣府の男女共同参画局から被災地に女性職員が初めて派遣されており、女性のニーズの把握や女性への災害対応の重要性が認識されていることが伺える（山地 2009）。

　その後、2008年の岩手宮城内陸地震では仙台市を拠点に活動している特定非営利法人イコールネット仙台（代表・宗片恵美子氏）が、災害時における女性のニーズ調査として、避難時に心配な点や避難所に希望することなどについて仙台市居住の女性1,111人に調査票を配し773人から回答を得ている。さらにインタビュー調査として2003年の宮城県北部連続地震と2008年の岩手宮城内陸地震の体験者・被災者に被災時の状況を尋ねている。

ここまで挙げたことの他にも、国内で災害と女性の問題を指摘する声はあがっている。政策面では、山地（2009: 50）に詳しく、2005年には国の防災基本計画に女性の参画・男女双方の視点が盛り込まれた。男女共同参画基本計画に防災・災害復興分野が盛り込まれた理由（背景）として、一つは、「これまで述べたような神戸、新潟［を］はじめとする被災地からの発信」、もう一つは「世界各地で自然災害が多発する現状に対して国連を中心とする国際的な女性の地位向上の流れの中に防災・災害復興が組み込まれたこと」が指摘されている（同）。

　確かにこの時期以降に海外で生じた大災害（2004年スマトラ島沖地震、2005年ハリケーンカトリーナ、2008年四川大地震、2010年ハイチ地震、等々）での女性の被害状況は深刻さを極めている。国内でも2005年は阪神淡路大震災から10年でありその前年に新潟中越地震が発生していることも受けて、国内外問わず災害一般の問題としての女性の被害への着目がみられる。この時期になされた、海外の被災状況もふまえてのいち早いまとめとしては、ウィメンズネット・こうべ編（2005）、NPO法人女性と子ども支援センターとウィメンズネット・こうべ編（2009）、『女たちの21世紀』編集委員会編（2005）などがある。東日本大震災は上述した流れのなかで生じた災害である。

　このような流れを経てもなお、東日本大震災における女性の災害被害の状況は、過去の災害と比べて大きく改善されたとはいいがたい。東日本大震災発生から半年間の、中央政府における男女共同参画政策関連の動きについてまとめている皆川（2011a: 23）によると、東日本大震災発災後早期に男女共同参画局は、3月18日に宮城県の政府対策本部に職員を派遣しただけではなく、それぞれ2011年3月16日と3月24日に「女性や子育てのニーズを踏まえた災害対応について（避難所等での生活に関する対応の依頼）」「女性被災者に対する相談窓口の設置及び周知並びに懸念される女性に対する暴力への対応について」という2本の通知を出している。男女共同参画局のサイトに災害対応に関するページを設置し、4月下旬には、交代で現地に常駐する職員と関係女性団体との定期的な意見交換会をスタートさせている（皆川2011a）。

　にもかかわらず、基礎自治体レベルでの現状として、間仕切り問題、明る

く安全なトイレの設置、女性の洗濯物干場、女性用下着の供給、男性主導の避難所運営など、過去にも指摘されていてかつ参画局通知でも必要だと訴えられていた問題がまた生じているということが、国際人権 NPO から「ジェンダー視点での取り組みの弱さ」として指摘されている（皆川 2011b: 41）。

この問題に関しては、内閣府による啓発のみではなくて、それぞれの場面において具体的に支援に当たる体制構築が重要であるのは言うまでもない。近年では、女性の視点を明示した災害対応のあり方がますます問題とされている（竹信・赤石編〔2012〕、大沢・堂本・山地編〔2011〕）。

これは国内に特徴的な状況ではなく、国際的な災害研究における焦点でもある。災害研究においてもヴァルネラビリティ概念とあわせて女性の視点の重要性と内容を考慮した災害研究や災害対応・支援のあり方が問われてきた。国内的な状況も、災害研究の状況も、誰にとっての災害被害・経験なのかについての視点、女性の視点を問うているという点で一致している。一方では東日本大震災以降における、他方では災害研究の流れにおける、女性の視点に関する動向は、単に女性は弱者だから保護せよという主張ではない。経験的に女性の災害被害のあり方や災害対応力を問うだけでもない。この問題は災害研究においてヴァルネラビリティ概念が展開されてきた流れと接点をもっている。災害研究における女性の視点論について、その主張をまとめてみたい。

ここで、「女性の視点」論とは何かについて、本論での捉え方を明確にしておきたい。本論でいう[3]女性の視点論は、災害研究ないし災害対応（被災者支援）における性別による災害時の被害・ニーズの非対称性について、女性の被害・ニーズへの取り組みが不十分であるという事実に基づいて、災害時の女性支援を主張する立場である。すなわち女性の視点からの災害研究および災害対応（被災者支援）を主張する理論的・経験的な一連の関連する取り組みが拠って立つ視点であり、性別により異なる被害を把握する枠組みである。ただし単に被害という側面ばかりではなくて、災害対応（緊急時の対応や被災者支援ならびに復興過程）における積極的な女性の活動・参画の促進と社会的評価への着目も促す意味が女性の視点という言い方には含まれる。災害に関する事象を女性に焦点を当てて考察することが共通に意味される。

しかしそれでは逆に女性を一括りに論じてしまうという批判や、何より女性間の格差と差異を不可視化してしまうという批判があり得る（Hooks 2000=2003）。しかしこの批判はスタート地点としての女性の視点論の意義を無に帰すわけではない。「ジェンダーの」ではなくて「女性の」という言い方を採用しているのは災害とジェンダーの研究領域がまずは災害と女性の問題をスタート地点として展開されてきたことを、ヴァルネラビリティ概念との関連で論じようとするためだ。男性の災害被害やジェンダーごとの災害被害に注目することも重要であるが、性別・ジェンダーごとに異なる災害被害を捉えるためにも、女性の視点の提起は1つの出発点であると本書では捉える。

2-1 「女性の視点」論の潮流

アメリカの災害研究における女性の視点論の出自を、どのような経験的な事象から災害研究が影響を受けてきたのかという観点からとらえると、貧困研究、開発・環境問題とのリンクが指摘できる。この「女性と貧困」と「女性と開発・環境」の問題は開発途上国において、相乗的に女性の日常的な社会的排除を促進しているだけではなくて、災害時における被害に影響を及ぼす。次節でとりあげるが平常時のジェンダー格差は災害時に強化されることになる。この問題について、一方では開発途上国における災害時の女性の被害についてのモノグラフや被害状況・ジェンダー統計がある。他方では災害の問題に留まらず、広範な分野において、女性（やマイノリティ）に対する国際的な支援活動が強化されていく状況がある。

この状況は1990年代以降に災害研究の内部でもそのパラダイムに対する批判が生じてきた時期と重なっている。災害研究内部での批判については、第1章Hewittのものを取りあげたが、国家・行政的なリスク管理の観点からはこぼれおちていくような被害や視点の提起、災害に付随する事象は自然的なものではなくて社会的なものであるという認識が、ヴァルネラビリティ概念とともに広がっていく時期である。そのうちのHewittの批判つまり「排除された視点」という角度からの批判は、Enarson（1998）やBolin et al（1998）の研究において災害と女性の問題へと接続されるかたちで継承され

ている。そしてその後の Enarson をはじめとした一連の研究が、災害研究における女性の視点論をリードしてきた。

両者の継承関係について Enarson（1998）は、災害現象を「女性の視点から（through women's eyes）考察することは、従来の机上の災害研究からは浮かび上がらない新たな問題を照らしだす」と述べる。女性は単に災害に対してヴァルネラブルな存在ではなくて積極的にそれに対処しようとする存在である。にもかかわらず、メディア等は屈強な男性からの救助を待つ不運な存在として女性を描いてきた。女性の災害対応力という積極的な側面までもが災害研究のかやの外にあると指摘する。

Hewitt（1995）が『災害とは何か』（Quarantelli ed 1998）の寄稿論文の基となった論文で掲げた「誰のための災害の社会学か？」という問いに答えるかたちで、Enarson（1998: 157）は災害と女性に関する基本的な3つの問いを提起している。すなわち、(1) ジェンダー化されたヴァルネラビリティはどのように社会的に生み出され維持されているのか、(2) ジェンダー関係は組織や世帯単位の防災・災害対応をどのように形づくっているのか、(3) 災害の社会的経験をとおして（その一連の流れの中で）ジェンダー関係はどのように影響されているのかという問いである。女性であることは災害被害・経験に有意に働くことを主張している。

Bolin et al（1998: 27）もまた、Hewitt に言及しながら、アメリカ災害研究における災害への理論的・方法論的なアプローチはジェンダーの社会理論やジェンダー分析の蓄積ならびに女性の地位についての考慮を組み入れることができておらず、多くの調査研究は資金援助団体や国家的な調査のアジェンダから作られ指揮を取られているために社会的不平等に関するより深い分析を避けながら、調査研究の結果が応用可能かどうかや、管理者的な立場からどうか、ということに焦点があてられている、と災害研究の状況を批判している。災害研究の内部でこの動きが出てきた背景として、開発途上国での災害の被害の影響、女性を世帯主としたひとり親世帯や高齢世帯等の増加といったアメリカ社会における社会変容も指摘されている（Bolin et al 1998: 29）[4]。

この流れには国際的動向も関連している。表3-1は災害と女性に関する主要な流れである。

表3-1 にあるように、1995 年北京女性会議といった女性に関する重要な問題の国際的な行動綱領の採択、ジェンダー主流化という目標と災害と女性問題は無関係ではない。この中でも、池田（2012: 58-59）は、国際的に災害とジェンダーをめぐる取り組みが進んだ背景として次の2点をあげている。1点目は、各国が共通の行動枠組をとおして災害に強い社会づくりを目指す動きのさきがけとしての国連防災の 10 年 International Decade for Natural Disaster Reduction（IDNDR）であり、2点目は、災害後の緊急救援活動のあり方についての共通の国際基準である『スフィア・プロジェクト——人道憲章と災害援助に関する最低基準（第3版）』（The Sphere Project 2011=2012）の作成である。

　一点目の国連防災の 10 年は 1987 年 12 月の第 42 回国連総会で決議された 1990 年代の 10 年間を指す。報告書（国際防災の 10 年編 1991）によれば、目的は国際協調行動を通じ、全世界、開発途上国における、自然災害による人命の喪失、財産の損失及び社会的・経済的混乱などの被害を軽減することである。目標は、開発途上国における早期警報システムの設立援助・各国における自然災害への対処能力の向上、国家間の文化的・経済的多様性を考慮したうえでの既存の（各国それぞれにおける）防災知識の応用、科学技術分野の促進、自然災害の予測予防・被害軽減の知識普及、災害の種類や地理的条件に応じた技術援助・技術移転・教育訓練等である。さらに、その効果の評価があげられている。実質的には自然災害への取り組みが不十分な開発途上国への啓蒙や技術・知識面での支援を含んでいる。

　1990 年に横浜と鹿児島で国際会議が開かれ 43 カ国、16 の国際機関から行政官、研究者を始めとする防災関係者合計約 1,300 名が参加している。この取り組みでは実際の被害への支援・対処だけではなくて、リスクの軽減も目的としており、災害を生みだす要素を事前に特定しそれへの対処を可能とするような支援が目指されている。このリスク軽減という問題は災害だけではなくて災害の背後にある国際的な問題である気候変動（温暖化、干ばつ等）やグローバルなレベルでの開発・貧困への対処につながる。さまざまなリスクがナショナルな境界線を越えて広がる世界リスク社会においては国際的な協調のための組織が育成されている必要がある（Beck 2002=2010）。

表 3-1　災害と女性の流れ（1975 から 2011）
（山地〔2009〕と池田〔2012〕に依拠し再編成）

年次	国際的な動向	国内の動向	大災害等
1975	・【女性】国際婦人年（国際女性年）。 ・【女性】第 1 回世界女性会議（メキシコ） ⇒国連女性の 10 年（1976 から 1985） →世界行動計画（平和、政治参加、教育、雇用、家庭、人口政策、住居等）		
1980	・【女性】第 2 回世界女性会議（コペンハーゲン） → 1979 年に採択された女性に対するあらゆる形態の差別撤廃条約の署名（58 カ国） ・【女性】コペンハーゲンで NGO フォーラム開催；女性の国際ネットワーク組織 →エコフェミ宣言	・女性差別撤廃条約への日本の署名	
1985	・【女性】第 3 回世界女性会議（ナイロビ）、NGO フォーラム開催		メキシコ地震 ネバトデルルイス噴火 バングラディシュサイクロン
1990	・【災害】国連防災の 10 年（から 1999）		
1991	・【女性】健康な惑星のための世界女性会議 →女性の行動アジェンダ 21		
1992	・【災害】国連環境開発会議（リオ）→アジェンダ 21		
1994	・【災害】国連防災世界会議（横浜）横浜戦略 ・【女性】国際人口・開発会議（カイロ会議） →人口と女性と環境		
1995	・【女性】第 4 回世界女性会議 　北京行動綱領 　　行動綱領の重要項目のなかに女性と環境 ・【女性】社会開発会議→貧困と女性と環境	・ボランティア元年 ・ウィメンズネット・こうべ女性の災害経験のモノグラフ	阪神・淡路大震災
1999			台湾大地震
2000	・【女性】北京＋ 5　第 23 回国連特別総会		
2001	・【女性＋災害】国連女性の地位委員会・国際防災戦略専門家会議		
2002	・【女性＋災害】第 46 回国連婦人の地位委員会パネル 2　環境管理と防災におけるジェンダーの視点		
2004	・【女性＋災害】テーマ別防災会議災害とジェンダー平等（ホノルル）	・新潟中越地震で現地支援対策室に女性の視点担当者の派遣	スマトラ沖地震津波 新潟中越地震
2005	・【女性＋災害】国連防災会議（神戸）兵庫行動枠組み ・【女性＋災害】第 49 回国連婦人の地位委員会	・防災基本計画修正女性の参画・男女双方の視点等 ・男女共同参画基本計画（第 2 次）防災（災害復興含む）が新しい取組が必要とされる分野として記載される。	ハリケーンカトリーナ
2007	・【災害】国連防災戦略・グローバルプラットホーム ・【女性】国連女性の地位委員会		新潟中越沖地震
2008			四川大地震 サイクロンナルギス
2009	・【女性＋災害】ジェンダーと災害リスク軽減国際会議（北京） ・【女性】国連女性の地位委員会		ラクイラ地震
2010			ハイチ地震 チリ地震
2011			東日本大震災 紀伊半島豪雨

この「10年」以後、単にリスク軽減というだけではなく、誰にとってのリスクなのか、誰の被害やニーズなのかという個別性への配慮の重要性が、紛争や災害を機にした難民・避難民への支援という文脈で問題となってきた。1997年に第1版が作成された『スフィア・プロジェクト――人道憲章と災害援助に関する最低基準（第三版）』（The Sphere Project 2011=2012）は国際的な人道支援の場面で活用可能な基準（ガイドライン）である。国際救援団体や国際赤十字・赤新月運動によって作成され改訂されており、全体の構成は表3-2で示した。

　まず人道憲章と権利保護の原則という価値に基づいてコア基準（人道援助の核となるべき基準）と、それぞれのテーマや場面ごとに分けた最低基準が示される。この基準では多様性への配慮が重視されており、「脆弱性の高い（≒「ヴァルネラブル」な）人々」という言い方が頻出する。つまり、有効な人道支援にとってのヴァルネラビリティへの配慮の重要性をあげ、子ども、ジェンダー、高齢者、HIV／AIDSのキャリアをもつ人、障害者、少数民族、強制移住させられた人々といった人々のヴァルネラビリティへの配慮が、支援のどの段階においても分野横断的なテーマであるとされており、不可欠な援助や声を聞いてもらう機会が与えられない可能性のある人々について、災害の種類やその時々の状況も加味して認識し対応することが求められる（The Sphere Project 2011=2012: 11-16）。なかでもジェンダーに関する項目の説明では、男性と女性、全ての年齢の男性と女性では、ニーズ、脆弱性、関心、能力、対処方法が異なり、また災害や紛争によって受けた影響も異なることを理解した上で人道対応を行うと、活動はより効果的なものとなるとある。

　これらの違い、さらには男性と女性の役割、仕事量、資源に関するアクセスと管理、意志決定に対する権限、およびスキル開発の機会の違いと不平等は、ジェンダー分析によって理解することができる（The Sphere Project 2011=2012: 13-14）とあり、女性や少女への暴力や抑圧の危険性が権利保護の原則3としてあげられている（The Sphere Project 2011=2012: 37）。これは、ヴァルネラビリティへのケアを中心に据えた基準であって、脆弱な人々のニーズがしばしば不可視化されることに対して人々の状況を適切に把握し、権

表 3-2 スフィア基準の構成（著者作成）

原理

- スフィアプロジェクトの原理
  - ●災害や紛争の被災者には尊厳ある生活を営む権利があり、従って、援助を受ける権利がある
  - ●災害や紛争による苦痛をあらゆる実行可能な手段が尽くされるべきである

基盤となる原則・尊厳と権利

A 人道憲章

- 尊厳ある生活への権利（生存権）
- 人道援助を受ける権利
  - ・適切な生活水準への権利
  - ・援助の公平性
- 保護と安全への権利
  - ・災害者や紛争の難民の避難民の保護
  - ・ノン・ルフルマンの原則
  - ・国際人権法

B 権利保護の原則

- 人権保護をおこなうさいに気をつけること
- 危害を生じることを避ける
  - 人権対応により避難者がさらなる危害に曝されないこと
- 公平な援助へのアクセスを確保する
  - 脆弱性の高い人々を他の理由で疎外されている人々にとっても人道援助が届くようにし
- 暴力からの人々の保護
  - 人権侵害の意志に反する行動をとるよう強制もしくは誘導されることからの保護（武器所持や強制移動を働きかける取り扱い、刑罰に曝されること）
- 権利主張への援助、賠償、虐待からの救済や回復へのアクセス
  - 被災者がパニックや誘導や恐怖の救済サービスへの支援を計画的に実施する知識、スキル、行動、態度を
  - 虐待からの回復を助けること

C コア基準 実務的な人道援助・保護のコアとなる基準

- コア基準 1　人々を中心とした人道対応
  - ←人々の能力やキャパシティ・バックアップ、多様な属性を代表性の確保と参加、情報共有、安全なアクセス可能な空間と苦情のルート、文化的な習慣の適切さ（人権に違反しない限り）の尊重

- コア基準 2　調整と共同
  - ←関連当局や人道機関、市民社会組織との調整に基づく計画実施と情報共有

- コア基準 3　事前評価
  - ←災害からの影響の特定能力や受前能力・要因の特定、性別や年齢別の人口データ、災害によって影響を受けた多様な属性の人々への包括的な範囲で話を聞く

- コア基準 4　設計と対応
  - ←状況、脆弱性、リスク、プログラムの能力の公平な評価にもとづくプログラムの設計、被災集団の公平で満たされないようなニーズに直面する億千予算に求められるようなニーズの対応、状況の変化に人々のニーズと能力の変化の反映、プログラムの設計が将来的時間的脆弱性を低め、対処能力を高めること

- コア基準 5　成果、透明性と学習
  - ←プロジェクトの進捗や成果の観察、コミュニケーションの透明性、プログラムが被災集団にとって受容できるかどうか

- コア基準 6　援助職員の成果
  - ←援助職員（国内および国際スタッフ、ボランティア、コンサルタント）が人間性を尊重して効果的な人道行動を計画的に実施する知識、スキル、行動、態度を有することができるようにする

D 最低基準　それぞれのテーマ別に分けた対応の最低基準

- ●食糧の確保と栄養に関する最低基準
- ●給水、衛生、衛生促進に関する最低基準
- ●シェルター、定住地、ノンフードアイテムに関する最低基準
- ●保健活動に関する最低基準

第3章　被災者とジェンダー問題　97

利保護の原則に基づいた支援・保護をおこなわれるべき、という価値に基づいている。では女性という性別と、ヴァルネラビリティとは、どのような関係にあるのか。

2-2　平常時の女性とヴァルネラビリティ

　女性であることとヴァルネラブルであることの関連はさまざまな仕方で語られる。ヴァルネラブルであることは、もちろん単に災害時における状態だけを指すのではないし、力が弱いこと、社会的地位が低いことという、「弱者」という意味だけでもない。災害以外でも様々なかたちの被害が女性を取り巻いている。ここでは被害へのさらされやすさという意味で、ヴァルネラビリティについて考察する。

　それらの被害には、例えば性暴力被害のように女性という身体に関する被害も含まれれば、災害時の雇用打ち切りといったような社会的処遇の不公正さも含まれる。本章では、被害というときに著しい不公平や処遇といったことを含む。災害時における多様な被害の社会学的考察の仕方についての指針を示すことの前作業として、平常時からの女性の被害とヴァルネラビリティについて、最初に考察しておく。

　女性とヴァルネラビリティは災害研究以外の文脈でも取り上げられてきた。先述したように開発途上国での女性を取り巻く状況への問題提起・告発はその例である。本項でとりあげたいのは、女性の被害のなかでも（1）貧困の女性化、（2）開発と女性、（3）女性と性暴力被害に関するものである。それぞれの問題は平常時の場面において既に生じているが、災害発生後にはこの問題がいわば個々の女性において、累積的に強化されて出現するといわざるをえない。災害時だからこそ悪化するのである。平常時からのこの問題はいずれも自然災害の被害と切り離して論じることのできない事柄である。平常時と災害時を通底する女性をとりまく問題への着目は、災害研究における女性の視点の展開・拡大にとって避けることはできない。

（1）貧困の女性化

　最初に、貧困の問題でいえば、世界社会の拡大は女性の生（生命・生活）

に影響を及ぼす。既に1990年代から言われてきた、ジェンダー化された貧困の格差を示す「貧困の女性化 (feminization of poverty)[5]」とよばれる状況が続いている。災害が「貧困に襲いかかる」(いのうえ 2008) ことは阪神淡路大震災でも指摘されている。阪神淡路大震災における高齢女性の死亡率の高さは、貧困ゆえに老朽化した住居居住者の圧迫死が多かったと説明される (相川 2007)。ハリケーンカトリーナは人種間の格差と貧困問題をうきぼりにした災害であり、貧困のアメリカがマイノリティの排除というかたちであらわれた (Dyson 2007=2008)。貧困の問題は災害の被害の内容と程度に対して影響力を持つ。

　Fothergill (1998: 13) は、災害と女性に関する問題としてリスクへのさらされやすさのジェンダー格差についてふれ、社会階層やケア役割、権力や地位の相対的な欠如といった女性のおかれる状況とあわせて、貧困の女性化をとりあげる。つまり配偶者のいない世帯主の女性は貧困についてヴァルネラブルであり [貧困に陥りやすく]、エスニックマイノリティであると述べる。災害の被害のジェンダー格差は、貧困問題との接点が強く、この問題の大きい開発途上国において深刻であるばかりか、仮に日本のような先進国と呼ばれる国々であっても、建前上の形式的な平等によって、例えば出産を機にした退職があたかも女性の自由な選択であるかのように理解されることによって、その背景にある構造的な格差は不可視化されやすい。男女賃金格差やシングルマザーの貧困率の高さは国内でも指摘されるが、しばしばそれらは個人の能力や選択の結果に結び付けられることがある。平等が女性の足元を容易にすり抜けていくような日常が災害発生時に、その排除効果を強めたかたちで、顕在化することになる。

(2) 開発と女性

　開発途上国における開発と女性の問題はフェミニズムの分野で議論されてきた。ここでいう開発とは環境問題を引き起こすような開発であり、しばしば環境はジェンダー平等の立場から問題視される。Women's Environment and Development Organization (WEDO、女性環境開発機構) の1991年の「健康な地球のための世界女性会議における女性の行動アジェンダ21」、

1992年の「国連環境開発会議におけるアジェンダ21（第24章持続可能かつ公平な開発に向けた女性のための地球規模の行動[6]）」は、それぞれ、女性と環境の項目を掲げている。Braidotti ed（1994=1999: 27-28）によれば、この女性の行動アジェンダ21は、西洋の開発モデルが必然的に地球資源の略奪をもたらし、南半球の大多数の人々の、とりわけ女性の貧困が増大される結果をもたらしたという認識のもと、開発における危機と環境危機は軍国主義、核の脅威、経済的不平等の拡大、人権の蹂躙、根強い女性の従属と解きがたいほど複雑に結びついていると指摘する。いわば西欧中心主義的・男性主導的・近代合理主義的な政治と経済に基づくグローバルな開発が、開発途上国における女性のさまざまなレベルでの安全を脅かしてきたという認識である。

　例えば、「環境破壊と女性の貧困（＝貧困の女性化）との結びつき、発展途上国［開発途上国］では、生存のためにみずからの生活の基盤たる自然環境を破壊せざるをえない状況のなかで、その被害は女性や子どもに集中しているということ」（萩原 2001: 37）が認識されてきたように、環境悪化や大規模開発が女性の生活（貧困、安全）に及ぼす影響が大きく、身体のレベルでは公衆衛生面でのリスクも看過できないことは、この問題をよく表している。

　生活環境についても、汚染された水を家事に使用せざるをえない状況は、リスク要因への女性の日常的な暴露のしやすさを意味しているし、産じょく期の女性や乳幼児を抱えた女性にとって安全な水は伝染病の予防という意味でも衛生面においては、非常に重要である。災害研究の分野でも、Wisner et al（2004）の研究では、ヴァルネラビリティが進展していく過程を示したPARモデル（第2章の図2-2）において、森林伐採や土壌劣化などのマクロレベルでの要因が示されているが、地球温暖化や環境問題をひきおこす要因は、女性の日常生活でのリスクと切り離せないかたちで、個別具体的な場面で顕在化していく。ゆえに環境問題においても、いわゆる生活者という意味での「女性の」視点の有意性が、しばしば強調されてきた。エコフェミニズムは代表的なものである。

　エコフェミニズムの初期の代表的な人物の一人であるd'Eaubonneは、「エコロジーとフェミニズム」（d'Eaubonne 1976=2005）において、父権制による灌漑農業（生産能力）の支配と生殖の支配は、エコロジー問題を引き起こす

資源の破壊と開発途上国における出生の過剰つまり人口政策における女性の性の自己決定権、リプロダクティブヘルスとリプロダクティブライツの不在をまねき、グローバルに展開する多国籍企業の台頭がエコロジー問題を引き起こしてきたとする。土地が生み出す産業的な富と女性の生殖能力との双方にわたる収奪と搾取は、女性解放のための戦いとエコロジーの緊急課題とが出会う共通の場、つまりフェミニズムとエコロジーの接点にある課題としての、人口問題にいきつく。従って女性が自分たちの身体を自分たちの自由な意志のもとにおき、生殖をコントロールできるようになることこそが、父権制的価値からの転換に結びつくのであり、女性の抑圧と環境破壊の接点にエコフェミニズムが位置づけられているのである。

萩原（2001: 47）の整理では、エコフェミニズムはカルチュラルエコフェミズムとソーシャルエコフェミニズムとに分けることができ、前者は女性性、身体、人間以外の自然に価値を与え、自然と女性との新しい精神的な関係を強調する傾向があり、女性のケア役割を重視する。後者は、女性と自然の同一視や女性の優位性の主張には慎重であり、ジェンダー間に留まらないさまざまな支配構造を読み解こうとするものである。前者のような議論は、フェミニズムのなかでもラディカルフェミニズムと親和性が強く、後者はリベラルフェミニズムと親和性が強い（萩原2001）。フェミニズム思想は環境問題に対するオルタナティブな問いをグローバルなレベルで提起しているという点で、まさに女性とヴァルネラビリティの問題を扱っており、環境破壊と自然災害の関連性は高いため、災害と女性の問題に対しても重要な視角である。

(3) 女性と性暴力被害

次に女性とヴァルネラビリティの問題として性暴力被害についてとりあげたい。

性暴力は、ミクロなレベルはもちろんのこと広く国家規模でもおこなわれる。こんにちにおいても継続する国際規模での内戦や武力闘争は、戦地における女性・子どもへのレイプ・強姦[7]といった性暴力を温存し、処罰されないままにとどめてしまう。

戦争においても災害においても、身体的外傷とPTSDは長期的に女性の

ウェルビーイングを阻害する。災害時に性暴力被害が増加することは単に災害時だけが危険ということではない。国内の統計である平成26年度版の「男女間における暴力に関する調査報告書」（内閣府男女共同参画局）でも女性の3人に1人（調査協力者のうちの20.3%）は配偶者から何らかの暴力（身体的、性的、心理的）を一度は受けたことがあり、10人に1人（調査協力者のうちの6.8%）は何度も受けていることが示されている。

開発途上国であっても日本のような国であっても、女性に対する暴力は日常的におこなわれている。配偶者間暴力の問題は、離別による母子家庭の貧困、貧困によるネグレクトのリスク、被害者に対する差別的処遇、社会関係・パーソナルネットワークの亀裂などの他の問題を誘発し、被害者女性を孤立させることにもつながることは、国内の女性問題を考察するさいに重要である。女性の抱える個々の問題は、構造的には相互に複合的に結びつきながら、累積的な仕方で、女性に対する社会的排除の圧力となる。災害時にはこの圧力が強まる。

災害と貧困、開発・環境問題、性暴力の問題は、女性の日常的経験のなかではこのような仕方で結びついており、ジェンダー格差と性差別の構造を読みとることができる。大規模な開発による自然環境・生活環境の悪化は、災害のリスクの強化、ヴァルネラビリティの強化として、まさに複合的に働く。言い換えれば、災害時における女性とヴァルネラビリティの問題は、貧困・環境・開発・ジェンダー秩序[8]・医療公衆衛生資源の布置・グローバル化・法制度・政治社会制度といった背景要因が複合的に現れた問題である。

災害時という緊急時には、これらの背景要因に規定されたヴァルネラビリティ、その顕在化としての被害が女性の身体を具体的な場として、単なる乗算としてではなくて、それぞれの要因の効果が積算されたものとして生じる。災害と女性研究の力点もここにある。以上の社会背景をふまえたうえで、女性とヴァルネラビリティに関する議論を確認する。

2-3 女性とヴァルネラビリティの社会的次元

災害と女性研究というと、「女性は災害に弱いのだ」「意外と女性の方が緊急時には本能的に危険を察知するのだ」などというように、女性という性別

を取り出して災害被害の性差を自然的・生物的なものとして処理するのか、あるいは単に被害の性差の存在を確認するのか、という誤解をまねくかもしれない。被害の性差の存在の指摘は、ヴァルネラビリティの考察と単純にイコールでないことは、女性とヴァルネラビリティの問題を取りあげるさいの第1のポイントである。第2のポイントは、女性であるという社会的属性と他の社会的属性との関連をどう見るか（どちらかの社会的属性をより優位なものとして見るのか）ということであり、さらに第3のポイントは女性の視点はヴァルネラビリティ概念を鍵の1つとして進められる災害研究をどのように変容させているのか（災害研究のヴァルネラビリティ概念における女性の視点の意義は何か）という点にある。

以下では、この第1から第3のポイントについて、女性とヴァルネラビリティの社会的次元として整理し順にとりあげる。女性の視点は必ずしも女性という単一の社会的属性を帯びた人々のみに限定的な支援のあり方を主張していないという考察をおこなう上でも、この三点を明確にしておく必要がある。

(1) 社会的次元1　被害の性差の指摘は女性とヴァルネラビリティの考察にイコールでない

本書では女性の視点という言葉を意識的に用いている。いわゆる「災害と女性」研究においては性差とジェンダーはどのように扱われているのか。性差の指摘はヴァルネラビリティの指摘としては不十分であるという主張を手がかりにしてみていく。他の社会学的議論と同様に災害と女性研究もまたセックスとジェンダーの区別[9]に基づいておこなわれている。

セックスとジェンダーの区別は災害研究の中にどのように反映されているか。Enarson（1998）は、災害現象を「女性の視点から（through women's eyes）」枠付けることは、机上の災害研究からは浮かび上がらない新たな問題を照らしだすとする。女性が単に災害に対してヴァルネラブルな存在ではなくて積極的にそれに対処しようとする存在であるにもかかわらず、メディア等のイメージでは屈強な男性からの救助を待つ不運な存在、泣き途方に暮れる存在、守られるべき存在として本質論的に女性が描かれていると述べる。

その反面で、女性と男性は避難所や生活再建において異なる経験をすることや、それぞれに配慮した取り組みが必要であるということが十分に描かれないとも指摘する。Enarson は、この盲点について、Hewitt（1995）のいう災害研究や災害対応から「排除された視点」の「まさにその例」だと主張する。

　単純に性差に注目してしまうことは問題を一面的に捉え伝える可能性がある。性別（sex）に焦点をあてて、例えば単純集計のように男性はこうだ・女性はこうだというだけでは、Enarson のいう意味でのジェンダー化されたヴァルネラビリティを考察するには不十分である。「女性の視点」論の意図もそこにはない。性別は統計的には変数として扱われるが、災害と女性に関するジェンダー統計は、あくまでもいかにそのようなジェンダー化されたヴァルネラビリティが構造的に生み出されているのかということを示すための指標の一つとして用いられるであって、ヴァルネラビリティの二元的な性別への還元論ではないのである。

　続いて Enarson（1998: 158）は次の点を指摘する。多くの論者が指摘しているように、災害の社会科学は災害の社会的経験における、ジェンダーやその関係性についての分析が十分ではなかったという点である。リスク認知や災害発生後の二値的変数として単純に性別（sex）を持ちだすだけで、ジェンダー関係を分析しそこなっているというのである。高度にジェンダー化されている領域である家族という領域でさえ、家族の長期にわたる復興は、階層やエスニシティ、年齢等々の要因を含んで研究されるが、ジェンダーという要因をとおして問題化されてきていないこと、日常生活に浸透しているジェンダー秩序・ジェンダー関係が、災害発生後やそこからの復興過程における内実について研究・検討されてこなかったこと[10]、女性を取り巻く平常時と緊急時の連続性に焦点をあてて女性の災害被害が論じられてこなかったことを指摘するのだ。

　そこで、「ジェンダー化されたヴァルネラビリティはどのように社会的に生み出され維持されているのか、ジェンダー関係は組織や世帯単位の防災・災害対応をどのように形づくっているのか、災害の社会的経験をとおして（その一連の流れの中で）ジェンダー関係はどのように影響されているのか」（Enarson 1998: 157）という問いが提示されている。被害の性差があることは

事実であるが、その事実をどのようなものとして記述するかという点でジェンダー概念が必要となるのであり、この問いにそって個別具体的な被害を考察していくことが女性とヴァルネラビリティの社会的次元の考察となる。つまり被害の性差を社会構造的要因に帰属し解決されるべきものとしてとりあげることが、災害と女性研究の焦点である。

(2) 社会的次元2　女性であるという社会的属性と他の社会的属性との関連

　女性であるということはプライマリーに他のどの属性よりも災害の経験に関して有意であるという主張や、女性間の差異を極端に狭めてしまうような前提を立てること自体には、批判の余地がある[11]。

　男性の生命・生活であっても異なる仕方での（身体面も含めた）ヴァルネラビリティは見られる。しかし、ヴァルネラブルな層とされる人々の中でも、「女性」という社会的属性は、その個人の帯びるそのほかの社会的属性におけるヴァルネラビリティを高めるかたちで、開発途上国においては男性よりもより深刻なかたちで働く。もちろん女性とヴァルネラビリティとは言っても、ヴァルネラブルなのは女性だけではない。セクシュアルマイノリティとされる人々においても異なるヴァルネラビリティを考察できることは無視されるべきではない。ヴァルネラビリティ自体は社会的属性だけではなくて状況も含む二つの側面のある概念であることは既に述べた[12]。それでも女性に主軸を据えて、他の社会的属性との関連を意識しながらヴァルネラビリティを理論的なレベルで説明したり同定したりすることは、災害の被害についての社会学的考察を細やかにしていくためのスタート地点として欠かせない作業である。筆者は国際規模での女性差別を、男性も反面ではヴァルネラブルなのであるということを強調することによって、結果的に中立化して論ずることは、女性とヴァルネラビリティの身体レベルでの現象を見えなくしてしまう危険があると考える。身体的に女性であるということは、男性とは異なる仕方でのリスクをより強く日常的に感じざるをえないということであり、男女双方の視点・ジェンダーの視点ということの強調は逆に差異を覆い隠してしまいかねない。女性という社会的属性とその他の社会的属性の関連についてさらに考察を進めたい。

第3章　被災者とジェンダー問題　105

女性とヴァルネラビリティについて、その複合性という意味での社会的次元をとりあげよう。まず一言で女性といってもその女性がどのような女性なのかによって、災害の被害は異なる。先進国でキャリアを積んだシングルの女性と開発途上国で貧困な状況で子どもを一人で育てているシングルの女性とではヴァルネラビリティの内容は異なることが予測できる。開発途上国の災害事例は女性とヴァルネラビリティの研究を推し進めたのであって、女性の災害経験の語りは、ジェンダーや階層、人種という「社会的関係性が交差する」ところで、どのように女性が災害を経験しているかを照らしだす（Enarson 1998: 158）ものである。

　つまり、開発途上国において女性の置かれている社会的立場は、彼女の属する階層や人種と関わりがあるが、災害時には、一人のひとがもつ多様な社会的属性が女性という属性と合わさることで災害被害・経験を過酷なものとする。このドッキングは男性においてよりも女性において強い社会的排除効果をもたらす。このことを指してヴァルネラビリティの複合性と呼びたい。この点は、「ヴァルネラブルのなかのヴァルネラブル（Vulnerable among the Vulnerable）」（Ariyabandu 2009: 6）という言い方で、災害発生後のコミュニティのメンバーに注目して説明されてきた[13]。

> 　ジェンダーに基づいた社会的、経済的、宗教的、文化的な構築物は、階層、カースト、経済的地位、社会的地位、エスニシティ、年齢といったものとは関係なく全てのコミュニティにわたって女性を周縁化している。ジェンダー化された周縁化は貧困の程度といった点によくあらわれる。というのも、世界中の貧困層のうちの6割が女性である。女性は財産や所有物の管理者となることが少なく、稼ぎも少ない。世界中の女性は男性と同一価値の労働をしても男性よりも少ない賃金しか得られない。また女性は技能が乏しく技能向上の機会も乏しい。家族や公共空間において意思決定の可能性も少ない。彼女たちは性的虐待や家庭内・配偶者間暴力などの暴力のリスクにも大きくさらされており、家族内の男性メンバーに支配されている。ジェンダーに基づいた不平等やヴァルネラビリティにつうじるかたちで、それぞれのコミュニティにおいては、男性や少年に比べて、女性は本質的に経済的にも社会的に

も弱く、従属的な地位にある。このように、ヴァルネラブルな人々からなる人口のなかでも、女性はヴァルネラブルな人々のなかの［さらに］ヴァルネラブルな人々としてカテゴライズできる。(Ariyabandu 2009: 6)

　ここでは、女性であることという社会的属性に着目しながら、貧困の女性化や性暴力といった事柄を例に出し、女性の生活・生命においてヴァルネラビリティが複合化することが指摘されている。
　ここでセックスとジェンダーの区別についてもみてみよう。Ariyabandu (2009: 9) は、他の箇所で災害の被害の生物学的な要因 biological factors として、生物学的 biological／性別的 sexual な差異についても言及している。ただしセックスとジェンダーを明確に二分した上でこのような議論をしているのではない。どこからが生物学的でどこからが社会的な違いなのかという点を明記することなく、生殖能力の差異自体が災害時に女性をよりヴァルネラブルにするということが指摘されるとともに、強姦・レイプと HIV 感染や誘拐、その他の多様な性暴力、人身取引の犠牲になるリスクが女性だけではなく少年にもあることが指摘されるなど、「セックス」と「ジェンダー」の両方に該当しそうな例であっても、そこであげられる内容は多岐にわたる。とはいえ、身体に対する社会的な意味づけや身体のレベルでのヴァルネラビリティの存在を示唆する点が、この議論では特徴的である。
　ただし、性暴力による望まない妊娠や中絶および出産と育児責任という健康面・社会面・経済面での被害の連鎖は、女性の身体でしか生じえない二次的・三次的な次元も含めた被害であるため、女性と少年の被害を等しくとらえて、災害時にはより弱い層に向けた暴力が深刻化するとしてまとめることには疑問の余地がある。セックスとジェンダーの関係については、他の災害研究における「女性の視点」論者による論考と同様に、ここでも十分な考察はされていない。
　Neumayer と Plumper (2007: 553) も、この点に十分にふれていない。災害時における国際規模での女性の死亡率の高さの説明要因に生物学的・心理学的な性差、避難生活などに影響を与える社会規範、緊急時における資源獲得をめぐる性差別をあげており、それぞれの要因を区別すること、つまり、

セックスとジェンダーを区別することが重要であるとは、明記している。

セックスに該当するものとして、男女の体力の差や、感染症等を含めた疾病の罹りやすさや健康栄養状態の男女差があげられ、医療や衛生面でのインフラ設備の被災の影響といった背景が指摘されている。ここであげられている例は、必ずしも女性の身体のみならず、状況によっては男性の方がよりヴァルネラブルだとされる例も想起させる。体力の差は性差に規定されるだけでなく、年齢や健康状態にも左右される。健康と性差の例は本書で提起している身体のレベルでのヴァルネラビリティといった問題に対して示唆的である。だが、性差が健康に影響を与えうることを自明視して議論が進められており、身体に対する社会的な意味づけの過程の介在についての考察は十分でない。自然災害における死亡者数に違いがあるとしても、そのどこまでが生物学的な性差でどこからが社会的な性差なのかという問題は十分に議論されない。論者たちのこの区別に対する立場も不明瞭である。

この問題についての本書の立場は、「純粋に生物学的・脳科学的・自然的な性差」（いわゆる「セックス」）として語られる事柄であっても、ときには女性の身体に対する強固な性差別を生み出すような女性の身体への社会的意味づけや取り扱われ方と無関係ではない以上は、既に「ジェンダー」の問題でもある、というものである[14]。

セックスの社会的構築性としての女性の自然災害の被害を考察することが個別具体的なケアという本書の課題にとって重要である。ジェンダーを変数として扱うだけでは不十分である。そもそも女性の自然災害の被害をどのように考察するかという視点に関する問題なのである。災害の被害についてセックスとジェンダーの問題を括弧にいれて一般に社会的な性差（＝ジェンダー）と呼べそうなものにひとまず焦点を当てようとする場合にも、議論は単純ではない。

女性という社会的属性、社会的に女性だと同定されるということは、災害被害を規定すると同時に、その規定のされ方は類型化することはできても、個々の女性の持つニーズとして個別的で具体的なものであることを、私たちは、忘れてはならない。

Enarson（1998: 159）の記述をとりあげよう。Enarsonは、ジェンダー化さ

れたヴァルネラビリティが社会的に構成される仕方について、高齢者、女性、移民、シングルマザーといった、ヴァルネラビリティに関する単一の相互排他的な「カテゴリー」のみを取り出して、類型化されたものとして災害被害・経験を記述してしまうことは、むしろ、互いに交差しているそれぞれのアイデンティティや社会関係を、「脱ジェンダー化」したものとして記述することになるとする。実際は、一人の女性が、移民の女性でもありシングルマザーでもあるので、複合的なカテゴリーを身に帯びているというわけである。

　社会的属性（カテゴリー）の複合性の中から、被害の考察に適した手頃な属性のみを取り出して災害の被害をその1つの社会的属性のみに結びつけて考察することは、決して悪いことではない。具体的には、被災した「高齢者」の支援、「外国籍住民の」ニーズ調査等々というように、災害時の支援活動においては、支援対象を社会的属性（カテゴリー）に依拠して限定するということは、私たちが何等かの支援の実践を行うさいには、不可避である[15]。

　そのこと自体は問題ではないが、そこで用いられるカテゴリーが単純でシンプルになるにつれ、ほかのカテゴリー（例えばその人のジェンダー）は忘れられ、支援活動にも性別中立的な意味をもたされることになる。しかし女性でありかつ障害を持つということがドッキングした場合に深刻化する被害がある[16]。

　ここでの強調点は、再びEnarsonを引けば、「ジェンダー化されたヴァルネラビリティは、世帯主か否かということや貧困などの単一の要因によって引き起こされるのではなく、社会組織や文化、個人の生活の諸関係の歴史的かつ文化的に特定化されるパターンを反映している」（Enarson 1998: 159）ということだ。ここでパターンと呼ばれているものがジェンダー関係であって、女性の社会的・経済的・政治的・文化的な立場、グローバル社会の中での立場、開発や環境汚染といった世界リスク社会の中での立場などさまざまなかたちでのジェンダー不平等と格差を反映したものである。

　セックスとジェンダーとが、明確には区別しえないかたちで、つまりセックス自体もジェンダー化されているという認識に立つのなら、ジェンダー関係をとおして観察される女性の経験を可視化することによって、災害の被害を「女性の」被害として語ることができる。ここであげたEnarsonの主張は、

Enarson が明示的に書いているように Wisner ら（2004）の研究と関連づけてなされている。

そこで池田（2010: 5-6）は、Enarson と Wisner et al の研究を統合するかたちで、ジェンダー化されたヴァルネラビリティの過程を「地域や世帯内部で制度化されてきた慣習、権力配分、資源配分のあり方［＝第2章の図2-2において Wisner et al のいう根本原因］が女性にとって不利であるという大状況の中で、さらに開発の進展やグローバル化がその格差を拡大する過程」であると説明する。その結果、女性は男性と比較して危険な状況に暮らしているという。Wisner らのいう「安全でない状況」である。さまざまな諸関係を生きる女性は、災害発生後に男性とは異なるリスク・危険の状況下に置かれる。

実際諸々の社会的属性を複合的に帯びているのが個別具体的な個人であり、個別具体的な女性である。この記述は、単に女性の視点が女性を単一カテゴリーとして括るような視点でないこと、ヴァルネラビリティ概念によって、むしろ個人（女性）が諸々の社会的属性を複合的に帯びているという事実に着目すべきであることを促している。女性といっても複合的な社会的属性を生きる以上、女性間の差異、不平等、格差が災害後に発生するということはある。しかしジェンダー関係の考察をふまえたうえでの女性の視点は、他のさまざまな社会的属性を通底する規定的な説明要因としての位置を、Enarson の記述では与えられている。プラスアルファの視点として女性の視点が位置づけられているのではない。女性以外の、他のマイノリティとしてあてはめられる、人種や年齢、障害の有無等の多様な社会的属性のリストにプラスしてジェンダーないし女性という属性を災害時の支援・ケアのさいの視点として追加せよという主張をしているのではない。多様な社会的属性の全てに通底する要素として、ジェンダー関係が最も有意なものと位置づけられているのである。ヴァルネラビリティの属性規定的な側面の根本をジェンダー関係に求めているのである。

例えば、彼女は、「ジェンダー関係が災害にみまわれやすいコミュニティにおいてどのように歴史的に構築され、人種やエスニシティ、社会階層、その他の権力との関係においてどのように構築されているのかを知ることが必要である」（Enarson 1998: 168）という。ジェンダー関係のレンズから、彼女

の言葉では「女性の視点を通して (through women's eyes)」、災害現象を記述することは、災害対応やコミュニティにおけるリーダーシップの所在、意志決定過程、家庭内での防災、復興、災害時の避難や即時的な対応のあり方、支援・ケアの内容についても、それらに通底するジェンダー関係を明らかにしながら、それらへの再考をせまるものである。

さらに Enarson (2012) は、開発途上国だけではなくアメリカ社会にも焦点をあてて論を進めている。災害研究では開発途上国が念頭におかれ議論が進められてきたため、開発途上国の被害と先進国の被害とをパラレルに、ヴァルネラビリティという言葉を使って考察することには確かに慎重でなければならない[17]。上記のジェンダー関係が文化的に異なることは明らかである。

ヴァルネラビリティという概念自体は、文化的文脈の相対性を考慮したものであると本書では捉えてきたし、開発途上国と先進国の違いについては確かに重視しなければならない。

けれども、本書ではそれらは女性の経験に関する限り、十分に連続性のあるものとして捉えうるという立場を取る。女性という性別が他の社会的属性とどのように結びつき、その結びつきがどのように災害の被害を生じるのか。

明らかに女性であることは、男性であることよりも、他の社会的属性と結びついた上での社会的排除の累積化を経験しやすい。震災と障害者の例では、東日本大震災における障害者の犠牲者数の割合は、そうでない人に比べ2倍であるといわれる(認定NPO法人ゆめ風基金編 2013)。中でも女性であり障害を持つひとの被害は、次節で取り上げるように累積的な排除を経験的に示している。

(3) 社会的次元3 災害研究のヴァルネラビリティ概念における女性の視点の意義

ここまでみてくると、では逆に「女性の視点」論がヴァルネラビリティ概念にとってどのような意義を持つのかという方向からの把握も重要である。言い換えれば、災害研究にわざわざ女性の視点を導入しなければならないのであるとしたら、その理由づけは何かということになる。身体性と深く結びついた「女性」という性別カテゴリーは、災害の被害のフィジカルなレベルでの考察にとって有意なカテゴリーである。災害時の女性に対する社会的排

除のあり方は性別に関連づけられたかたちで、しかも複合的・累積的に生じている。実践的意義としてはジェンダーのさまざまな側面への注意を災害支援の個別具体的な場面ごとで喚起していくことは、被災者のおよそ半数をしめると考えられる女性のニーズへの対処につながる[18]。

しかしより包括的な仕方でここでは、本章における理論部分のまとめとして、女性の視点の思想的な背景とその意義、つまりフェミニズムと災害研究との関連を考察してみたい。Enarson（2012）はこの20年で災害とジェンダーに関する知識は劇的に拡大したことは認めつつも、アメリカ災害研究では個人としての女性、リスクコミュニケーション、避難、家族や被伝統的な危機管理上の役割における女性、社会心理的影響、短期間のスパンでの復興といったことに焦点があてられるのに対して、アフリカやラテンアメリカ、アジアをフィールドとした研究では、開発や災害リスクの生成、集合行為、雇用、コミュニティの動員といったことに関するジェンダー関係に注意が払われることが多いとする。前者も後者もフェミニズム研究に関わることであり、災害研究とフェミニズム研究の接点を問うことは重要である。

ただしフェミニズムといってもさまざまであり、表3-3はそれぞれのフェミニズム理論における災害リスク軽減に対する有意性（relevance）をまとめたものである（Enarson 2012: 39）。それぞれにおいてコアとなる関心はさまざまであるが、いずれも女性に関する災害リスク（災害時におけるジェンダーに特化した女性の被害）をどのような角度から問題としうるかが示されている。この表3-3ではフェミニスト政治生態学 feminist political ecology の領域が、環境問題に関する論点もとりあげていることを示している。これまでも述べてきたとおり、災害リスクと環境問題との連関は強い。災害時の女性の被害について、いわゆる男性主導であるような災害研究からではなくて、フェミニズムから問うことは、平常時と災害時の女性の生活・生命や経験のつながりを指摘することになる。この問い方が主張しうるのは女性の権利についてである。

先の「スフィア基準」が権利保護の原則をひいていたように、災害時に必要となるのは安全保障、人権・生存権の保障である。EnarsonとFoldham（2001）は災害時における「女性のニーズから女性の権利」へという論文の

表 3-3 フェミニズム理論における災害リスク軽減に対する有意性（relevance）
（Enarson〔2012: 39〕を訳出、転載）

	受容や影響 左：グローバル 右：ナショナル		コアとなる関心	持続可能性への焦点	社会的正義への焦点	生態系分析
リベラルフェミニズム	低	高	アクセスの平等、公的権利	低	低	低
社会主義フェミニズム	低	低	家父長制、資本主義	低	高	低
ラディカルフェミニズム	中	低	暴力、セクシュアリティ、自律	低	高	低
多文化フェミニズム	高	中	権力関係の交差、レイシズム	低	高	中
ポストモダンフェミニズム	低	低	主観性、創発	低	低	低
ジェンダーと開発	高	低	分業、グローバリゼーション	高	高	中
フェミニスト政治生態学	低	低	自然・社会システムにおけるジェンダー平等、文化的存続	高	高	高

なかで、災害時の女性の権利について考察している。1993年の世界人権会議では女性の人権は不可譲の権利であり、何も欠くことのできない完全な権利であり、その個人一人一人に属する権利であると認識され、女子差別撤廃条約で普遍的なものと考えられている。生涯を通したリプロダクティブヘルス／ライツ、つまり妊娠・出産を計画的におこない、産じょく期のケア、感染症の予防、性暴力の阻止、性暴力被害への対応、避妊方法の選択、性の自己決定に伴う権利や移動の自由、ジェンダーでセグメント化されない自由、社会権などは、平常時の女性の権利である。この権利は生存そのものの権利、経済的権利、安全への権利、健康や病気からの保護に関する権利、自己決定に関する権利などさまざまなものを含むが、そのどれもが災害時に保護されないことがある。

　その都度ニーズに応えていくというだけではなく、平常時の社会制度が女性の権利の保護という観点からは不十分であるという認識に立たなければ、緊急時の権利保護の困難は改善されない。このことは、あらゆる災害時の場面で、女性の社会参加の足かせとなってしまう。女性のニーズを満たすことの意義は、弱者の保護ということ以上に、女性の権利の行使の平等を理念として前提にすることで初めて主張できる。

女性の視点は、女性は弱者だから保護せよという主張なのではなく、権利の行使の平等に関する主張である。この権利は、産む可能性と切り離せない性である母性機能を持った、そしてそれゆえに社会的に暴力被害から傷つけられやすい女性の身体性と切り離すことのできない権利である。抽象的に男女が平等なのではなく、差異を持ちつつもなお災害時には平等に保護されなくてはならないのである。

　災害研究への女性の視点の導入は、女性のヴァルネラビリティが、その身体と切り離せないものであることに目を向けさせる。被害は一人一人の女性のうえに生じているのであって、排除されているのは一人一人の女性の身体である[19]。ここで主張したいのは、仮に男女共同参画という言葉を災害対応や防災対策の場面で用いているのであれば、単にジェンダー・ギャップを数値化したり、重点化項目のリストアップをしたり、スローガンを掲げたりするのではなくて、その理念が現実のどのような女性の被害を経由して提示しうるものなのかを、災害という事象に照らして問うことである。

　続く第3節では一体何が、災害時の女性の被害なのかということをまとめてみたい。ジェンダー・アイデンティティは確かに身体的な性と異なる場合もありうるが、次節では身体的な性が女性であるということを指して、「女性」とする。ただそれはセクシュアリティを無視するものではなく、ひとまず女性の被害を捉えようとすることは、本章で既に何度も述べているとおり、女性というカテゴリーとは区別されるほかのカテゴリーにも目をむけるためのスタート地点である。日常的なジェンダー格差・エスニシティ間格差が層として見えづらい日本社会において、女性というマイノリティの災害被害を考察することは、他のマイノリティとされる人々の災害被害の考察と、連続性を持つ視点である。そしてしばしば葛藤する視点でもある。

　関連してもう一点、女性の視点の意義については、女性はケア労働を担うことが多い。

　以下のような主張である。

　　　男女分業が根強い日本社会で、女性は生活分野を担わされてきた。その発
　　言力の弱さは、生活に根差した支援や復興策が取りこぼされる原因にもなっ

ている。また、高齢者や子どものケアを担うことの多い女性の要求が政策に反映されにくい現状は、これらの被災者の生きづらさも招いている。人口の半分を占める女性被災者に焦点をあてることで、被災者支援と復興策のいびつさが見えてくる。(竹信・赤石 2012: 3)

　性別役割分業は日本国内で未だに根強い。家族成員のなかでも妻や娘といった女性による子育てや家事労働、介護といった無償労働をも労働時間に換算すると女性の労働時間は、女性が有職者であるか否かによらず、男性のそれを上回る。ケア労働と災害支援は第4章で取りあげるテーマであるが、先取りしていえば、女性のケア労働を肯定するにせよ否定するにせよ、事実としてケア労働の担い手としての女性の災害時における経験と被害を論じながら、地域防災体制を考察することは、他の社会的弱者の視点と女性の視点の接続という意味で本書では重要である。

3　災害時の「女性の」被害の身体性

　ここからは、実際の災害場面において女性が具体的にどのような被害を受けているのかということをまとめていく。何を被害だと同定するか、それが他でもない女性の被害であると言い切るためには、第1節で述べてきたようなジェンダー／フェミニズム研究の認識・枠組みの力を借りなければならない。災害とジェンダー研究を含めた災害と女性研究では、男女の被害・経験は異なるというとき、女性に有意な被害・経験が4点に分類されている。代表的なものとして、池田（2010）がある。

　まず、(1) 人的被害の男女差は、開発途上国における女性の人的被害統計に基づき、大災害ほど犠牲者の男女差が大きいとするものである。避難方法や生活時間の男女差が人的被害に影響していると考えられる。しかし先進国では、一様に女性の方の犠牲者数が多い。これらは全てジェンダー格差を反映しているということは出来ない。下夷（2012）も指摘するように災害の種類やそれが発生した地域や時間帯によって被害状況は異なると考えられる。とはいえ、経験的には女性の人的被害の例は多いので、関連する先行研究を

検討したい。

　次に、(2) 性暴力被害である。避難所が性暴力被害の場所になりやすいこと、災害時の性暴力・性被害の事例は可視化されにくいことが指摘されてきた。国内においても阪神・淡路大震災以後に、女性団体から危険性が指摘されてきたが、海外の災害においては非常に甚大なものとして、顕在化している。

　そして、(3) 災害時のジェンダー規範・役割の強化にはさまざまなものが含まれるが、女性は炊き出し、男性は瓦礫撤去といった避難生活での性別役割分担、震災大家族など複数世帯の同居を余儀なくされた場合や広域避難の場合などの子育て役割の強化などといった家事労働の負担の増大、子育てに伴う困難の拡大などである（それぞれの事例については、ウィメンズネット・こうべ編［1996］）。生活再建に伴う格差もある。雇用機会など災害後の復興資源へのアクセスの不平等や、給付金、支援金制度の世帯主主義、震災解雇の女性割合の多さ、再雇用格差や賃金格差といった日常的な格差が、災害後に顕在化・深刻化する。この点は、Wisnerの指摘する資源へのアクセスの不平等という説明図式とも接点をもつ。

　最後に (4) 女性の災害対応・復興過程への参加の促進と貢献についての評価は、女性の持つ災害対応能力への着目として重要である。

　池田（2010）の先行研究に見られるこの4分類が、どのような区別の軸に基づいているのかは明示されてはいない。(1) の人的被害の男女差は比較的入手しやすいジェンダー統計である。(2) の性暴力被害は、ジェンダー秩序に伴う被害であり女性に偏って見出しやすい。(3) のジェンダー規範・ジェンダー役割の強化はジェンダーという言葉・レンズを用いると観察されやすい。(4) の復興や災害対応における女性の活動への着目は女性の視点の積極的な意義を示すうえで重要である。しかしなぜこの4点を区別しうるのか、他のよりよい区別の仕方はないのか。さらに、時間的次元についての考察も曖昧であるし、本章の考察の準拠点である女性とヴァルネラビリティの身体性についての問題が見えにくくなっている。

　ここではまず、EnarsonとFordham（2001）の次のような考察を参考にしつつ、それでも十分ではないと考えられる点、つまり女性の被害の時間軸を、被害の身体性という論点と時間的な変化に焦点を当てたかたちで、再分類し

たい。

　EnarsonとFordham（2001: 134）は、女性の災害に対するヴァルネラビリティを増幅させうる諸過程（processes）を、「生物的なもの」「経済的なもの」「社会的なもの」「政治的なもの」「環境的なもの」とに分けている。この過程はEnarsonのいう「ジェンダー関係」が再生産されていく過程であって、ジェンダー研究の観点から考察されたものである。だが、ここでも時間的次元については詳細には検討されていない。問題は、時間軸が女性の被害の質をどのように変え、また被害を悪化させうるのか・させないのかということである。二次被害・三次被害のように時間を経るにしたがい顕在化してくる被害がある。例えば、直後の避難には成功しても物資の困窮のために健康を害する場合などがそうである。その極端な例は震災関連死であり、東日本大震災でも関連死を防止することが出来ていない。

　震災関連死のみではなく、復興期において生活再建の格差も、それぞれ時間の累積を切り離したかたちで突発的に生じたりするのではない。一つの変化が次の変化を、一つの決定／不決定が次の決定／不決定を迫るかのように、時間的に連鎖していく。一つの被害が次の被害を誘発するような仕方で、ここでも社会的次元でみたようなものとパラレルに、災害時に累積され複合されたかたちでの社会的排除や生活の困難を導くような圧力が生じる（Wisner et al 2004）。

　それは決して大げさな特殊な圧力なのではない。原発避難において、精神疾患を有するひとが被害状況下で動揺の程度を強め、避難時にひとりの保健師が付きそって避難したという話[20]のように、避難という決定によって平常時の身体状況が悪化し、継続的なケアを要するということがある。この社会的・時間的な被害の連鎖は、女性の被害を記述するうえで欠かせない。

　例えば、震災と女性の身体という点では、加藤よしえから子宮内膜症の事例が取りあげられている（ウィメンズネット・こうべ編 1996: 130-131）。子宮内膜症は若い女性にとっては珍しい疾患ではなく、月経のある女性の10人に一人、15人に一人と言われる、痛烈な生理痛や経血過多を始めとして日常生活をおこなううえで辛い症状のみられる割には、周知度が高いとはいえない疾患である。治療法は手術以外にも症状に合わせたホルモン剤の服用や漢

方薬などが選択されることが多いが、そもそも月経のたびに悪化するという特徴があるため、生殖機能を温存する限り完治は不可能である。手術をして病巣を取り除いても、再発を防ぎ症状を悪化させないような対処が主であり、女性の日常に大きく影響を与える女性特有の疾患である。服薬によるコントロールを要するが、災害時に薬が手に入らないことは、慢性的な症状の悪化を意味する。

　これは、いわゆる「セックス」としての性差に基づく被害であるが、仮にホルモン剤（代表的なものとしては「ピル」）が欲しいというニーズがあるとき、それを言いだすことができるか、配慮され支援される機会を見込めるかということは、既存のジェンダー秩序に左右されるため、セックスとしての問題であると同時に、ジェンダーの問題でもある。この事例は災害時の被害が災害時という特殊な文脈において、時間的に社会的に、女性の身体に現れることを示す事例である。女性の被害は国内では阪神淡路大震災において記録されはじめ、少しずつ災害と女性、災害とジェンダーの論点が広がってきたが、問題はこのような社会的・時間的次元をとおした被害の考察をしていくことが持つ意義である。

　以下では、いくつかに時期を区分して、災害と女性の被害について、身体や健康という点に着目しながらさらに考察していきたい。災害の時間軸、災害の被害の時系列的な変化について災害過程（disaster process）という言葉がある。災害は時間的な出来事であり、その進行の観察も時間軸に沿って変化するために、個々の出来事を一連の過程（process）として理解するというスタンスは、災害を社会的な過程としてとらえるさいにも重要である。

　災害の発生段階を時間軸に区別することで、何が災害対応の焦点となるか、被災者支援にとってその段階で想定されるニーズは何か、ということをまとめておくことは女性の被害への対応、防災活動を議論する手がかりになる。ここでは、次のような時間区分に沿って考えてみたい。

　（1）発災直後の24時間（発災期）、（2）発災後の2から3日間（緊急避難期）、（3）発災後の半年間（避難所生活期・ライフライン等復旧期）、（4）発災後の2から3年間（仮設期・生活復旧期）、（5）発災後3年以降（住宅再建期・被災地復興期）の5区分である。それぞれの時期においてあらわれる女性の

被害とはどういったものか。なお本来であれば、災害の種類は災害の被害を大きく左右するため、災害の種類別に分けた被害の考察は重要だが、本書では議論のレベルを自然災害一般にあわせているので、種類別の被害については取りあげない。

3-1　発災直後の 24 時間（発災期）　死者数の性差、避難行動の男女差

　最初の 24 時間は発災期であり、地震災害であれば本震が起こったあとにも余震が断続的に頻繁に起こり、火災や津波といった他の危険が誘発される可能性が高い時期である。何よりもリアルタイムの情報取得や避難行動の意思決定が生命を左右するが、死者数や避難行動にもジェンダー秩序は反映されている。Neumayer と Plumper（2007）は自然災害の死者数に関して構造的かつ量的な分析をおこなった。

> 　概念的な観点からは、自然災害に対する死者数におけるジェンダー的な差異というヴァルネラビリティの主な原因を 3 点に分けることが実り多いことになる。1 点目は、女性が災害に対して即座に対応するときに不利益になるかもしれないような生物学的・生理学的な男女間の差異、2 点目は、災害過程（disaster course）の緊急時における女性のヴァルネラビリティにつながるようなふるまいとしての社会規範や役割行為、3 点目は、基本的要求についての資源の枯渇だけではなくて、既存の性差別の様態の悪化、新たな差別の様態の現出、個人間の競争の激化に見られるような一時的な社会秩序の崩壊を、災害がもたらすということである。(Neumayer と Plumper 2007: 553)

　この引用にあるような概念上の区別においてもセックスとジェンダーは区別されており、生物学的・生理学的な差異とされているものはセックス、社会規範や役割行為はジェンダー、社会秩序の擾乱もジェンダーとして位置づけることができそうである。実際、彼女らは生物学的ないし生理学的に決定された性別的な差異は災害の死者数においても見られるが、これらの差異の影響は見かけほど大きくはないとして、災害に対するジェンダー化されたヴァルネラビリティの理由として社会規範と役割行為が影響するという論じ方

をする。焦点はジェンダーの方におかれている。災害の影響は女性の社会経済的地位によって状況的であるし災害からの影響を受ける社会内部でのジェンダー関係によっても状況的であると彼女らは捉えている。

　災害による直接死という側面では、例えば国内の地震災害である阪神淡路大震災での死者は、震災関連死も含めて女性の方が男性よりも 1,000 名ほど多いことが知られている。相川（2007: 223-224）によれば、インナーシティの老朽住宅に住んでいた高齢女性たちの犠牲者が多く、また、母子寮（現在では母子生活支援施設の方が一般的な名称、成人する前の子と母の生活支援を主とした施設）などの公的施設の倒壊など社会的弱者の住宅事情の貧しさがあらわになったという。

　いのうえ（2008: 105-111）は、震災弱者としての高齢者の問題をとりあげながら、女性の死亡者数が阪神淡路大震災では男性の 1.5 倍にのぼることと、年齢別死亡者として死亡者全体の 53 パーセントうち 60 歳以上がしめていることをとりあげた。つまり高齢であり女性であること（高齢＋女性）は累算されたかたちでヴァルネラブルであるということができる。女性の平均寿命が男性より長いとはいえ、女性が男性と比較して 2 から 3 割程度死亡率が高いということは、女性が災害時の弱者であることは明らかである。また、65 歳以上の死亡者も、男性に比べて 3 割以上多く、女性高齢者が震災弱者であることは否定できない（いのうえ 2008: 107-108）、と述べている。女性であり高齢者であること、そしてしばしば独居であることが被害の直接的な原因とされる住宅の老朽化と関連しているという事実は、うなずけるものである。しかし単一の要因、高齢化、平均寿命、女性であること、高齢であることのどれか 1 つが決定的に効いているというよりは、高齢者には女性が多く震災時に高齢者は弱者となりやすいという事実が複合的に関わった結果、女性の死亡者数の高さが数的に観察される事例である。

　男女の死亡者数の性差は、開発途上国でも明らかである。それは、日本とは異なる文化的背景によるものと考えられる。例えば、2004 年のインド洋大津波での女性の死者数の多さの理由として、性別役割分業（津波発生時に女性は家事や育児のため家屋にいたため逃げるのが遅れたというもの）や、衣類の性差があげられている（角﨑 2007: 228-229）。

スリランカの援助職をしているスヴェンドリニ・カウチ氏の報告（『女たちの21世紀』編集委員会 2005: 13-15）での、スピニ・ジャヤウィーラ氏という17歳の女性の証言や、ニマルカ・フェルナンド氏という弁護士の女性の証言、サガンカ・ペレラコロンボ大学教授らにより、災害時の証言もなされている。これらの証言や事実からは、ジェンダーに基づく文化的な慣習もまた、災害という非常時に一人一人の女性の身体を文字通り拘束するものとして機能していたことが伺える。平常時では生命を奪うまでは機能しないような慣習も非常時にはその機能の可能性を大きく変え、結果的に女性のヴァルネラビリティを高めることとなるという帰結は、やや抽象化して述べるならば、非常時には平常時の抑圧や格差が思いもよらない仕方での排除効果を生み出すということである。

> 　スピニにとって母親の死に方ほどつらい体験はない。一カ月以上経った今も、36歳の母が消えていったありさまを思い出すと、涙があふれて声が詰まる。ものすごい力で水が流れてきて、怒り狂ったモンスターのように砂浜を越え、家の中に押し寄せました。母は、弟が泳いで逃げられるようにパンツを引き裂いてくれたのに、自分はそうしませんでした。服を脱いで逃げるなんて、あまりに慎み深い母にはできなかったのですと、スピニは語る。［中略］フェルナンドは、［中略］女性の長い髪、身を束縛するサリー、強度の慎み深さ、夫や子どもに対する無私の献身—これがみな、女性たちの逃げ足を遅らせた。［中略］多くの場合、男性たちが木によじ登って逆巻く波から難を逃れたのに対し、女性たちは、衣服が破れたりなくなったりして肌をさらせば、文化的なタブーに触れてしまうのではないかと恐れ、逃げ遅れたという。ペレラはさらに重要な違いに言及する。地方の女性たちは、慎みを損なわないようにと、ほとんど泳ぎを教わっていない、ということだ。（『女たちの21世紀』編集委員会 2005: 13-15）

　ここでは泳ぎを教わるかどうかという技能がそもそも文化的に男女不均等であることが指摘されている。衣類を脱ぐことへの抵抗感や泳ぎの技能の未修得が津波災害に対するこの地方の女性のヴァルネラビリティを高めたとい

える。同じく津波災害について、NGO 団体の Oxfam による 2005 年のレポート（Oxfam International 2005）では死者数の性差について次の点が指摘されている。

1）インドネシアのアチェの besar 地区の 4 村では生存者の 676 人のうち女性は 189 人であり、死者の 366 人のうち女性は 284 人である。
2）インドの cuddalone では、女性の死者数が 391 人であるのに対して男性は 146 人である。
3）Oxfam の関わっているエリアの多くにおいて女性の死者数は男性の死者数よりも多い。
4）アチェの未婚女性たちは移動の自由や職業・教育・宗教等の自由が制限されており不可視化されていて、情報やサービスへのアクセスや意思決定の機会も少ない。
5）津波災害の犠牲者の女性たちは平常時よりもより早く結婚するように迫られたり、短期の間に子どもを多く産むように迫られたりして、災害後にリプロダクティブヘルス／ライツが制限されたり自立能力をせばめられたりする。

　災害時におけるリプロダクティブヘルス／ライツの問題は避難生活の段階として後述するとして、情報やサービスへのアクセスの格差は、災害発生直後の情報や公的サービスへのアクセス（避難所への入所等）の困難として現れたものを含んでいる。
　津波災害や地震災害、ハリケーンといった災害においては女性の被害が災害と女性研究からは提示されてきた。ここで災害の種類が人的被害の男女差にそれぞれどのように影響するのかという観点でいうと、妊娠中であったり授乳中であったりしない限りは栄養学上の必要量の低さと皮下脂肪の多さという点において、干ばつや飢饉の女性の死亡者数は男性よりも少なくなるという事実（Neumayer と Plumper 2007: 553）の指摘がなされている。それぞれ個々の女性の経験を集積していくことは必要である。併せて女性の中でも妊産婦や障害を持った女性において、身体的な状況に起因するヴァルネラビリ

ティが高まることについても考慮しなければならない。開発途上国のジェンダー・ギャップは、自然災害における女性の被害（ここでは人的被害）を拡大する傾向が見られるが全ての災害において一般化できるものではない[21]。

3-2 発災後の2から3日間（緊急避難期）

　発災後の2から3日間はライフラインがとだえ災害の被害状況についての情報も避難所の物資状況も乏しい。避難所に行くか在宅での避難をするかという選択を迫られる時期でもあるし、津波災害の場合は発災当日の緊急搬送は困難であり、発災後の2から3日目でだんだんと搬送される被害者が増えていく（石井 2012）。この意味ではこの期間も発災期と区別がつかないという事態が考えられるが、避難所の開設が手探りであっても行われる時期である。避難生活の初期において、発災後の何週間にわたり情報も得られず援助を求めることもできなかった経験は、しばしば障害を持つ女性の経験のなかで語られている。長崎圭子氏の報告によれば、避難所への入所や避難所を介した物資面での援助要請の両方が断られている。

　　後に新聞やテレビ報道で、いかに障害者があの震災を生き抜いたか、または亡くなっていったのか、あらゆる人々が検証しているが、なかなか聞こえてこないのが女性障害者の声である。百人以上のかたがたにお話を伺い、震災直後、1週間後、2週間後、1か月後と時間を経るごとに課題はどんどん変化していった。1から2か月経つと、様々な体験を、堰を切ったように語り始める人もいた。

　　仙台市の脳性まひの女性：いったんは避難所に行ったものの、障害者だけでなく、健常者だってしんどいやから面倒かけんといて、といわれ、半壊した実家に戻ったという。そのとき、ショックのあまり、生理がきてしまったが、同じく半壊した一人暮らしのマンションへは危険を感じて行けない。各地から物資が輸送されてきているという報道を見て、避難所にナプキンだけでも分けてもらえないかと言うとこれはここで生活する人のものだからあんたにはあげられんと冷たく断られたというものです。そして追い討ちをか

けるように、障害あっても生理あるの？と。車いすのクッションにまで血が流れる。それが寒さで凍っていく。彼女はそれから数か月、生理がとまったままだといいます。（認定NPO法人ゆめ風基金編 2013: 23）

　避難所への入所を断られたり、自主的に遠慮したりすることの理由として、自身に障害があることや、自身がケアすべき相手が、障害や特定の疾患をもつことがあげられる。そして女性である場合に、女性障害者の平常時からの不可視化にともなって、女性の障害者のニーズは緊急時に個別的に対処されにくい可能性が強まる。

3-3　発災後の半年間（避難所生活期・ライフライン等復旧期）
(1) 衛生・生理面

　避難所生活[22]、もしくは在宅避難の時期のニーズの男女差は多く指摘されてきた。むしろ災害と女性の問題として最もわかりやすいのが避難所におけるそれであるとさえいえる。そのうちの一点目、最も基本的な面では衛生面（公衆衛生面）のニーズがあげられる。権利保護という観点からは、リプロダクティブヘルス／ライツの問題がある。災害時のバースコントロールの難しさによる意図せぬ妊娠（Enarson 2012: 63）や、衛生状態の悪化による（性）感染症の拡大、ひいては性暴力被害のリスクなど、自らの心身の健康とウェルビーイングを保護できない状況におかれる。

　過去のインド洋津波の事例では、女性の健康問題が顕在化し、産じょく期の女性が衛生的でない環境で出産したり、子どもの食糧を優先せざるを得ず、トイレや生理用品の不足、急な立ち退き命令がおこなわれたりしている（ウィメンズネット・こうべ編 2005: 78-89）。

　特定非営利法人イコールネット仙台（2012）のまとめた報告書[23]でも、さまざまな不足がうかびあがる。子どもや障害者の家族とともに、避難所生活であれ在宅避難であれ、避難生活を送る場合、自分だけというよりも、子どもや障害者の健康の維持をケアしていくことが求められることが伺える。例えば、子どもに母乳をあげられず食事がとれなくて母乳が全く出なくなった。ミルクも入手できず、ひどかった。うすめてミルクを飲ませていた。大

人の食事よりも子どもにあげることで必死だったとあるように、粉ミルクや紙おむつといった物資は、乳幼児をかかえた避難者にとって重要事項であり、スーパーマーケットが機能していた地区では紙おむつや粉ミルクのみを買い求めるひとに対しては、優先的に対応するなどしている[24]。

これらの事情と関連して、厚労省は東日本大震災後の4月14日付で避難している妊産婦、乳幼児への支援のポイントをまとめ、通達している。食糧や水の配布等に配慮することや、新生児の健康への配慮、避難所であれば避難部屋への配慮がもりこまれている。「自分は乳幼児がいたため優先的に小学校の体育館から教室へ移動させてもらえた。あまり不自由なことはなかったが、やはり、長くいればいるほど、パーソナルスペースやプライベートを確保されていない避難所がかなりのストレスになると感じた。地域の自治がしっかり機能していることが災害直後は大切だと感じた（普段から備蓄している、会合をひらいておくなど）」（特定非営利法人イコールネット仙台 2012: 144）。という記述にも反映されている。他方で、子どもがうるさいことや、乳児の泣き声が迷惑をかけないかというストレス、授乳など過度のストレスを感じざるをえない状況がみられる（特定非営利法人イコールネット仙台 2012）。

上記のようなごく生理的なことや衣食に関することだからこそ、女性のニーズへの配慮は避難所生活においてなされなければならない。授乳と近い問題が衣類やトイレに関する事柄であろう。仮設のトイレは臭いが強いばかりか女性用と男性用の区別がされないままに設置されていると、生理中の女性であったり、夜中の利用であったりした場合に、体感不安や気後れといった事情から使用しづらい[25]。この状況は、阪神淡路大震災から指摘されてきたことである。

「妊産婦の人が毎日カップラーメンだったので［お腹の］子どもに大丈夫かとものすごく不安だったと言っていました。でも、大変な中で、そういうことを言うことが、全部わがままと思われたんですね。水が出ない、お風呂に入れないということで、膣炎とか膀胱炎になる女性が結構いたのです。避難所の中でトイレに行くのがみんな嫌ですごい我慢していたからです。病院にもなかなか行けないですし、トイレ問題は切実だったそうです。女性は男

性と排泄機能が違いますから、ビデがあったらよかったと言う人たちが多かったですね。また、女性の産婦人科医のクリニックがあったら、もっと身体のことも相談できたし、巡回でもあったらよかったと言っていました。若い女の子も生理が飛ぶとかその問題はとても大きかったみたいです」（参加者Aさんの意見、ウィメンズネット・こうべ編 2005: 38）といった事例などである。

　先の特定非営利法人イコールネット仙台の報告書においても、「避難所での生活で不安に思ったこと」を複数回答の形式で項目別に提示し、3点以内で回答するように求めた質問項目の結果として、多く選択されたのは「集団生活によるストレス」、「希望する支援物資が来ないこと」、「衛生環境が良くないため、体調が悪くなるのではと心配」であった。

　衛生上の問題としてもう一点、洗濯の問題がある。仙台市の「イコールネット仙台」は、「せんたくネット」という名称の支援活動をおこなった。リップクリームなどを片手に、宮城県登米市、気仙沼市、栗原市、東松島市での避難所生活の女性に対するお見舞い訪問をとおして状況やニーズを聴きとっている。4月17日には（財）せんだい男女共同参画財団と協力しせんたくネットというせんだいの女性たちが被災した女性の本音をたくさんくみ取って一緒に解決するネットワークをたちあげ、避難所生活をおくる女性たちの洗濯物を仙台市在住の女性たちが預かり、洗濯して返していく。洗濯物を返すさいに声掛けをしニーズを聞き、県内外の支援団体につなげていく活動である。活動の詳細は、宗方（2012）にまとまっている。男女別の洗濯物干し場は全ての避難所にあるわけではない。最初はリップクリームなどのような小さな物資支援をおこないながら女性たちが女性たちとつながり、共感できる困難なこと、ここでは洗濯物の問題に対して出来る限りの支援をおこなっていくというかたちの女性支援が行われたのである。

(2) 避難生活とケア役割

　2点目は、災害時という特殊な状況における「ケア」の過重と言えるような事態も挙げられる。例えば、子どもという、ケアを必要としなければ生命を維持することが難しい存在を抱えた女性への支援の手薄さは、女性と子どもの心身の健康状態・生活環境の悪化に直接結びつく。障害や認知症を持つ

家族がいるために、避難所に行くのをためらい在宅避難を続けていた例がある。

　　障害のある子どもを連れて、二日間だけ子どもの通う小学校へ避難していました。支援学級に在籍していたので、支援学級の子供達を優先に一つの教室を使わせていただきました（すぐ地域の方も他の部屋はいっぱいなので、と入ってこられましたが）高齢の方や車椅子の方など、弱者にはとても大変な日々でした。（並ばなければ物資や水が頂きにくい感じでしたので）後に、先生がもってきてくれるように…。落ち着いてくると、学校の先生や他の方にもお手伝いいただけるようになりました。（特定非営利活動法人イコールネット仙台 2012: 150）

　災害時要援護者にカテゴライズされる人々のケアを担っている人々のニーズ（乳幼児を抱える母親・父親や、障害を持つひとの家族、在宅療養患者の見回りをおこなっている訪問看護師等）、自治体職員として家族の安否を確認できないまま支援活動をおこなう人々のニーズへの配慮は重要である。仙台市では、奥山市長の判断により発災翌日から保育所が開設されたため子どもを保育所に預けて救援業務に当たることができた（奥山 2012）という事例は、一人では生きていけないような存在を抱えた人々はそれゆえに特有のニーズと困難を災害時に持つことを示している。母子関係に特徴的なように、一人では生存することが困難な存在をケアするような立場にあるひとは、生活の場面でも、また職業的な面（保育士、介護福祉士などのケアワーカー）でも女性が数として多い。ケアは女性が担うだけのものではないが、災害時要援護者となりうる高齢者、障害者、子どもといった人々と、日常的に接している女性が、災害時という特殊な状況においてヴァルネラブルな状況に置かれることについて、Enarson の研究では経験的な水準では多少は触れられているものの、ヴァルネラビリティ概念についての理論的な水準での議論はさらに進める必要がある[26]。

(3) 性暴力被害
　3点目は、性暴力被害である。性暴力被害は女性や子どもが被害者になり

やすい。仮に被害に遭わないにしても体感不安として避難生活での安心感が保たれない状況は、大きなストレスになる。

　避難所での性暴力被害は海外の災害事例で指摘されてきた。ルイジアナ州反性暴力財団（LaFASA: Louisiana Foundation Against sexual Assault）と全米性暴力情報センター（NSVRC: National sexual Violence Resource Center）が共同で出しているマニュアルは日本国内で、NPO法人女性と子ども支援センターとウィメンズネット・こうべ（2009）により翻訳されている。そこでは、カリフォルニア州サンタクルーズ郡で起こったローマプリエータ地震のあとに性暴力は300％の割合で増加したという事例や、セント・ヘレンズ山噴火のあとにDV通報が46％増加したという事例や、ハリケーンカトリーナで寄せられた性暴力被害の通報の被害者のうちの9割が女性であるという事例が掲載されている。性被害防止のための予防項目として以下のことが指摘された。以下、NPO法人女性と子ども支援センターとウィメンズネット・こうべ（2009）を参照にまとめると、

- 一つの避難所への避難人数を2,000人以内に収めること
- 十分な電気で明るくし内部・外部への通信を容易にすること
- 着替えや衛生管理のためのプライバシー確保の場所の提供と、性暴力の生じそうな危険箇所の立ち入り禁止
- 訓練を受けているスタッフ、ボランティアの配置
- 監視カメラの設置と警備、住民による警備
- 生活空間を男女で分けて、特別な養護が必要な人や被害に遭いやすそうな人が分断されないように気をつけること
- 出入りする人間の名簿づくりと更新、武器の不所持の確認
- 性暴力加害者として前科のあるひとの把握
- 性暴力予防や文字情報だけによらない対応、情報の周知
- 入居時に、性暴力被害に関する説明の実施、ちらしやポスターなどによる情報の伝達

　避難所で性暴力被害のリスク対応が求められるのは、性暴力被害は避難所

において生じやすいという認識があり、これの項目に見られるような対応は性暴力被害だけではなく、女性の視点に配慮した避難所作りにおいていずれも重要となるものである。住民による警備という項目は、日本でいうところの避難所における自警団を指すが、災害時における自警というリスク対応が他のマイノリティを抑圧する可能性[27]も看過できない。ただし、監視カメラの設置や自警という方法に併せて、多様なマイノリティの視点を組み入れた避難所運営を性暴力被害の防止という目的（とそれ以外の正当な目的）のためにおこなっていくことは可能であるし、避難所といった環境で性暴力被害について啓発していくことは子どもや女性が被害に遭いやすいというリスク配分の不平等への対処として十分に取りうる方法である。

　この自然災害における性暴力被害は確かに日常的に性暴力被害の検挙数が多い国と比べて、日本国内では実数としてはっきり出てくるものではない。自然災害発生後の数ヶ月（避難所生活が主となる期間）は混沌とした状況であり、細かな点に注意が届きにくい。狭い場所に密集して生活せざるをえないことから、さまざまな性被害も生じやすい。阪神淡路大震災でも、人のいない場所に引きずりこまれるなどしてレイプや強姦をされるといった性暴力被害の事例が、報告されてきた。ウィメンズネット・こうべが1995年7月に開いた「性暴力を許さない　震災と性暴力」という集会では、阪神淡路大震災における1月の震災直後から3月までの間をピークに、37件の性暴力被害に関する報告が行われたという[28]（ウィメンズネット・こうべ編 1996: 118-120）。

　東日本大震災の性暴力被害について、その一面が伺えるものとしては、平成24年度に内閣府男女共同参画局のおこなった調査がある。平成24年4月1日から平成25年3月31日までの期間中の電話受付件数は、女性5,217件、男性564件、不明995件であり、岩手県、宮城県、福島県三県合わせて、最も多いのは心理的問題に関する悩み（2,460件）、続いて生き方（1,754件）や家族問題（1,664件）、対人関係（1,155件）、暮らし（1,057件）、夫婦問題（1,034件）、DV（666件）、DV以外の暴力（84件）という結果である。なお男女間で起こるDVは親密な相手（配偶者やそれに準ずるような事実婚の場合など）からの暴力であり、避難所生活というよりは下記にみるような仮設住宅や生活復旧期における問題である。

3-4　発災後の2から3年間（仮設期・生活復旧期）

　避難所生活を経て仮設住宅での生活や、在宅避難をしていた場合であっても生活復旧期の生活は、避難所生活に比べてプライバシーは保持できるものの、家族の中の女性に影響を与える。この時期は、ドメスティック・バイオレンス（ここでは配偶者間DV）が懸念される[29]。DVは支援者の養成にも大きな配慮を要し、警察や行政、地方裁判所といった公的機関のみではなく、NPOや民間の女性支援団体が支援を継続しているのが東日本大震災における現状である。必ずしも女性のみが被害者となるわけではないため、ジェンダーに配慮した視点が求められるが、災害時に女性であるという属性と他の属性が複合して排除効果を生じていく。女性であることが経済的資源へのアクセスを妨げ、生活復旧を困難にするということが生じるし、そもそも、女性においてドメスティック・バイオレンスの被害が、母子家庭の貧困率、就職機会、ネグレクト、健康問題のような他のさまざまな問題の引き金になることは周知の通りである。

　関連して、国内における男女賃金格差や非正規雇用率から見ても女性が日常的に経済的に不安定な立場におかれやすく、阪神淡路大震災では女性が真っ先に解雇されたというように震災による女性の失業・解雇後に、避難所生活の段階から求職を続けていても、子どもや高齢者の世話といったことから、再就職が困難であるといったように雇用の問題は大きい。さらに生活復旧における女性の果たしうる役割や、復興計画への女性参加といった女性の視点の正当な評価も必要である。ジェンダー格差に基づいた、この時期における女性の被害の把握は、災害と女性領域の中核である。

　この段階では、避難所生活の段階に比べて、公衆衛生や妊産婦へのケアといった直接的な身体的な被害（一次被害）に加えて、平常時からの政治や経済分野でのジェンダー格差が強化され、女性を含めたマイノリティとされる人々の生活再建に影響する。

　東日本大震災では、被災地における女性の企業支援というかたちでの自立支援が提案されている（東日本大震災女性支援ネットワーク　2012: 21）。政府の緊急雇用創出事業予算の利用による、企業からの女性の雇用進出を生み出すという例だが、実際、女性の雇用不安は男性のそれとは内容が異なり、平常

時での経済分野における女性への差別の論理は災害後に強化される。

　武信・明石編（2012）[30]では、臨時保育士[31]の雇い止めの事例があげられている。女性の解雇が非常時を理由におこなわれるさいには、武信が指摘するように「養ってくれる」世帯主の夫や親がいる女性が切られるのは仕方ないという通念があり、復旧・復興が個人単位ではなく家族単位で構想されていることの現れでもある。

　さらに政治分野では復興関連会議における女性委員の少なさは、平常時からの女性議員の少なさの延長線上にある。岩手県の東日本大震災津波からの復興に係る専門委員名簿[32]では、女性は14人中1人、宮城県震災復興会議要綱[33]による委員名簿によると12人中1人、福島県復興ビジョン検討委員会名簿[34]によると11人中1人、仙台市震災復興検討会議の委員名簿[35]では16人中3人である。東日本大震災復興構想会議[36]では15名中1人、同じく同会議の検討部会では19人中2人である。女性のみではなくて、外国人等の多様な視点を代弁する立場の者は委員に含まれておらず、政治分野における男女比だけ見ても、女性の視点を誰が代弁できるのかという問題を指摘できる。

　この時期はジェンダー格差が鮮明になる時期であるが、2011年12年の「ジェンダー法学会」のシンポジウム（於・東北大学片平キャンパス）でも繰り返し指摘されていたように、適切なジェンダー統計の整備を、女性団体が内閣府に求めて始めて公表されたというデータ（注43のもの）もあり、女性の視点だけではなく、実質的な声を組織化していく実践を継続する必要がある。反面で、女性が担ってきた生活復旧の正当な評価として、津波被災地の手仕事による復興グッズの作成、女性によるNPO設立とその社会的ネットワーク的な価値について、多く新聞記事の形態で広く取りあげられるようになったのも、東日本大震災の特徴である。

3-5　発災後3年以降（住宅再建期・被災地復興期）

　災害公営住宅建設後の状況や、次第に打ち切られていく支援と補償を経て、女性の生活がどのように影響を受けているのか、その状況の改善は個別具体的な支援をとおしておこなっていかなければならない。公営住宅の建設が未

だに目標に達しないなかで仮設住宅が閉鎖された後の生活の仕方は、不可視化されていくがゆえに、ケアを要する。

　災害と女性という観点から、復旧から復興期において、マクロな政治経済分野での男女共同参画と格差の是正はいうまでもなく重要であるが、本書では以下で、女性支援の現場としての地域社会に目を向けてみたい。本節で繰り返し述べたように、女性の被る被害はその身体的特徴を媒介としており、とりわけ発災から半年間ほどの緊急期や避難期は、ジェンダーごとに異なる健康ニーズと切り離せない。その都度、個別具体的に個人のもとで生じるニーズに対して対応するということを考えたときに、どうしても、生活の場としての地域社会の在り方を再考せざるを得ない。

　東日本大震災における障害者の犠牲者数がいわゆる健常者の２倍であったということからしてみても、東日本大震災のように、交通網が断絶された状況では、その人が物質的な身体として生活する場所は、平常時に比べて、より大きな意味を持つ。ニーズを持つ人に直接的に手を差し伸べ、寄り添うということは、さまざまな困難を抱える人に対する「ケア」の実践と同じように、抽象的な社会的カテゴリーに対してではなくて、その人個人に対して行われるものである。この意味で、災害と女性についてもさらに地域社会という枠組みから整理していくことは、ケアに関する議論を（第５章において）おこなっていくために必要である。女性が抱える様々なニーズに誰がどのように寄り添うか、専門職の役割はいかなるものかということである。

4　「女性の視点」から見た地域社会の災害対応

　地域社会と女性の視点、災害と女性との関係を以下にまとめる。
- 災害は物質的な出来事であり過程であるため一人一人の身体に対する被害が生じるのは特定の物質的空間においてであり、インフラの遮断や移動手段の喪失はその人の住んでいる地区単位での、住民同士での共助を必要とすること
- 住民同士での共助のうち組織だったものとして最も初期の例が避難所開設であり、この避難所は小中学校や公民館、集会所、場合によっては福

祉施設といった建物を基盤として開設される。避難所運営にあたっては町内会・自治会の構成員や該当施設の職員、その他地域社会内での平常時からの人的資源が活用される。しばしば組織のリーダーには、男性が多いことから、避難所という段階で女性の視点への配慮を啓発することは、そのままその地域社会内における災害時の男女共同参画という課題になること

・障害を持つ子や介護ならびに特別なケアの必要な高齢者とともに避難所へ避難することへの不安や気後れを感じ、在宅避難を選択する女性とその家族の存在も東日本大震災で顕著だった。女性や家族のニーズをNPOやボランティア・専門職が拾いあげ支援しようとするときに、情報を得る方法に確固としたものはない。また、誰がどのようなニーズを抱えているのか把握することができない状況は、初期の段階での衛生面や健康状態を左右する。そうしたさいに、地域社会での社会的ネットワーク（人脈）を頼りにするしかない場面は多い。さらに特別なニーズを持った女性や家庭を対象にピンポイントで支援をおこなうNPOやボランティア・専門職がいたとしても、支援が撤退していかざるをえないなかで、地域社会におけるケアは重要であること

・復興計画にマイノリティの視点・女性の視点を組み入れて進めるために、地域社会での復興会議に女性が参加していくことが望ましい。そして、復興まちづくりは多様な層からなる生活者のあらゆる視点を反映させるように努力をすべきであり、それが社会資源のレベルにおける災害に強い地域社会につながること

以上の認識に立って、本節では地域[37]社会を、人々の災害後の短期的・長期的な状態を左右する主要因の1つと捉える。日常生活において何気なく生活している地域社会であっても、ほとんどつながりのない住民間の関係性であっても、災害時にはどうしても関わらなければならない。場合によっては支援を求めなければならない。避難所組織の運営方針は、個人の避難生活を大きく左右する。個人のニーズが個別具体的である以上は、地域社会においてどのような個別ケアを進めていけるのかが議論される必要がある。

災害時における地域社会での女性の状況はさまざまな仕方で話題になるが、社会学的研究の枠内で、地域住民組織での女性の活動など、地域コミュニティの組織や運営および比較的狭い地区単位での女性の活動を、調査に基づいて分析している研究は少ない。

　松井（2011）の新潟中越・中越沖地震に関する研究はこの問題を取りあげている。地区のコミュニティ振興協議会の主事である女性が地域づくり活動に平常時から積極的に関わってきたことで、各サークルや団体、町内会や消防団、民生児童委員や健康推進委員など市から委嘱された委員、そういった人たちと全部連絡が取れていますというくらいに顔の見える関係を作りあげ、町内会と連携し災害弱者の支援にあたることができた事例があげられている（松井 2011: 91-93）。他にも同じくコミュニティ主事として20年以上活動を切り盛りしてきた女性リーダーを中心として中越沖地震のさいの緊急対応がおこなわれた地区の事例では、女性が地域にどんな人がいるか、個性や能力をよく知っているので、コミュニティの事業を始めるさいにも適材適所で依頼することができるという強みがあげられている（松井 2011: 98）。

　さらに池田（2010: 6）の取りあげるバングラデシュの事例がある。こちらは、災害リスクの特定と削減、災害後の復興などの防災事業の計画立案、実施、評価のために一定の地理的範囲における脆弱性と回復力を査定するものとしてのヴァルネラビリティの分析にジェンダーの視点を取り入れることの意義にふれ、実践事例を提示している。その意義は、(1) 災害時の女性と男性の異なるニーズ、資源と便益へのアクセスとコントロールの分析、それらに影響している社会経済文化的要因の分析、(2) 防災計画の意思決定や実施への女性・男性の参加、(3) 社会的多様性・例えば女性内の差異や格差への配慮も含むジェンダーへの配慮、社会的公正を防災の中心的テーマとすることである。これらの実践に、女性が参加していくことは、防災というローカルなレベルでのリスク・危険の軽減につながり、同時にヴァルネラビリティの軽減へとつながる可能性を持っている。

　ではどういった女性がリーダーとなり地域防災・災害対応を主導していくのか。須藤（2012）でとりあげられている宮城県登米市のえがおねっとはだれもが活き生きと暮らせる登米市男女共同参画推進条例策定委員の有志で結成

された団体であり災害時の女性支援をおこなっている。子育てをしつつヨガインストラクターをしている女性、ピアノ講師で登米市教育委員の女性、仙台に印刷所をもつ自営業の元民生委員の女性といった女性たちが中心である。

松井（2011）の紹介する事例にも当てはまることだが、男女共同参画の取組みに市民として参加してきた女性たちや、そうした活動に平常時から関心の強い女性たちが、災害時の女性支援の活動を主導したり、活動に協力している特徴がある。この特徴は平常時から地域という場における男女共同参画の取組みをおこなっていくことが災害時に女性のニーズを把握するための女性支援の組織化にスムーズに接続しうるということを示している。

5　ケアする主体としての女性という問題

女性の視点ジェンダーの視点を基軸に据えた災害対応（事前の防災体制）として何が必要か。「災害と女性」研究は、平常時からの女性を取り巻く状況とジェンダー秩序の分析をふまえて災害時の女性の被害が考察されるべきであることを主張する。そのとき性差は単なる変数ではなく社会過程を構成する要素として理解される。女性の視点から災害の被害を考察することは、、その被害の身体性を焦点化することでもある。セックス／ジェンダーという区別はジェンダー研究の主要な視点・方法論を構成する。しかし災害時の被害の記述においては、セックス／ジェンダーが渾然一体となって個別具体的な女性の身体への被害が現れる。セックスとしての女性の身体もまた社会的に構築されており、セックスもまた社会的に構築されたジェンダーであるという視点に立たなければ女性の災害の被害を考察できない。けれども災害と女性研究においてセックスとジェンダーの区別についてはさらに詳細な検討が必要である。

災害時の女性の被害を時間軸に沿って見ていくと平常時のジェンダー秩序が反映されており、身体面での公衆衛生や保健といった被害は女性に特有な仕方で発災直後や避難生活において顕著となる。多岐にわたる被害は女性の一人一人の身体において生じるため、地域という地理的な比較的狭い範囲における防災活動や災害対応に女性の視点を組み入れることが重要である。例

えば、松井（2011）が示す新潟中越・中越沖地震の地域社会の女性リーダーの事例である。地域社会レベルで防災活動の女性リーダーの育成が重要である。さらに、リーダーと自治体職員の女性、保健・医療・福祉等の専門職女性との連携が、地域防災体制を女性の視点を基軸として据えるために必須である。

「女性の視点」という言葉は、女性の災害の被害の記述、女性の主体的な災害対応の記述、そして災害時要援護者と呼ばれるようなヴァルネラブルな人々をケアする側の視点も含みうるものとして、女性支援をおこなっている支援者により用いられてきた。ケアの担い手である女性と日常的に接するのも保健や福祉の専門職の女性である。このケアの問題は第3節でみたように、リスクが個人化されていく社会においてこそ、喫緊性を増すものである。

無償労働としての愛を基盤としたケアは、圧倒的に女性の役割として固定化されたままである。内閣府男女共同参画局の挙げる男女共同参画の視点からの防災・復興の取組指針（2013: 6）でも、「家庭内で高齢者、障害者、乳幼児等の介護や保育等を行っている者は女性が多く、医療・保健・福祉・保育等にかかわる専門職にも女性が多い。女性の意見を取り入れることは、災害時要援護者の視点を反映することにつながることから、避難所運営や被災者支援等において、女性が政策・方針決定過程に参画することが重要である」と認めている。まさに今日、災害と女性と地域とケアの問題のそれぞれが重なる仕方で、災害時要援護者名簿作成の必要性に関する議論が焦点となっている。ヴァルネラブルな人々へのケアを、日常的にも緊急対応的にも誰がおこなうべきかという問いが災害研究との関連においても生じているのである。

災害というテーマに関する限りにおいて、女性とケア労働が地域防災や地域社会の場面で今日どのように接点を持っているのかを、次章で問うことにしたい。

［注］
1　囲い込み化。社会学分野の国内最大学会である日本社会学会の年次大会の部会編制でもジェンダーについては、『性・ジェンダー』『育児と母親』『女性運動』『生活史』といっ

た部会に囲い込まれている（遠藤 2012）。ジェンダー秩序は生活世界にあまねく浸透しているはずが、あえてジェンダーの問題という「各論」として矮小化し、他の問題と切り離してしまったり、例えば学会などで、女性問題やジェンダー論についての研究者しかこないような部会編制にしてしまうと、却ってこの問題をマイナーな問題として隅においやり、場合によっては排除してしまうことになる。本章でも単に災害と女性という囲い込みに終始しないかたちでの災害と女性の問題を捉えることが課題となるが、この課題については次章（第4章）でより明確にしている。

2　なお女性の被害というテーマの描き方については、性暴力被害の裁判やポルノグラフィ規制論争における女性という性別カテゴリーの運用・効果に関してエスノメソドロジーおよびフェミニズムの知見と議論・方法に基づき詳細に描き出している小宮（2011）の著作が示唆的である。ポルノグラフィ論争においてポルノグラフィの被害が女性の被害としてでなくて個人の被害として被害の中性化がおこなわれていく過程についての考察や、性暴力の刑事裁判において女性という性別カテゴリーが個人の動機の理解に結びついていくさいの行為の理解に関する性別非対称性への考察は、災害の被害を個人の被害としてではなく、「女性」という性別の被害であるものとして捉えるさいも重要である。性暴力被害と本章の扱う災害の被害とでは議論の水準もそれぞれの研究領域に固有の文脈も異なるが、災害時には性暴力被害のリスクが高まる。非常時に限らずとも性暴力と災害の被害とは、女性の日常的な経験の中ではそれほど距離のない、つまり経験的には非常に近い問題である。いずれも女性の身体（とそれへの意味づけ）をめぐる（抽象的な個人のではなくて）女性の危機の経験である。小宮（2011）は身体ということについては多くを論じてはいないが、性暴力被害に関する裁判におけるジェンダー・アイデンティティ（＝内面的な性自認という意味ではなくて行為をとおして（小宮 2011）社会的にアイデンティファイされる女性というカテゴリー）の効果の考察には、多く紙面を割いている。災害時には、その個人が自分自身を主観的には誰だと思っているかということよりも、当然ながら一瞥において女なのか男なのかという性別カテゴリーが平常時より強化される。例えば平常時よりも緊急時にジェンダー規範が強化されることはよく主張されているし、セクシュアルマイノリティとされる人々は二元的性別という区分に準拠して組織運営されている避難所において、例えば自衛隊の用意した入浴設備の利用といった些細な場面でも男であるか女であるかを絶えず示す（あるいはあえて示さないためにそもそも設備を利用しない）ことを迫られることになる（いわゆるセクシュアルマイノリティの被災については、内田（2012）が詳しい）。他にも洗濯物や着替えなどの些細な場面において、このような事例は数多いものと推察される。問題はジェンダー（＝社会的に構築された性差）かセックスか（＝身体的な性差）かということではない。災害時の女性の経験（被害）にジェンダー／セックスの渾然一体となった状況がどのように現れているかということである。

3　女性の視点という言い方は本書がオリジナルではない。災害研究の分野では women's eyes という言い方がなされるし、国内においても「災害対応に女性の視点を」という言い方がなされる。この言い方は汎用性が高く多様な文脈において使用可能であるという利点はあるものの、逆にその含意が不明瞭になりやすい。そこで本書ではできる限り分節化したかたちで女性の視点論を論じる。

4　災害研究におけるジェンダー問題の不在は、他にも Tierney（2006: 515-6）が、災害研

究者自体が男性研究者に偏っていることや、災害研究に必要なフィールドワークのための体力が女性には足りない（ゆえに女性に災害研究は向かない）という偏見があることを指摘している。

5 貧困の女性化という言葉が開発に関するポピュラーな用語になったのは1990年代である（Chant 2006）。Lister（2004=2011: 89-90）によれば女性が世帯主の場合、とりわけシングルマザーと独身の年金生活者の場合にジェンダーによる貧困の格差は顕著であり、貧困の世代間連鎖や一生涯において貧困を経験する機会も女性において、より多くみられる。さらにケア従事者のような、女性が圧倒的に多い集団での貧困経験についての認識の高まりも、このタームが使用される背景にあると指摘される。国内でも例えば介護士や保育士の賃金の低さが思い起こされよう。

6 健康な地球のための世界女性会議に数少ない日本人参加者として参加した荻原（2005: 110）によると、「女性のアクションアジェンダ21」をもとにWEDOや他の女性団体がロビーイングを活発に展開した。荻原によれば、女性は先住民族、NPO／NGO、地方公共団体、労働者・労働組合、科学的・技術的団体などとともに、環境保全の主要な担い手である。

7 Stephen Shute and Susan Hurley eds（1993=1998）所収のMacKinnonによるレポートを参照。戦時においてエスニシティ差別と女性差別とが複合し、性暴力というかたちで現れることを示している。

8 江原（2011）は、ジェンダー秩序について、性規範と役割分業規範等の性別に関わる規範によって男女それぞれに与えられる行動規範が形成する社会秩序とし、男女に与えられる行動規範が非常に大きく異なる社会を、強いジェンダー秩序を持つ社会、男女に与えられる行動規範の重なりが大きい社会を、弱いジェンダー秩序を持つ社会とする。それにより強いジェンダー秩序を持つ社会は災害によって生じる女性へのマイナスの影響が強くなると両者を関係づける。

9 加藤（2006）はジェンダーという言葉が実際に使われるときには、性別そのもの、自分の性別が何かという意識、社会的につくられた男女差、社会的につくられた男女別の役割の4通りがあるが、いずれも社会的という含意があるとまとめている。通常は社会的の対義語には自然的や生物的というものが想定されそちらにセックスという言葉が当てられ、本章もその区別に基本的には準じる。ただし注4でもふれているが、実際の被害を受けるのは身体を持った女性であって、抽象的な観念としての女性ではないのである。この身体のレベルでの女性の被害とニーズ（典型的には性暴力被害や性差医療の観点からの疾病や不調、妊産婦）に焦点を当てるかたちで、身体の構築性についてジェンダー／セックスの区別を批判的に問いなおすことは必要であると思われるが、本書で論じることはできない。性別に無頓着におこなわれる支援は問題であり、一人一人への個別のケアという視点を重視していくこと、個別ケアの視点は、女性の身体的な被害に対して必要不可欠であることは、強調すべきであろう。ジェンダーかセックスかということは女性支援がおこなわれているその場面では抽象的に支援者によって問われることはなく、支援者が個々の場面で接するのは一人の女性である。

10 Fothergill（1998）も参照。

11 後者について筆者の立場は、確かに開発途上国の女性なのかどうか、障害のある女性なのかどうか、相対的に貧困である女性なのかどうか、シングルなのかどうか、エスニシ

ティはどうなのか、といった女性間の差異と分断を無視することはできないが、それでも身体的に女性であること（女性に近しいこと）が社会的に意味するものはグローバルなレベルで共通する経験としてあると考えている。女性という身体自体が社会的に取り扱われ意味づけられていることは、世界のどの国を見ても女性への暴力や産じょく期の女性の特殊な状況、さらにはリプロダクティブヘルス／ライツの女性差別的な状況を鑑みれば明らかである。国内においても低用量ピルの値段の高さ、痴漢被害の不可視化など、日常的に経験する不平等は多い。本書の記述は、日常のあらゆる性差別は、根底としては女性への身体をとおした差別であって、ヘイトスピーチや偏見などに現れる抽象的な一般化された女性というカテゴリーに対する差別はその上にあるものであるという認識に基づくものである。災害時の被害こそ、このことを明らかにするように思われる。

12 第2章参照。
13 マイノリティ研究でも、「マイノリティのなかのマイノリティ」「マイノリティのなかのマジョリティ」という言い方がみられるように、マイノリティとされる人々の間での格差への着目は、女性間の格差への着目とパラレルであるだろう。ヴァルネラブルのなかのヴァルネラブルという言い方にあるように、ヴァルネラビリティは単一尺度ではなくて複合的な尺度であり、ヴァルネラブルかどうでないかという二値的なコードではなくて、スペクトルなのである（第2章参照）。そのひとの被害を要素に分けて把握しようとするのではなくて、一人のひとのうえにこれらが複合的に一つの要因に還元できない仕方で顕在化する。
14 ただし、この主張はいわゆる第3波フェミニズムの主張とは異なる。「セックスはつねにすでにジェンダーである」という主張などを参照（Butler 1990）。
15 例えば、自治体主導による地域住民組織主体の災害時要援護者の名簿作成は実質的には高齢者・障害者の名簿作成であるが、名簿の作成は特定の社会的属性と災害の被害とを結びつける行為である。
16 被害のドッキングについては第2章も参照のこと。
17 ここでいうパラレルに考察するということの意味は、文化的文脈を捨象して開発途上国における災害被害も先進国における災害被害も同じメカニズムで生じることを前提とした考察であるということだ。災害の被害がどのように生み出されていくかというメカニズムは、日本の原発事故のように文化的価値や組織形態に起因する点が多い。この側面を度外視することは文化普遍的な防災対策が可能であると言ってしまうようなものである。その普遍性の度合いもまた考慮しなければならない。本書では、この意味における文化的差異に関して経験的側面から十分に議論することはできないが（災害についての国際比較研究をするものではないが）、第5章で取りあげる保健活動は岩手県と宮城県における津波被災地の地域特性と歴史的状況の上に可能となった活動であるという点で、この災害の被害の現れ方の文化的特殊性の問題に繋がる事象である。
18 さらに、もう一つ重要な実践的意義がある。それは第4章で述べるように災害時要援護者とされる人々をケアするさいの視点が女性の視点にはふくまれざるを得ないということである。
19 ここでは、性差があれば必ず性差別が生まれるというある意味で原理的なラディカルな観点に立つのではない。災害は抽象的な仕方ではなく、個人個人の生身の身体—それは社会的に意味づけられた身体でもあるのだが—を傷つけるものである以上、心身の安全

といった側面、生理的な面、保健医療衛生面でのニーズが女／男という性別により異なることは当然である。そして女性の側から見た場合、その女性ならではのニーズが不可視化されている時に、可視化を求めて女性の視点を主張していくことは、災害支援の場面における人道性という価値からみても正しいことである。

20　筆者が聞いた保健師の活動事例。保健師については第5章を参照のこと。

21　人間開発指数（HDI＝平均余命、成人識字率、初中高等教育総就学率、1人当たりのGDP）別の被災者数は、HDIの低い国と中間の国では自然災害における死者数も多く、女性開発指数が低いという関連が見られる（角崎2008）。

22　以下の記述は津波被害の大きかった地域を念頭においており、福島第一原発事故により自主的にであれ非自主的（強制的）にであれ、区域外への避難を余儀なくされたような原発避難については、とりあげていない。原発避難については、山根（2012）による自主的な母子避難に関する研究などがある。山根は、環境社会学で扱われてきた被害論や女性の個人化といった現代的側面を原発母子・自主避難を理論的に考察するさいの枠組みとして示唆している。本書でも、女性の個人化の問題と貧困化や非正規雇用化の問題との関連を日本社会の文脈で論じていくことは、自主避難だけではなく津波被災地における女性をとりまく曖昧な、金銭的に補償されない、補償の枠からこぼれ落ちるような被害の文化的特殊性の考察に繋がると考える。

23　特定非営利法人イコールネット仙台では、宮城県内の女性に対して、仮設住宅や関連団体などをとおしてアンケート調査を2011年9月10月に実施している。1,512人から回答を得て回収率は50.4%である。

24　震災翌日の筆者の経験（物資買い出しのために青葉区八幡にある某スーパーの行列に並んださいの）による。

25　避難所において女性の感じる体感不安とその性別不均等の例を1つ挙げたい。筆者が2011年4月の段階で、大学院生としてボランティアで訪れたいくつかの避難所やボランティア本部では、人のいる場所から離れた広い空間に仮設トイレだけがぽつんと置かれていたりするところ（日中であっても一人で使うのは怖いと感じる）や、汚物が残っていて流れないところなどが、みうけられた。臭いも強く連日にわたり使用するのはためらわれるし、ボランティア活動で訪れている身としても、なるべくトイレの使用を控えたいという気持ちになった。そのため活動中の水分補給もためらわれた。仮設トイレの入り口も段差が極端であり、高齢であったり障害があったり子どもであったりすると、より上り下りが困難であろうと考えられた。避難所において女性の感じる体感不安とその性別不均等の例である。

26　第4章でとりあげる。

27　国内で典型的なのは関東大震災である。例えば、Dwianto（1999）は、関東大震災とジャカルタ暴動それぞれにおける市民蜂起を比較し、関東大震災におけるエスニック・マイノリティの排斥行動を生み出した住民組織構造についてふれており、自然災害下で差別や抑圧を生み出す構造が、平常時からの日本的な住民組織構造に内在していることを示している。

28　通勤通学途中の20代の女性を解体現場に引きずり込んだ複数犯の犯行や、お風呂ツアーだと称した犯行などがある。警察に届けた場合でも忘れるように説得されて返された事例がある。トイレに立った男性が通りすがりに女性の胸を触っていくといった行為のほ

かにも、物陰での性行為を子どもが見てしまうといったような事例（ウィメンズネット・こうべ編 1996: 121）、ドメスティック・バイオレンスの増加など、直接被害・間接被害ともに女性や子どものケアが必要とされる。

29 河北新報（2011年11月5日）の「焦点／被災夫婦、DV増加／宮城」の記事では、震災前に夫と別居したり、離婚を決意していた妻が震災後に、やむなく同居した後に再びDVに遭う事例（同様の相談が複数あるという報告）、県警へのDV被害相談件数は平成22年より50件増加しているという報告、家族単位で支給される生活支援金制度（世帯主が受け取り人）の弊害によりDVで別居中の女性には支援金が至急されないという状況が指摘されている。河北新報（2012年2月4日）の「東日本大震災影響か、DV相談増　石巻など沿岸部で顕著」の記事では、石巻署や仙台南署でDV相談件数が多く、宮城県の開設した相談電話ホットライン・みやぎでは2011年9月1日から12月31日までに寄せられた255件の相談のうちDVに関するものは20件だったとある。

30 武信・明石編（2012: 21）によると、厚生労働省の発表した被災三軒の男女別失業手当受給者は、被災前の2011年年2月は男女でさほど差がなかったが、震災後、2011年6月時点で、女性の失業手当受給者は男性より約1万人多い45,500人に達している。2012年時点でも、男性が約24,000人なのに対して、女性は34,000人である。

31 保育士の非正規化の問題については、小林（2011）のまとめたルポルタージュによれば、平常時から既に指摘されており、規制緩和と伴い本来働く女性（男性）の育児支援・家庭支援としての機能を担うべき保育士自体が仕事と家庭の間で苦渋の選択を迫られる様子が描かれている。平常時から日本社会の抱えていた、子育てをする人への両立支援の不十分さ、更には、ケアワーカーの待遇の悪さという欠点は、女性の生活復旧を災害後に困難にしている。保育所に預けられないために仮設住宅から求職活動に出かけることができないという状況は、女性支援に当たっている支援職の口から筆者も聞いたことがある。

32 いわて復興ネット（http://www.pref.iwate.jp/ から hp0212/fukkou_net/pdf_doc/senmoniin_iinmeibo.pdf　最終閲覧 2012年10月、2017年現在は該当ページは削除されている。）より。

33 http://www.pref.miyagi.jp/uploaded/attachment/36553.pdf　（最終閲覧 2017年8月）。

34 http://wwwcms.pref.fukushima.jp/download/1/sougoukeikaku_fukkouvision_meibo.pdf（最終閲覧　2012年10月、2017年現在は該当ページは削除されている。）

35 http://www.city.sendai.jp/kaiken/__icsFiles/afieldfile/2011/07/05/hukkouiinkai_1.pdf（最終閲覧　2012年10月、2017年現在は該当ページは削除されている。）

36 http://www.cas.go.jp/jp/fukkou/pdf/kousei.pdf　（最終閲覧 2017年8月）

37 地域についての理論的考察は第2章でおこなった。

第4章
地域社会における災害時要援護者の支援・ケアと「女性の視点」

1 災害時要援護者をケアするのは誰か

　本章では、前章で取り上げた「女性の視点」を、次のように捉え返すことで始めてみたい[1)]。つまり女性の視点は、(1) 性別ごとに異なる、女性個人の経験する災害の被害の特質を指し示すための言葉であるのと同時に、(2) 被害の特質はその女性が「ケアするべき」相手の被害の質と分かちがたいものであることを示す。自分のニーズや欲求が、自分がケアしている相手のニーズや欲求の二の次になってしまうこと、もしくは両者を明確に区別することの難しいような状態におかれることは、規範的な母子関係において、特徴的である。

　事実としても、このような関係性が、女性の災害後の生活に影響を与えてきた。災害がなくとも、女性とケアの問題として育児や介護は大きな問題であり、男女共同参画社会という理念や取り組みはあるものの、容易に変化する関係性ではない。けれども、災害研究においては、女性の担うケアの問題と、地域防災においてケアを必要とされる人々災害時要援護者へのケアの問題とは、十分にあわせて論じられていない。内閣府男女共同参画局（2013: 6）の挙げる「防災・復興の取組指針（案）」、「家庭内で高齢者、障害者、乳幼児等の介護や保育等を行っている者は女性が多く、医療・保健・福祉・保育等にかかわる専門職にも女性が多い。女性の意見を取り入れることは、災害時要援護者の視点を反映することにつながることから、避難所運営や被災者支援等において、女性が政策・方針決定過程に参画することが重要である」

という認識は重要である。

　本章では、女性とケアの問題を女性の視点論との関連で位置づけたうえで（第1節）、地域社会における災害時要援護者の問題を他方で考察する（第2節）。なぜなら、災害時要援護者へのケアというテーマは、一方では女性の視点論にとって、他方では地域防災にとって中核的な課題であるためだ。女性の視点と地域防災の接点の問題として記述していくことは、女性の視点論の国内的な文脈での考察にとって意義がある。第1節と第2節をふまえ、東日本大震災の状況に焦点をあててこの災害時要援護者と女性の視点との関連を、地域防災という観点から捉えることにしたい（第3節）。災害時要援護者とヴァルネラビリティ、そしてケアの相互の関連について経験的に問い、状況依存的にあらわれるニーズへの対処という次章のテーマへとつなげたい。

　災害時要援護者のケアをしている人々へのケアも同時におこないうるような仕方で地域防災のあり方を構想すること、個別具体的なケアの論理を地域防災に組み入れていくことが、東日本大震災のような広域複合型の災害への対応において重要である。

2　ケアする者のヴァルネラビリティ

　家族単位であれ地区単位であれ、ヴァルネラブルな人々のケアを担うひとへのケアということなしに、地域の絆やつながりといったものを再生させようとしても、それはケアの担い手――高齢の配偶者間の介護の場面では女性ばかりではなく男性もまた担い手になることが多いが――の負担を大きくし、無償労働の場合のケア責任の分配の不平等を再生産していく。

　災害と女性の問題は、災害後のケア役割の強化の問題である。経験的には次のようなものである。震災大家族の例である。

　　夫が仕事の関係上、震災直後から激務に追われ、被災した親や親戚が我が家に避難して一挙に大家族となった。親たちは年老いている分、精神的なショックも大きかったようだった。互いの無事を喜び合うと同時に、私がみんなを守って心の傷を癒してあげようと保護者のような気持ちを抱き、頑張ら

ねばと常に高揚した状態だった。ライフラインが断たれた中、私は栄養やそれぞれの好みを配慮した食事を用意し、風呂を手配し、壊れた家の片付けをした。さらに、空いた時間で水汲みや炊き出し、物資の仕分けのボランティアにも参加した。テレビや新聞で惨状を知るたびに、涙があふれた。命さえあれば何でもできる、そんな思いが私を突き動かしていたのである。(ウィメンズネット・こうべ編 1996: 87-88)

　この事例のように震災後に大家族になる事例もあれば、山根 (2012) の研究にみられるように原発事故後の避難において家族が別居形態になることもある。子どもは母親と同居という形態をとる。配偶者が津波被害の犠牲となった場合、ひとり親世帯が増加する (父子家庭になった男性への支援をおこなう民間団体[2]のデータによる)。震災遺児を里親として迎えた後の家族の変化[3]という事例もある。
　ケアをその情緒的・福祉的な機能としている現代家族は、災害発生後にその多様性が高まる。ケアを、苦痛や抑圧であるものとしてのみ捉えることは正しくない。それは愛というコードをとおしておこなわれるものでもあるし、ケアから得られる感情は個人の生活の核となる経験もありうる。
　このケアの問題を東日本大震災との関連で考えるさいに、一つの手がかりを提示し、ヴァルネラビリティとケアの問題を表している議論として、フェミニズムの立場からは、Kittay[4]のものがある。Kittay は依存労働という言い方で、平等の問題を、「法的な障壁はなくなったというのに、なぜ、女性たちは、これまで男性の占めてきた領域で足場を作るのがこれほど困難なのか、つまり権力をもち影響力を及ぼすような地位につく女性があいかわらず少ないのはなぜなのか、同じ仕事をしていても女性は男性に比べて低賃金であり続けているのはなぜなのか、要するに、なぜ男女平等はこれほど実現され難いのか」(Kittay 1999=2010: 2-3[5]) と提示する。
　Kittay のいう依存労働 (dependency work) とは、「依存が不可避な人をケアする仕事」(Kittay 1999: ix= 2010: 8) である。依存労働に愛情の有無は必ずしも必要ではない。依存労働は「脆弱な状態にある他者を世話 (ケア) する仕事であり、親密な者同士の絆を維持し、あるいはそれ自体が親密さや信

頼、すなわちつながりをつくりだす。愛情の絆——配慮——は、たとえその仕事が経済的交換を伴う場合でさえ、結びつきを維持する。依存労働者にとって、被保護者との安寧と成長が労働遂行上一番の関心事である」(Kittay 1999: 31= 2010: 85) という（下線は訳書のママ）。

　有償労働か無償労働かで区別されるものの、新生児や、コミュニケーションは出来るけれども日常のちょっとした動作に介助が必要となってきた高齢者、耳が聞こえないために津波警報と避難指示を適切に受け取ることの困難な障害者、人工呼吸器をつけており長期にわたる停電の場合には健康を脅かされる可能性のある難病者というような、さまざまな例と場合において、他人に、一時的にかつまたは長期的に依存しなければ生存していくことの困難な身体的な状況にある人々をケアするのが、依存労働である。

　Kittay は、女性が依存労働の担い手であるということが、上記の平等に関する問題を生み出しているという認識にたつ[6]。男女間の実質的平等の進展は、Kittayのいう「逃げていく平等（elusive equality）」(Kittay 1999: 2= 2010: 30) として女性たちの手を素通りするばかりか、女性間の格差を生み出してきた。つまり、たとえ平等への形式的な障壁がなくなったとしても、「実質的な平等へ向かう速度や変化の道筋、成果がもたらす利益が女性間で不均等にしか配分されない」といった問題がある (Kittay 1999: 4= 2010: 33)。男性と同じ待遇、同じ働き方、同じ機会という意味での「平等」を手にできるかどうかということになると、一部の健康で精神面でも精力的なエリートの女性には可能であるかもしれないが、多くの場合は、子育てや介護という性別役割が平等から女性を遠ざけているという。

　このように、Kittay の議論の特徴は、依存概念から平等論を問うところである。「乳飲み子」という表現もあるように、人は生まれてから死ぬまでに何らかのかたちで、他人のケアに全身をゆだねるしかない状態がある。そういった圧倒的な依存を引き受けて、そういう状態におかれる私たちの一人一人を、誰がケアしてくれるのかということは、自由で自律した個人同士の何の足かせもないような平等観を大きく揺るがすことになる。他者に依存されているがゆえにその他者をケアしなければならない人々、つまり脆弱な人々をケアする人々にとって、その役割は大きな足かせとして、社会参加や

政治参加、個人の自由な意志決定を左右する[7]。以下の引用はKittayの依存労働論が既存の平等論への批判であることを明確に示している。

> 第一に、平等者の集団として社会を考えることは、子ども時代や老齢期、病気といった人間の条件を構成する不可欠な依存と不均衡を覆い隠す。[中略] 第二に、平等の想定は、社会における相互行為の大部分は対称的に位置づけられた個人同士の間にあるのではないということ、互いに自律的な個人同士であっても対称的なわけではないということをわかりにくくさせる。[略] 最後に、社会が平等者の集団として考えられている場合のみ可能であるような平等は、労働の性的分業の一面、つまり、男性の側に女性を包摂することにしか目を向けない。ジェンダー役割を変革しようと思うなら、女性の側の労働を再分配する戦略を追求しなくてはならない。(Kittay 1999: 14-15= 2010: 51-53)

まとめるならば、1点目は依存と依存労働の不可視化、2点目は依存労働の性別非対称性、3点目は依存労働の分配的不正義を主張するものである。続く箇所で、依存労働が歴史的に女性へと差異化されて割り当てられてきたことについてふれて、依存労働の偶発性（＝男性もケア労働を担いうる）は認めつつも、歴史的な事実からすると、その偶発性を根拠にした社会構想には懐疑的にならざるを得ないと述べる。Kittayにおいて依存労働論はまさに女性の経験を基盤として女性の視点から組み立てられた議論でありフェミニズムの主張である。

だがしかし、依存労働の歴史性を相対化し依存労働の分配構造を是正しようがしまいが、依存労働が既存の社会の権力構造を再生産しているために悪いものであろうがなかろうが、常に「ケアを必要とする依存者（dependents in need of care）」は存在し続ける。ゆえに依存労働論は平等についての議論の中核をしめることになる[8]。

本来、依存労働論は平等論として組み立てられているものであるが、本章では災害研究との接点として、ここで依存者・依存労働者双方のヴァルネラビリティとして描かれているものの特徴に注目したい。そのためには依存

しているのは誰かというところから考察する。Kittay の言い方では、私たちは「みなお母さんの子どもである（being a Mother's Child）」(Kittay 1999: 23= 2010: 71)。つまり依存労働は誰しもがその恩恵を受けているか受けてきたものである。このことは、人は等しくケアされるべき存在であり、またケアは一方的に受けたり与えたりするものではなく（人はみな）脆弱であるということを基盤として、誰しもが受け手であり与え手であるので、現在における依存者は過去における依存労働者である、ということになる。

　であるがゆえに、依存労働の外延[9]は確かに曖昧である。有償労働という仕方でケア労働を担っている人々は確かに依存労働者であるといえる。しかし無償労働の領域、家庭という場においては、依存労働は日常的な相互作用の全てに行き渡り、その相互作用のうちのどこからどこまでが依存労働で、どこからどこまでがそうでないかを示すことは有意義な考察ではない。

　この外延の問題は、ケア概念にも当てはまる。情緒的な意味で親密な関係性においてケアは互いの関係性を継続するための主要な構成要素であり、どこからがケアなのかと問うことは、却って無粋なものとして受け取られるかもしれない。

　Kittay の依存労働論は、依存する側の観点からではなくて、依存される側の観点から組み立てられている。よって何が依存なのかという定義よりも依存労働があるという事実から出発することで、平等概念を相対化しようとするのである。Kittay の理論的な方向性を鑑みれば依存労働の外延の曖昧さは論述において問題ではなく、むしろ依存労働が二者間で相互作用の中核となっているということが主題である。

　岡野・牟田編（2011: 54）に収められた Kittay 来日時の講演録によると、Kittay は、母親が依存者である子供の依存労働をするために生活の基盤を夫に頼らなければならないという「社会的に構築された依存」と、脆弱な人々が依存労働者に対しておこなうような「不可避の依存」とを区別する。「不可避の依存」者へのケア役割もまた、社会的には女性に割り当てられるためジェンダー秩序の一形態ではあるのだが、不可避の依存それ自体は人間にとって根本的な事実である。つまり人生の一時期においてであれ他人の存在なしに自らの基本的な生活と生命を維持できないのである。ここで、依存

労働者のヴァルネラビリティ[10]と、依存者のヴァルネラビリティとをひとまず区別して捉える必要がある。

　依存者のそれは不可避のものであり、新生児の際には私たちの全ての人に当てはまる。Kittayは、依存者は不可避の依存の状態にあるため、その依存ゆえに、自律的な人なら経験しないかたちで依存労働者の行為に対して「傷つきやすい（vulnerable）」（Kittay 1999: 33=2010: 88）。不可避の依存をしなければならない時点で依存者は既に、身体的な状況において脆弱（＝ヴァルネラブル）であるということはでき、この引用の例ではその依存ゆえに自らをケアしている依存労働者による悪意ある行為がもたらす危険に対しても、脆弱である。

　他方で、依存労働者のヴァルネラビリティは、依存労働をしているがゆえに依存者のニーズを代弁しなければならない、依存労働をしているがゆえに社会的な機会を奪われるといった意味で、まさに社会的に生み出されたものである。

　災害と女性に関してEnarson（1998）もこの女性のケア役割を、災害時の女性の避難行動や避難生活、生活再建を困難にしている要因として取りあげている。開発途上国において女性が貧困家庭の主な家計の担い手となっている事例の多さを指摘し、しばしばエスニシティと相互連関しながら、女性のヴァルネラビリティを高めていくという。

　同じヴァルネラビリティという言葉を用いながらも、Kittayの議論におけるものと災害研究におけるものとは異なるけれども、Kittayのあげる依存労働者のヴァルネラビリティは十分に災害発生後のヴァルネラビリティと連続性がある議論である。社会的に生み出されていくヴァルネラビリティに対して、依存者の持つ身体的な・根本的な[11]ヴァルネラビリティもまた災害時に強化される。例えば、障害の有無や高齢による身体機能の低下、新生児および乳児の状況など依存者自身が自らの身体的な状態のゆえに避難時の行動が制限される。依存者自身もまた避難生活や生活再建の場面で特別なニーズを抱きやすく、時には社会的排除の強化が依存者自身にも働く[12]。そしてそのような依存者とともに避難生活を行う依存労働者もまた、その排除を自分のものとして経験せざるを得ない。

東日本大震災において在宅避難を選択した人々のなかには、障害のある子を抱えているから、認知症の配偶者のケアをしているから、という理由で在宅避難を選択した人々がいる[13]。これらは依存労働者の災害時における経験を指す。ヴァルネラビリティは確かに社会的属性と無関係ではない。災害の被害は、その人の属性に結びつけられて記述されないことには、社会的不平等の問題として提起することはできない。しかし被害が生じているのは個人の個別具体的な身体においてであって、その被害の身体性を、依存者・依存労働者の被災状況は明確に示している。地域防災においては事前に依存者の存在を確認し情報交換をしていくことで緊急時の救援活動に役立てようとしてきたが（次節の災害時要援護者対策のように）、それと同時に依存労働者へのケアもまた行わなければならない。
　浅野（2013）は多様性配慮に基づく被災者支援について述べ、その人の社会的属性のみならず社会的属性間の複合性、本書でいえばヴァルネラビリティの複合性を配慮した支援が望ましいとする。その社会的属性自体も一括りではない。ケアをしている人がいるか、暴力を受けているかといったその個人のおかれている状態ごとの支援が、多様性に配慮してなされることが望ましいとする。女性の視点論との関連でも、現在その人がケアを担うべき相手がいるかどうかは、依存労働論と接点を持ちつつ、被災者支援論や地域防災論に組み入れていくべき内容である。
　災害発生後に、ケアを要する脆弱性の高い人々はさらに増える傾向がある。全てが「依存者」と呼びうるほどに身体的状態に制約のある人々ではないが、災害時のヴァルネラビリティがその後に、時間的に蓄積し進展していくことで二次的な被害（例えば震災関連死）が生じる。それらを防ぐためにも、被災者ケアは必要である。
　にもかかわらず、人々へのケアの担い手の問題は、平常時におけるケアの担い手の問題と結びつけられていない。地域防災のなかで重要な位置を占める地域においてそのようなケアの担い手の問題は家族の中の問題となっている。
　平常時の社会では、介護や保育を担う家庭への支援は地域社会全体でおこなっていくべきという行政的な期待が高まる一方で、地域防災という文脈に

なるとこのケアの担い手の問題は十分に考慮されることがない。トップダウン的に共助というスローガンが叫ばれるのみで、ケア労働の分配の不平等さはそれ以上問われることがない。

　もし女性の視点を地域防災や災害対応に活かしていくのならば、防災計画のなかに男女双方の視点女性の参画といった項目を入れ、それぞれのニーズとして配慮されるべき事柄を、洗濯干し場や更衣室、授乳室、生理用品、性暴力の抑止といった細分化されたリストして啓蒙するだけでは、当然不十分である[14]。女性のニーズは、依存者のニーズでもあり、他のマイノリティとされる人々のニーズと重なりのあるニーズである。この背景にある、ケアの問題そしてケアを担うことの多い人々へのケア（ケアのケア）を念頭にいれた計画を、男女共同参画の文脈だけではなくて、地域防災の文脈においても作っていくことが必要である。

　次節では、災害時要援護者への取り組みに焦点を当てて、このケアの問題を地域防災の文脈で考察する。

3　地域防災のなかの災害時要援護者

3-1　災害時要援護者対策

　災害時要援護者は、ケアという観点から見ると中核にある問題である。これと似た言葉として、災害弱者[15]という言葉もある。行政で用いられるさいの前者の表現は、避難行動において援護・支援を要する人々のことである。阪神・淡路大震災以降も相次ぐ台風被害を受けて、高齢者等の被災状況をふまえ、各自治体の防災計画では災害時要援護者支援が論じられてきた。

　行政資料としては、災害時要援護者について、内閣府（2006）の「災害時要援護者の避難支援ガイドライン」がある。これによれば、(1) 防災関係部局と福祉関係部局の連携が進んでいないこと、(2) 個人情報の意識の高まりにより要援護者の情報共有が進んでいないこと、(3) 要援護者の避難支援者が決められていないといった課題はあるが、自助・共助を基本とした災害時要援護者の支援が必要だとされている。

　ここでの災害時要援護者の定義は、「必要な情報を迅速かつ的確に把握し、

災害から自らを守るために安全な場所に避難するなどの災害時の一連の行動をとるのに支援を要する」人々であり、一般的な例として、「高齢者、障害者、外国人、乳幼児、妊婦等」が挙げられている。要援護とは、避難行動時の要援護を指す。ただし、「新しい環境への適応能力が不十分であるため、災害による住環境の変化への対応や、避難行動、避難所での生活に困難を来すが、必要なときに必要な支援が適切に受けられれば自立した生活を送ることが可能」とも要援護者について説明されており、避難生活での配慮の必要性も加味した定義である。けれども、浅野（2013）も指摘するように、このガイドラインでは、避難時の高齢者・障害者に焦点があり、障害の程度や種類も移動や情報収集の困難なタイプの身体障害が念頭におかれている。

ひとまずはこの狭義での災害時要援護者の救援・救護を確実にしていくために、平常時から行政等の福祉関係部局は、要援護者情報の共有化、避難支援プランの策定、要援護者参加型の防災訓練をしていくことを定めている。

社会福祉協議会、民生委員、ケアマネジャー、介護職員等の福祉サービスの提供者や、障害者団体の福祉関係者が、自主防災組織と消防団との連携を深めていくことが重要とされ、このさい議論の焦点となるのは、災害時要援護者とされる人々の名簿化についてである。

平常時から、地域社会のどこにどのような状況の人（介護を要する人）がいるのかという情報を収集し共有し、その情報に応じて一人一人の災害時要援護者の災害時の避難支援プランを福祉職などに該当する支援者が作成する。災害時要援護者の避難支援体制を整備していくためには、個人情報に当たることであっても、名簿化[16]され支援者の間で共有されるべきという考えである。図4-1はガイドラインからの転載であるが、一人一人に対してこのような個票を作成したうえで、情報を共有し、カンファレンスなどを通して、緊急時の行動と連絡体制を明確にすることで、災害時の迅速な救援活動を可能にしようというものだ。

同ガイドラインは、救援・救護の段階に焦点はあるものの、その後の段階である避難所における要援護者支援についても定めている。つまり各避難所内に要援護者用の窓口を設置し、要援護者からの相談対応、確実な情報伝達と支援物資の提供等を実施し、その際、女性や乳幼児のニーズを把握する

図 2 避難支援プラン・個別計画記載例　（表）

平成　年　月　日

情報共有についての同意

○○市長殿

私は、災害時要援護者登録制度の趣旨に賛同し、同制度に登録することを希望します。また、私が届け出た下記個人情報を市が自主防災組織、民生委員、社会福祉協議会、在宅介護支援センター、消防署、警察署に提出することを承諾します。

自治区名		民生委員		TEL FAX	

災害時要援護者　＜高齢要介護者・一人暮らし高齢者・障害者・その他（　）＞

住所		TEL	
氏名	（男・女）	生年月日	

緊急時の家族等の連絡先

氏名		続柄（　）	住所		TEL		
氏名		続柄（　）	住所		TEL		

家族構成・同居状況等 妻と二人の老夫婦世帯。長男・次女はいずれも結婚して県外に居住・・・。	居住建物の構造	木造二階建て、昭和○年着工。
	普段いる部屋	
	寝室の位置	

木造、鉄骨造、耐火造、着工時期等

特記事項
要介護度 4 で一人では歩行が困難。人工透析を受けている。聴覚障害もあり、手話通訳が必要

肢体不自由の状況、認知症の有無、必要な支援内容

緊急通報システム（あり・なし）

避難支援者

氏名		続柄（　）	住所		TEL	
氏名		続柄（　）	住所		TEL	

（裏）

避難勧告等の伝達者・問合せ先
○○××さん（自治会副会長）。なお、○○介護センターからも伝達予定。
※ 聴覚障害のため、FAX・直接的な伝達が必要

その他
担当している介護保険事業者名、連絡先等

避難所、注意事項等を記載し、利便性を高める

避難場所

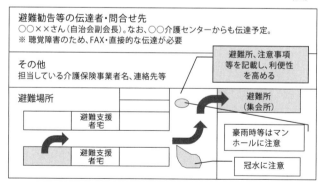

図 4-1　避難支援プラン・個別計画記載例

ため窓口には女性も配置すること、未確認の要援護者を市町村、避難支援者等に連絡し、早急に救助・確認作業を進めることが記載されている（内閣府 2006: 14）。ここで女性や乳幼児のニーズという言葉は、唐突に加えられているのみで、詳しい記述はない。前節で述べた依存労働のように、災害時要援護者とされる人々には、日常的に彼／女らのケアを有償であれ無償であれ、担っている人がいるが平常時からのいわゆる介助者保護者への支援についてはこのガイドラインでは、ふれられない。

　少なくとも高齢者や身体障害者という狭義での災害時要援護者の問題は、確かに自然災害が生じるたびに重要だと認識されている。けれども、例えば、東日本大震災において障害者の犠牲者数の多さを見ると、全国一律的に、この問題について十分に対処されていたというわけでもない。多くの障害者は情報すら入手できず自宅にこもるしかなかったという[17]。障害者支援団体がその地域の災害時要援護者の名簿提供を申し出ても、それに応じる市町村が少ないという事情もある。

　このガイドラインでは続いて、介助者の有無や障害の種類・程度等に応じて優先順位をつけて対応することとしながらも、高齢者、障害者等の枠組みにとらわれず、一番困っている人から柔軟に、機敏に、そして臨機応変に対応すること、としている。

　災害時要援護者という捉え方が、高齢者や障害者を念頭におき、障害者であっても身体的な障害を想定していることはこれらの文面から明らかであり、状況に応じた臨機応変な対応という困難な課題もまた、つきつけているのである。

　東日本大震災以降は、災害時要援護者という呼称ではなく、新たに「避難行動要支援者」という呼称が用いられて、同様のガイドラインが作成された。前者よりも「避難行動に支援を要する者」に限定するという意味合いが強まっている。この『避難行動要支援者の避難行動支援に関する指針』の「はじめに」では、東日本大震災の被災状況について、「被災地全体の死者数のうち 65 歳以上の高齢者の死者数は約 6 割を占めていたこと、障害者の死亡率は被災住民全体の死亡率の約 2 倍であったこと、消防職員・消防団員の死者行方不明者は 281 名、民生委員の死者行方不明者は 56 名であるなど多数の

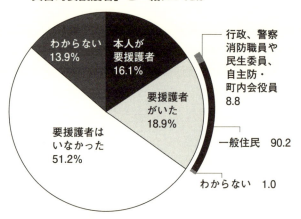

図4-2 避難行動における災害時要援護者の補助
（岩手日報調査の公式サイトをもとに作成）

支援者も犠牲になっている」ことが書かれている。

　確かに、東日本大震災は支援する立場の人の犠牲者数も多く、職務遂行の際に津波被害に襲われた職員の事例は多い。この犠牲者の多さは、津波災害自体の特徴であると考えられる。ここでは支援する立場の人、そして日常的に脆弱な人々をケアする立場にある人の支援という課題に目を向けたい。

　図4-2は、岩手日報社が2013年3月に公表した調査結果である。災害の犠牲者1,083人が避難時に誰と一緒にいたかについて調べたものである。「本人が要援護者だった」割合が16%である。「要援護者がいた（18.9%）」というのは、犠牲となったひとのうちの18.9%が、避難時に災害時要援護者と避難を共にしていたということである。このうちの8.8%が行政、警察、消防職員や民生委員、自主防・町内会役員、残りの90.2%が一般住民である。この図4-2について性別に分けた集計はおこなわれていないが、災害時要援護者の周囲にいる人々は、人々をケアすべき立場にいることによって、避難時に関係性に規定されたヴァルネラブルな状況におかれることになる。この点はケアとヴァルネラビリティの関係をよく示す点である。

3-2　災害時要援護者とは誰か

　災害時要援護者というときに、高齢者や身体に障害のあるひとといった避難行動において確かに支障のありそうな人々のみではなくて、広義での災害時要援護者、いわゆる災害弱者に関する議論が、地域防災にとって重要である。国内だけではなく海外でも、災害弱者の問題が取り挙げられている。例えば、災害の常襲地に位置する California Governer's Office of Emergency Service（2000: 2）では、「従来のサービス提供が十分になされない集団、防災や災害対応、災害復興において、一定基準の資源へのアクセスや利用が十分でない集団、身体的・精神的に障害がある個人、非英語話者の個人、地理的・文化的に孤立している個人、医学的な問題のある個人、ホームレス、耳が遠い高齢者、子ども」というふうに、「災害時に脆弱な人々」について、細かく規定している。海外では、エスニック・マイノリティの罹災状況も日本よりははっきりと現れる。

　しかし、高齢者、障害者、子ども、妊婦、外国籍住民、旅客者、ホームレス、病気のある人、時に女性など、災害弱者とされる層自体が、非常に多様である。そのヴァルネラビリティを避難行動の時点のみに限定してしまうのは、事前の防災上の想定として、不十分である。さらに、ヴァルネラビリティの性質は、それぞれの層によって異なる。第2章でみたようにそれは自然災害の衝撃に対処する能力の差である。しかし能力と密接に関わるにしても、ヴァルネラビリティは、個人の社会的属性のみに規定されるものではない。近年、災害社会学の分野では、災害弱者のヴァルネラビリティは、単に個人の属性に起因するものというよりも、社会的かつ文化的な影響をうけているものであるという認識が高まり、田中によれば、「障害の有無や生理的機能状況といった個人的属性に帰されやすい災害弱者問題は、その発生の裏に社会構造的要因を持っている」（田中 2007: 137）。さらに、同じ社会的属性にある人であっても一様に同じ害を被るというわけでもない。

　災害発生前という平常時からの、時として不可視化された社会的排除は、多様なかたちで、災害発生時という非常時に可視化される。広義の災害弱者問題は、災害リスクが単に自然的、人為的なものであるばかりか、社会的、文化的に構成されることを明確に示している。だが、国家・行政の災害弱者

をめぐる議論や、災害弱者に対処する各アクターの間では、災害弱者支援の具体的方法のみに焦点を当てる傾向がみられる。トップダウン的に、災害弱者として一括りにされる層を名簿化されたものとして把握し、形式的な包摂が目標とされている（吉原 2008）。形式的な対処だけでは、その背景にある社会的排除は不可視化されてしまう。内部障害や発達障害のように一瞥ではわからない「障害」についての認識が近年高まっているが、不可視化された障害の有無は、このようなトップダウン的な把握においては看過される。

災害時要援護者・災害弱者の名簿化の議論に見られるような、地域社会[18]への、少なくとも行政側からのトップダウンの期待は、あらゆる事柄に及ぶ。地域やコミュニティへの期待は、防災・防犯、災害復興、食、子育て・保育、介護、保健、医療[19]、福祉のあらゆる分野で変わらず高い。反面で、どのように地域でこれらの機能を強化していくのか、ということが課題である。

東日本大震災を経てのこれらの課題は、津波被災地において、いっそう困難なものとしてあらわれている。ハード面の施設の倒壊やそれぞれの資源の被災からの復旧さえも時間を要するなかで、人口の大幅な減少と高齢化のさらなる進展が、津波被災地において以前から見られていたような課題に拍車をかけている。被災後、新たにケアが必要となった人々が復興期に増加する。にもかかわらず、地域の問題が議論されるさいに抜け落ちていくのは、災害弱者のケアの担い手の問題である。

女性と災害（地域防災）の問題にとって、災害発生時におけるケア労働の問題を（スタート地点としての）「女性の視点」として平常時から組み入れていくことが、そこでケアされている脆弱性の高い人々への支援という意味においても必要である。この必要性は外部からのボランティアやNPOや、一つの地域ではなく距離的に離れた東京や仙台に拠点を置く支援団体の一つの限界も示している。支援団体は、人々の異なるニーズ——例えば父子家庭への支援、セクシュアルマイノリティの支援、難病を持ち在宅療養をせざるを得ない状況にいる人々への支援——のどれかに特化した活動形態を取りうるという点では、またそうする技術や人脈を有するという点では、無くてはならないものである。ただし、日常的に定期的に対面状況で、ケアをおこなっていくということには地理的な遠さは一つの障壁となる。

否が応にも、地域というもの、地域内において多様な人々の存在とニーズに配慮していけるような生活環境に期待せざるをえない。ケアにはその地域に拠点を持つ社会福祉協議会や行政がイニシアティブを取るにしても、地域住民との協働が必要である。

　以下では、地域社会における防災面での期待が、どのように地域防災の場面に現れているのか、そして実際の地域社会の防災活動自体にどのように現れ、課題は何かということを、東日本大震災以前に筆者もメンバーとして行った郵送法によるアンケート調査結果をふまえて、まとめる。そのなかで、女性の視点や災害時要援護者問題を、地域社会の問題に位置づけてみたい。

4　ヴァルネラビリティへのケアに資する地域防災・災害対応

　国内の地域防災政策をみるとき、共助やボランティアなどの「支援」というテーマが議論され始めたという意味で、1995年の阪神・淡路大震災は1つの転機といえる。日本は高度経済成長期に大きな災害に見舞われることなく戦後の復興をとげてきた[20]。このことは、高度経済成長の生み出してきた都市的な生活様式において、いかに住民の共助を引き出すかという問題につながっていく。都市の高密度化や高層化、交通網の複雑化、多数の帰宅困難者の支援といったことは、近年国内で危惧されている南海トラフ地震において注目されるべき点である。都市部における住民交流の希薄さや地域的なつながり、絆の再生ということは、セーフティネットの構築の必要性として、無縁社会という言葉と共にもはや日常にありふれた現状把握である。

　この無縁社会は、災害や犯罪にとどまらずに、広くリスクや不安[21]の問題として語られてきた。高齢者の孤独死や在宅ホスピス・緩和ケアの問題において、地域的なつながりは、さまざまな面で重視されてきている。21世紀文明研究委員会（2005）では、文部科学省の分類する安全・安心に関する項目が掲載されており、それらは大分類で犯罪・テロ、事故、災害、戦争、サイバー空間の問題、健康問題、食品問題、社会生活上の問題、経済問題、政治・行政の問題、環境・エネルギーの問題など多様なものである。安全・安心をめぐる地域社会の再評価は、リスク社会における1つの傾向といえよう。

小松（2007）がBSE問題や化学物質による健康リスクといった新しいリスクについて述べるように、日常のありとあらゆる事柄がリスク化されるなかで、地域というものもまた、そのリスク対処に対する集合的な努力がなされるべき場所として、想定されている。

　行政面からの地域社会への期待は、以下に見るような町内会・自治会の安全・安心をめぐる政策や啓発活動において現れている。だが、政策と啓発活動をいかに女性の視点と結びつけていくのかということになると、両者は十分に関連づけられてきたとは言い難い。他のマイノリティとされる人々の視点を組み込む仕方も、阪神淡路大震災以降でさえ、十分ではなく、東日本大震災を経てこんにちようやく、女性の視点のみならず、多文化共生といった住民の多様性に配慮した地域社会単位でのリスク管理の問題が前面に出てきている[22]。この点を町内会・自治会に焦点をあててみていく。

　なぜ町内会・自治会なのかというと、この日本における典型的な地域住民組織は、全国いたる場所にはりめぐらされており、隣近所という災害時に否が応でも関わりを持たざるを得ない関係性を基盤とした組織であるからである。実際この組織は、防災活動においても防犯パトロールにおいてもその主な担い手として考えられてきた。その例が自主防災組織であり、次節でみるような災害時要援護者の救助という課題である。学問的な立場からは、今日においても町内会・自治会を伝統や歴史の上に成立する地縁組織として見るか、それとも今日的な町内会・自治会の特殊性を強調するかという問題がある（伊藤2008）。時代的な変化に応じて組織の性質も変化してきた。防災という視点から町内会・自治会が注目されるようになってきたのは阪神・淡路大震災の際に住民の多くが隣近所の人々に救出されたことが明らかになったためである。

　災害発生時の救援活動における地域住民による共助の柔軟性、重要性が明るみになるとともに、全国的に、そして東北地方の各地方都市においても、地域住民レベルでの防災基盤の構築が喫緊の課題とされるようになってきた。行政側からなされる自主防災組織（以下、「自主防」とする）結成の呼びかけは、この動向を示すものである。また、町内会等の地域住民組織の側も、防災機能の向上を自らの役割として意識せざるを得なくなってきた。本章で以

下に参照する町内会自治会調査結果でも、町内会の役割および今後の課題として防災活動を挙げる町内会長が多い。防犯活動と並んで防災活動は安心・安全まちづくりの一環をなしている。

　最初に自主防災組織について総務省消防庁（2011）の「自主防災組織の手引き」をもとにまとめる。この手引きでは度重なる災害と今後予測される災害に言及し、不安が高まるなかで住民の地域・近隣とのつながりや結びつきの必要性が再認識されていることにふれている。阪神淡路大震災では、生き埋めや閉じこめられた際の救助が、自力や家族、友人隣人によりおこなわれた割合が全体の9割以上を占めるというデータが提示されている。自主防の定義を「自分たちの地域は自分たちで守るという自覚、連帯感に基づき、自主的に結成する組織」（総務省消防庁 2011: 6）とし、その根拠を災害対策基本法第5条の第2項としている。全国的な組織数の推移は図4-3の通りであり、確かに年々増加していることが読み取れる。自主防災組織は9割以上が町内会・自治会を単位として結成されており、災害による被害を予防し、軽減するためのおこなう自主防の日常的活動として以下の項目が挙げられている（総務省消防庁 2011: 19）。(1) 日常活動としては、「防災知識の普及啓発、地域の災害危険の把握、防災訓練、個別訓練・総合訓練の実施、防災資機材等の備蓄及び管理」、(2) 災害時の活動としては、「情報収集・伝達、出火防止、初期消火、・救出・救護、避難、避難誘導、避難所の管理運営方法、給食・給水」である。

　自主防災組織は、平常時からこのような活動をおこなうことによって、災害時の救援活動や支援活動を確実にすることを目指すことがめざされている。ただしペーパー自主防と揶揄されるように、自主防の日常的活動がほとんど行われていない場合もある（大矢根 2008: 292）。形だけの自主防であり、名目上組織化されていても、実際の活動の担い手が限られており組織としての活動が難しい。

　さらに、「自主防災組織の手引き」（総務省消防庁 2011）と、浦野（2008: 280-3）によれば、自主防災活動は古くは消防団や自治体消防の歴史にまで遡る。そして、1980年代前後の静岡県を端緒に、東海地震に備えた自主的な防災活動が、国の地震防災対策の一環として重要視され、町内会等の地域住

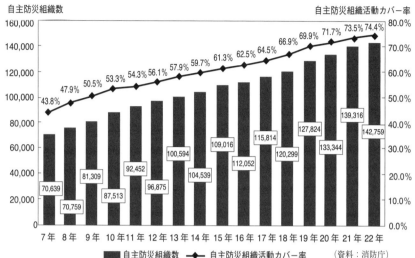

図 4-3 自主防災組織等の推移
（内閣府『自主防災組織の手引き』をもとに作成）

民レベルでの防災活動が、消防防災行政と深く関わるかたちで自主防の活動として組織化されてきた。本来それぞれの地域の特性に根ざしていた多様な防災活動が、自主防の活動として全国一律的に定義される活動へと変容してきた。そして今日にいたるまで、行政の呼びかけに応じて、町内会等の単位で自主防が結成され、相次ぐ震災の発生はこの組織の必要性をますます認識させる結果となった。

　けれども、阪神・淡路大震災では、自主防が防災活動や救助活動に従事することはきわめて少なく、大部分は避難所における被災者の救援活動にあたっており（倉田 1999: 280）、災害の全てのフェーズや場面において、強い力を発揮したわけではない。東日本大震災では、町全体が大きな被害を受けた市町村もあり、その活動の困難さは容易に推定できる。今後もまた、この組織についてはさまざまな課題が提示されていくと思われる。

　阪神淡路大震災の段階での課題は、(1) 自主防と地域内の他組織・他機関との連携の難しさ、(2) 地域の防災活動と切り離せない福祉活動との協働からなる防災福祉コミュニティ構築の重要性（倉田 1999）、(3) 自主防リー

ダーの高齢化や若年層の参加、(4) 日常レベルの防災活動の活発化および防災意識の高揚、(5) 小学校区単位ではなく町内会自治会等より狭い範囲の結成が良いという規模の問題などである（倉田〔1999〕、清水・西道ほか〔2005〕、大矢根〔2008〕、浦野〔2008〕）。

　本書のテーマに即するならばこの課題だけではなくて、地域の女性防災リーダーの少なさ、女性の視点や女性の視点を介在した意味での生活弱者とされる人々の視点の不在、排除されがちであるマイノリティとされる人々の視点の不在もまた課題である。この課題や反省に関して、今日、各地の自主防の多様な取り組みが事例に即して紹介され研究されている[23]。けれども、個別具体的な事例の検討に加えて、自主防災活動の全体的傾向をつかむ調査研究もまた、更なる積み重ねを要している。

　本節では、東日本大震災以前の自主防の取り組みの特徴についてアンケート調査として尋ねたものを参照し、地域防災の調査当初からの課題と、今後の課題を考察する。ここでは、2005年から08年にかけて東北都市社会学研究会（代表　吉原直樹・横浜国立大学教授）が、仙台市、山形市、青森市の全単位町内会・自治会の会長に対して、郵送法にて実施した調査結果を用いる。青森市・山形市・仙台市で行った町内会自治会調査結果[24]をもとに、自主防を有する町内会と、自主防を有さない町内会における防災活動の現状を、それぞれの都市間で比較するとともに、地域内における防災活動と他の組織との連携の可能性を検討した調査結果を参照し、東北の三市における地域防災の状況を概観する。

　表4-1は、用いた調査の実施概要である。この調査のうち防災に関する結果をみていく。まず、分析のために、三市内の全町内会で調査票を回収できた町内会（仙台：1170件、山形：371件、青森：231件）のうち、町内会単位で自主防を有する町内会、および連合町内会単位の自主防に加入している町内会の一覧を、各市の協力を得て参照した。そして分析に反映させ、表4-2に示すように三市ごとに自主防を有する町内会、有しない町内会に分類した。みての通り、仙台市ではありの町内会が95.0％と高く、山形市ではなし（49.6％）とあり（50.1％）がほぼ同数であり、青森市ではなしが82.3％と高い。仙台市でありの町内会、山形市でありとなしの町内会、青森市でなしの町内

表 4-1　調査実施の概要

	仙台市調査	山形市調査	青森市調査
調査対象	市内全町内会・自治会会長	市内全町内会・自治会会長	市内全町内会・自治会会長
調査方法	郵送法	郵送法	郵送法
実施期間	2005年1月20日から2月20日	2007年3月1日から3月18日	2008年3月1日から3月31日
調査内容	町内会の組織構成、会計、活動内容、会長の属性、防犯活動、防災活動	仙台市調査で用いた項目を修正改編した項目	仙台市・山形市調査で用いた項目を修正改編した項目
回収率	85.3%（1170／1371）	67.6%（371／549）	56.2%（231／411）

※回収率＝（回収票数／全町内会数）

表 4-2　三市における自主防を有する町内会・自治会の比較

	仙台市		山形市		青森市	
自主防なし	58	5.00%	184	49.60%	190	82.30%
自主防あり	1,112	95.00%	186	50.10%	35	15.20%
不明	−	−	1	0.30%	6	2.60%
合計	1,170	100.00%	371	100.00%	231	100.00%

表 4-3　平常時の活動

	自主防なし（青森）		自主防なし（山形）		自主防あり（山形）		自主防あり（仙台）	
準備呼びかけ	48	25.30%	52	28.30%	93	50.00%	547	49.20%
備蓄すすめ	24	12.60%	30	16.30%	46	24.70%	400	36.00%
倒壊防止	13	6.80%	11	6.00%	22	11.80%	398	35.80%
地震保険	8	4.20%	1	0.50%	5	2.70%	36	3.20%
連絡方法決定	21	11.10%	19	10.30%	51	27.40%	321	28.90%
避難場所決定	87	45.80%	83	45.10%	115	61.80%	736	66.20%
啓蒙活動	12	6.30%	23	12.50%	74	39.80%	368	33.10%
訓練／講演参加	40	21.10%	37	20.10%	96	51.60%	555	49.90%
高齢世帯把握	83	43.70%	87	47.30%	116	62.40%	604	54.30%
その他	2	1.10%	12	6.50%	16	8.60%	58	5.20%
何もせず	69	36.30%	52	28.30%	28	15.10%	111	10.00%

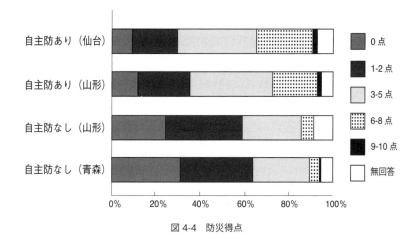

図4-4 防災得点

会の4つの類型を作成し、それぞれの類型間で、防災活動の現状と他組織との関係に差がみられるかどうかを検討するとともに自主防の日常的な活動について比較した。なお、不明の町内会は分析から除外した。

各類型の町内会が平常時からどういった活動を行っているのかを示したのが表4-3である。ここでは、災害時に備えて具体的に取っている対策を複数回答で尋ねた。何らかの対策が取られている割合は、一様に自主防ありの方が高い。ただし、地震保険のみは、自主防ありと自主防なしでは差が見られず、いずれも5%と低い。反面で何もしていないをみると、青森市の自主防なしの町内会において他の類型よりも高い割合（36.3%）であり、仙台市に限ってみると、仙台市の自主防ありの町内会において備蓄のすすめ（36.0%）が高い割合を示している。自主防を組織することには、防災活動を活発化する可能性がみられる。

さらに自主防ありと自主防なし（以下、ありとなしと表記）で15%程度の差があるのが、準備の呼びかけ連絡方法決定避難場所決定啓蒙活動（市の）訓練／講演参加高齢世帯把握である。青森市のなしと山形市のなしではこれらの項目に差はみられない。山形市のありと仙台市のなしでは、倒壊防止（山形11.8%、仙台35.8%）以外には目立った差がない。11項目のうち、啓蒙や訓練／講演は市からの要請で行う場合が高い項目であり、この項目におい

表4-4 防災訓練の実施状況

	自主防なし（青森）		自主防なし（山形）		自主防あり（山形）		自主防あり（仙台）	
行い、数多くの会員が参加、見学	7	3.70%	3	1.60%	20	10.80%	183	16.50%
行い、熱心な会員が参加、見学	5	2.60%	5	2.70%	24	12.90%	※	※
行うが、参加見学会員は非常に限られる	10	5.30%	16	8.70%	27	14.50%	347	31.20%
行っていない、いずれ行いたい	70	36.80%	65	35.30%	66	35.50%	365	32.80%
行っていない、行う予定なし	22	11.60%	35	19.00%	11	5.90%	95	8.50%
その他	−		3	1.60%	4	2.20%	77	6.90%
無回答	76	40.00%	57	31.00%	34	18.30%	45	4.00%

てありの町内会・自治会の活動割合が高いことを見ると、自主防自体が、行政主体の防災活動をおこなう基盤となっていることが伺える[25]。

　次に、これらの日常的活動11項目のうちその他を除く10項目を基に、防災得点を算出した（図4-4）。これは防災活動の活発度を得点化によって表そうとするものであり、防災活動の内容よりもどのくらいの種類の活動がなされているかその活動の種類の多さを、活発度として算出したものである。すると、0点は、青森市のなし（31.1%）において高く、6から8点は仙台市のあり（25.4%）および山形市のあり（21.0%）において高くなっているが、9から10点と高得点になると、仙台市のあり（1.4%）と山形市のあり（1.6%）においてもわずかである。これは前述の地震保険や倒壊防止という対策の割合が三市において低い割合になっていることと関連する。すなわち、ハード面での対策が三市において一様に割合が低いことが、防災得点をも引き下げ、自主防を有し防災活動を活発に行っている町内会の得点が10点に満たない要因であろう。

　続いて表4-4は、町内会単位での防災訓練の実施状況である。行なっておらず、いずれ行ないたいの割合は三市ともに35%程度であるが、参加者の

内訳を問わず、ひとまず行われているものを足し合わせると、青森市のなしで11.6%、山形市のなしで13.0%、山形市のありで38.2%、仙台市のありで47.7%であり、自主防がある方が行なわれている割合も高い。

しかし、町内会単位の防災訓練も防災活動といえば防災訓練といったようなステレオタイプに基づいて行われている可能性があるし、限られた会員しか参加や見学をしていないということは、例えば障害を持つ人々や、日中に働いている人々、地域活動に他の事情で参加しづらい人々の参加が困難であるということを示している。

平常時から社会的に排除されていたり、社会的ネットワークに組み入れられにくかったりする層が、ヴァルネラブルな人々の典型なのであり、行政主導型の防災訓練をおこなうだけでは、当然のことながら、非常時の避難生活において、人々への配慮や保護が十分におこなわれることを期待できない。けれども、山形市のあり（10.8%）と仙台市のあり（16.5%）で数多くの住民による参加見学の割合もわずかながら見られ、町内会がどういった属性をもった町内会なのかについてはさらに検討を有する。

さらに、防災活動に関する行政側からの指導の例として、防災マップやハザードマップ（災害危険予想図）の配布が挙げられる。災害時に大きな被害が予想される地域をマッピングしたものであり、危険箇所に関する市内の広域地図として行政が作成し、公開している。しかし広域地図であるため、町内会が属する地域ごとにより細分化された詳細な地図があった方が緊急時には役に立つと考えられる。地図を作成している自主防はどの程度あるのか。

そこで表4-5が、防災マップやハザードマップ（災害危険予想図）の所持率およびその作成主体である。作成主体は行政である割合がいずれも高いが、ハザードマップを作成主体は問わずひとまず持っている割合を足し合わせると、青森市のなしで35.3%、山形市のなしで76.6%、山形市のありで77.4%、仙台市のありで36.8%となり、山形市における所持率が他の都市にくらべ、自主防ありなしに関わらず高いことがわかる。また、自主防の多い仙台市（仙台あり）の所持率は、少ない青森市（青森なし）と大きな差がない。しかし、作成主体別にみると、行政が作成したものが山形市においてありなしに関わらず57%程度と高い。同市では行政の指導の下作成も11%から13%である。

表 4-5　防災マップ・ハザードマップの所持率と作成主体

	自主防なし（青森）		自主防なし（山形）		自主防あり（山形）			自主防あり（仙台）	
独自で作成	5	2.60%	5	2.70%	13	7.00%	持っている	409	36.80%
行政の指導下作成	5	2.60%	24	13.00%	22	11.80%			
行政作成したもの	39	20.50%	105	57.10%	106	57.00%			
独自で作成、行政の指導で作り直し	−	−	1	0.50%	1	0.50%			
行政の指導で作成し、独自に作り直し	3	1.60%	1	0.50%	1	0.50%			
行政が作成、独自作り直し	2	1.10%	5	2.70%	1	0.50%			
持ってないが見たことある	22	11.60%	9	4.90%	12	6.50%	持ってないが見たことある	307	27.60%
持ってないが、聞いたことある	42	22.10%	9	4.90%	6	3.20%	見たことないが聞いたことある	141	12.70%
見たこと聞いたことない	32	16.80%	7	3.80%	1	0.50%	見たり聞いたりしたことない	84	7.60%
わからない	25	13.20%	8	4.30%	1	0.50%	わからない	58	5.20%
無回答	15	7.90%	10	5.40%	22	11.80%	無回答	113	10.20%

表 4-6　行政との関係

	積極的に協力	果たすべき義務として協力	最低限のことのみ協力	原則として協力せず	無回答
自主防なし（青森）	85	78	18	6	3
	44.70%	41.10%	9.50%	3.20%	1.60%
自主防なし（山形）	89	81	10	2	2
	48.40%	44.00%	5.40%	1.10%	1.10%
自主防あり（山形）	107	71	5	2	1
	57.50%	38.20%	2.70%	1.10%	0.50%
	必要な情報なので積極的に協力	必要な情報とは思えないが協力	定期配布物のみ	会長が必要と判断したもののみ	無回答
自主防あり（仙台）	786	46	114	41	125
	70.70%	4.10%	10.30%	3.70%	11.20%

山形市では行政が作成したものが広く配布されている可能性が伺える[26]。

　ここまで、防災活動が行政側からのトップダウン型でおこなわれている現状を示唆しつつ、三市間の比較を行ってきた。このトップダウン型の防災活動、町内会活動については、吉原（2008）も指摘するところである。では、それぞれの市の町内会と行政との関係はどのようになっているのか。表4-6に行政との関係について示した。積極的に協力が青森市のなし（47.7％）と山形市のなし（48.4％）にくらべて、山形市のあり（57.5％）でやや高い傾向にあるが、義務として協力も含めると青森市と山形市では差はみられない。仙台市調査では用いた質問項目は違うが、仙台市のあり（70.7％）では、積極的に協力しているという割合が高い。類似の設問として、表は示さないが、行政からの仕事依頼を町内会の役割として、このまま継続するとしている割合は、青森市のなしで70.5％、山形市のなしで73.9％、山形市のありで83.9％となっており（仙台市調査では尋ねていない）、行政からの依頼については、山形市のありでやや高い傾向にあるが際立った差ではない。行政への協力は積極的にせよ、義務としてにせよ、全体的に高い。であれば、防災活動のマニュアルとして、多様性への配慮という項目を周知していくことは、啓蒙という点では重要であるし、一定の意義はある。

　最後に、他の活動や、町内会・自治会以外との連携という、地域防災にとっても、東日本大震災以降、今後重要になってくる事柄について尋ねた項目についてまとめる。図4-6は、町内会の役割として今後促進・継続するものを尋ねた結果である。町内会の各役割についてさらに促進このまま継続の割合を足したものを山形市・青森市別に示した。仙台市調査ではこの質問はしていない。図4-6をみると、他組織（警察、学校、民生委員）との連携は、山形市・青森市間で差は見られない。すなわち、他組織との連携については、自主防がありでもなしでも一様に高い。

　つまり、多組織との連携の必要性は自主防の有無に関わらず強く認識されている。ただし、自然災害への備えを今後促進・継続していくというふうに答えている、つまりそのように町内会・自治会の役割を認識している項目については、山形市のあり（73.7％）が、山形市のなし（42.4％）と青森市のなし（34.2％）と比べ高い。また、防火対策についても山形市のあり（83.3％）、

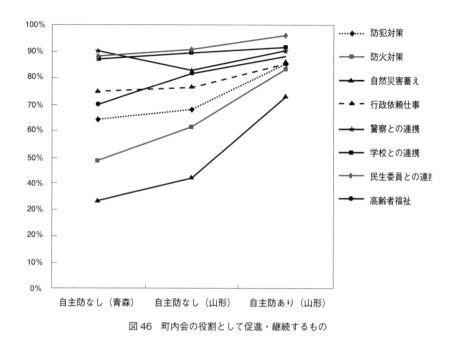

図 46　町内会の役割として促進・継続するもの

山形市のなし（61.4%）、青森市のなし（48.4%）で、山形市のありにおいて高い。自主防を有する町内会の方が消防や防災役割を強く感じていることが分かる。

　結果をまとめると、自主防を有する町内会において、防災訓練の実施率が高いことが示された。けれども、防災活動の中身をみると、行政側からの呼びかけでなされる活動の実施率が自主防ありで高いとはいえ、参加者は限られていることが分かる。ここで参照にしたアンケート結果によると、調査当時の町内会・自治会長である人の属性はその9割が男性であり、町内会・自治会の防災活動に対してもこういった性別による偏りと、参加者による偏りは、ヴァルネラブルな人々の参加を促すことには働かないであろう。とはいえこの調査は各市内の町内会・自治会長に対するアンケート調査という形式を取ったことに注意が必要である。

　例えば、個別に、障害者、高齢者等に焦点をあてた防災活動や、避難所運営の予行練習として男女別の更衣室の設置を訓練として行っている町内会・

自治会、障害のある子どもを積極的に防災活動へ参加させている町内会・自治会はある。その個別の取り組みこそ、地域特性だといえるし、災害時のヴァルネラビリティの軽減に資するものである。地域ごとに異なる仕方での防災活動が可能であるため、行政主導型のひとまず防災訓練とハザードマップ所持を促すというやり方以外に、その地域に独自の取り組みを進めていくことは重要である。ただし、次節に述べるように事前対策だけでは想定外の事態に対処することはできないため、事後対応をいかに柔軟におこなっていくかという方向からの議論が必要である。

さらに、高齢者や障害者、子どもや妊婦といったヴァルネラブルな層については、平常時の地域社会において、社会的なつながりから排除されていないことが、災害時の救援活動や避難生活における支援活動をおこなううえで重要である。そのため、町内会・自治会と他の組織（福祉施設等）との連携・情報交換が、災害が生じる前から、人々の支援という意味で求められる。自主防ありの町内会において、他組織との連携を町内会の役割として意識している割合は、なしの町内会と同程度であり、連携を意識する割合は自主防の有無にかかわらず高いことが読み取れる。災害のみではなく、高齢者の孤立や要介護の単独世帯、共に介護を要する夫婦のみの核家族世帯の増加など、高齢社会や核家族の増加、政府による在宅ケアの推進といった現状とあわせて、地域単位のセーフティネット構築の課題が認識されているからであろう。

災害に着目すると、自主防災活動と地域社会の平常時の活動を結びつけていくようなモデルの1つに防災福祉コミュニティがある。防災福祉コミュニティとは、阪神・淡路大震災ののちに倉田（1999）により構想されたモデルである。「市民、事業者及び市の協働により、地域福祉活動と地域防災活動との緊密な連携を図りつつ、これらの活動に積極的に取り組むコミュニティ」（倉田 1999: 188）を指し、平常時からの防災活動と福祉活動の連携[27]、平常時には福祉活動を進めながら緊急時には災害対応をおこなうことを目的とした連携が目指される。

この連携の意義は、倉田（倉田 1999: 189）によれば、災害時要援護者とされる高齢者や障害者への支援、災害弱者対策（福祉活動により得た災害弱者情報に基づく救出救護・避難誘導などの計画策定、福祉活動〔友愛訪問〕などの機

会を活用した防災指導など)、福祉と防災の連携(福祉活動〔ふれあい給食会など〕の機会を活用した防災指導など)、大規模災害対応(学校等の避難所における生活支援活動など、災害発生時の防災活動等の連絡調整)としてまとめることができる。課題としては、住民の中の若手層をどのようにして防災活動に参加させるか、既存の組織とどう統合するか、資金の問題(倉田 1999: 196)が指摘されている。個人情報保護の課題とともに、東日本大震災以降の今日でも課題である。

　けれども、防災福祉コミュニティにおいても、誰がケアを担うのかという点については明確ではないし、そのような観点から構想されたモデルではない。福祉職従事者の有償労働が念頭におかれているのは確かである。福祉職従事者の人々の知識や経験、情報を自主防災組織と共有していくことは確かに重要である。それに加えて無償労働のケアと地域防災の関係をどのように課題として提起していくかもまた重要である。

　すなわち、地域社会における福祉と防災の連携にとって、女性の視点を組み入れていくことは、ケアされている人々への支援という意味でも重要である。しかし、この女性の視点を地域社会にどのように組み入れていくかということは、地域防災に関する社会学的議論でこれまで取りあげられることは少なかった。高齢者や障害者という属性が防災政策面でクローズアップされることの多い属性であるにもかかわらず、彼／女らをケアすることの多い女性という属性に焦点をあてたかたちでは論じられてこなかった。

　平常時から、災害時に避難所となる学校との意見交換や、保育所、高齢者施設、障害者施設との協力体制、地域内におけるさまざまな事業所や商店などとの緊急時の避難行動に関する共通認識の構築、警察や町内の交番との情報交換・連絡体制、町内の診療所との協力体制が目指されていれば、確かに緊急時の救援活動も行いやすいと考えられる。ただし、この問題が性別中立的に語られていく以上は、女性の視点は素通りされてしまうのではないか。最後に、この問題とあわせて、東日本大震災以降の地域防災の課題を、災害時要援護者・災害弱者へのケアという観点から[28]、まとめたい。

5　被災者ニーズの多様性と「女性の視点」との関連

　女性の視点論は、明確には災害時要援護者・災害弱者とされてこなかった女性であっても、ジェンダーによる被害が、多様なかたちで現れることを提起している。女性の災害被害と経験の記述は、明確な社会的弱者や災害弱者でなくとも、その時々のニーズは多様であるということの事例となっている。

　生理用品やコンタクトレンズ、ピル、アレルギーの薬、粉ミルク、紙おむつ、化粧水やリップクリームなど物品 1 つをとってみても、その必要度と緊急度は異なる。さらに日常生活に大きな支障となりうる物流の阻害に端を発するニーズもあれば、避難所での体感不安やプライバシーというようにジェンダーの差に端を発するニーズ、ケアするべき相手がいるために復職や求職活動ができない、女性の雇用の場がないというニーズ、など多様である。問題は、誰にどんなニーズが現在生じているかということになると、その都度把握していかなければならないことである。

　誰がいつどのようなニーズをもつかは予測困難であり、東日本大震災でも、現段階で誰が何に困っているのか、そのニーズをどこにつなげばいいのか、被災した人々はどこをその都度頼っていけばいいのかは明確でなく、支援のすき間を生み出している。あらかじめ予測可能な、いつ・誰の・どのようなものかを特定できるニーズの多様性のみではなく、状況という要因も加味して予測不可能なニーズ（上述の意味で特定されないニーズ）についてさらに展開できるのではないか[29]。すなわち、社会的属性は確かに規定的であると考えられるが、状況の持つ曖昧さや不確実さもこの定義には含まれている。二元的にではなく、状況の変数も相まっていわばスペクトル的に、被害やニーズは時間的にその都度変動するのである。

　ヴァルネラビリティは本来、状況依存的な側面も含みつつ、その人がそのときにたまたま置かれていた社会的状況、ケアをするべき相手がいた、子どもが小さかった、DV の被害を受けていた、不安定な雇用状況であったという状況などによって、強まったり弱まったりするため、性別やジェンダーという観点からは、同じ女性であっても、その被害は女性同士で差異のない同

じものではない。女性であれば、このような被害やニーズがあるという予測だけでは不十分であり、その都度、個別具体的にケアされていかねばならない。

　これと同様のことは、災害時要援護者・災害弱者対策にもあてはまる。災害時要援護者名簿という形式で、名簿化していても肝心の共有化ができない、名簿を共有していたとしても個人情報保護への過度な配慮[30]から、公開されないということがある。近年では、緊急時における災害情報の伝達の方法と災害弱者としての情報弱者の問題（田中・標葉・丸山 2012）や、ぼうさいタッグ、クロスロードや地域防災といわない防災などのワークショップ・体験型の地域防災（矢守・渥美編 2011）や、障害者や高齢者参加型の防災訓練についてさまざまな取り組みが紹介されたり、議論されたりするようになっている。しかし長期化する被災生活における広義での災害弱者とそのヴァルネラビリティへのケアの問題についての議論は、阪神・淡路大震災以降からも、地域防災と結びつけられて多く語られてきたとは言えない。しかもそこに女性の視点や多様性配慮の視点が結びついてきたとは言えない。

　阪神・淡路大震災の事例から、ボランティア活動に焦点を当てて長期的な自立支援を論じている似田貝編（2008）は、支援者の側の観点から、ヴァルネラビリティとケアの問題を取り上げている。

　　　神戸市長田区たかとり救援基地の和田耕一さんは、ある時、突然涙ぐみ、そしていう。私がドラえもんだった［ら］どんなによいか。それは、多くの被災者の声に応答するにはいかに自分が非力か、を訴える。この多く［の］被災者の〈呼びかける声〉への応答には、たくさんの和田さんが必要という。また、あらゆる呼びかけに応答可能なドラえもんだったらいいのにと嘆く。阪神高齢者・障害者支援ネットワークの黒田裕子さんもまた、和田さんと同じように、黒田と同じように考える人がほしいという。黒田さんはなすすべもなく、多くの人が目の前で亡くなっていく体験［を］したときの思いを、どれだけ自分がふがいないのかと痛感したという。〈復旧-復興段階期〉の被災地では、多くの被災者の〈呼びかける声〉に、聴く人も、応答する人も絶望的に不足していた。支援者は、これらの〈呼びかける声〉の前で、呆

然と立ちつくし、自失し、もどかしさを感じ、ふがいなさと無力さを痛感している。そしてそれは同時に、無力な自己から逃れきれない自分への居心地の悪さ、不快感をも伴っていた。このような経験こそが、支援者の〈可傷性 vulnérabilité〉である。(中略) 多くのヴァルナラビティ［ママ］論は、被災当事者の可傷性をテーマの中心に置く。そして、支援者の感性による想像力と、共感という感性こそが、当事者の可傷性を受け止める、と説明する。そこには暗黙の内に、支援者（強者）- 被災者（弱者）という垂直的関係性が表されている（似田貝編 2008: 10-11）

似田貝編（2008）では、このような強者 - 弱者図式ではなくて、支援活動における支援者のヴァルネラビリティを強調した上で、さらに被支援者の能動性も強調していく。だが本書でいうヴァルネラビリティとここでのヴァルネラビリティは内容が異なり、似田貝の場合は、被害の受けやすさというよりは、人間存在の弱さといったことを示している。しかし支援者（ケアをする側）と支援される側の依存労働のような関係性を見るとき、同書のような把握は有益ではある。

似田貝編（2008）はボランティア活動や災害弱者の自立支援、能動性に注目し、市民社会論からの災害対応としてのボランティアを論じる。所収の佐藤恵の論文（佐藤 2008）では、被災地障害者センターの取り組みを事例に、緊急時の救援ボランティア活動から被災に限定されない日常的・恒常的な障害者市民活動へと変化していくなかで、被災障害者のヴァルネラビリティについて論じている。ヴァルネラビリティと能動性という二つの側面から障害者を捉え、ヴァルネラビリティとしては、情報へのアクセスの困難、避難所・仮設住宅などの物的環境面でのバリア、介助の不足が挙げられている。平常時からのノーマライゼーションの理念に違背する形で先鋭化した、放置／管理の作用がヴァルネラビリティの先鋭化をもたらしたとされる。復旧 - 復興期に入ると、障害者の間にも社会的な格差が生じ始める。

神戸市の「保健婦［ママ］」が実施した仮設住宅の健康調査によると、1997 年 9 月末現在、約 130 人の痴ほう症、さらには約 160 人の寝たきり、約 340 人の心身障害など、合わせて約 630 人の要援護者が神戸市内の仮設住

宅で生活している」(佐藤 2008: 212)という状況であったことが示されている。だが、佐藤によれば、ヴァルネラブルな側面を持っていることと無力であることとは別であり障害者の震災弱者化という時、そこには支援されるだけの存在、無力で自立不能は存在という含意はなく、個別具体的な被災障害者を事例として、その能動性の記述をおこなっている。

　これらの研究からは、災害と女性につながる論点をみることができる。確かにヴァルネラビリティが社会的属性を反映するものであるとは言っても、そのヴァルネラビリティは極めて状況依存的であり、震災後のあるフェーズと別のフェーズにおけるヴァルネラビリティの差異に着目していくことの重要性が読み取れる。女性もまた確かに災害弱者となる場面はあるし、ヴァルネラビリティが性別ごとに異なり、それは平常時からのジェンダー格差に帰因するものであることは確かだが、女性の視点が女性の被害を第一に示しているのと同時に、女性の災害対応力の正当な評価を求める議論であったことも確かである。

　再度、ヴァルネラビリティの定義を引くならば、Wisner et al（2004: 11）のヴァルネラビリティとは「自然災害のもたらす衝撃（impact）に未然に備えたり、その衝撃に対処したり、その衝撃に抗ったり、その衝撃から回復する能力（capacity）を規定するような個人や集団の特徴ならびに個人や集団の状況（situation）の特徴」である。ここで能力という表現が用いられているように、ヴァルネラビリティは受動性のみならず能動性が、災害のそれぞれのフェーズにおいて異なり得ることをそもそも示していると理解できる。単なる社会的弱者論とヴァルネラビリティ論は異なり、後者はよりその状況ごとの状態、被害の程度を示す議論である。

　さらに、地域防災の文脈でいえば、災害時要援護者・災害弱者という括り方で、高齢者や障害者の一部の特徴のあるひとを、足腰が弱い、身体障害があるというように名簿化してリストアップするだけでは、当然のことながら、被災後にあらわれてくるさまざまなニーズや個別具体的な個々人のニーズに対応することはできない。災害研究において女性の視点論が議論されてきた背景にも、一面的な防災体制は不十分であることの認識が強く働いている（Hewittとの関連で第1章において論じた）。

問題は、では、多様なニーズに答えていくためには、どのような地域防災・災害対応のあり方を構想していくことが良いのかということである。

　第一に、災害時要援護者・災害弱者となりうる人々を日常的にケアすることが多く、自らもまた時にヴァルネラブルであるような、そして全人口のおよそ半数を占めている女性の視点を地域防災・災害対応の実践において活かしていくことである。災害時要援護者・災害弱者について地域防災との関連で論じられることは多い。その議論に女性支援に詳しい人々や、女性防災リーダーとなっている人々を配置していくことである。女性へのエンパワメントという点でも、復興に女性の視点を積極的にそしてポジティブに組み入れていくことは、多様性に配慮した創造的な復興でもある。もちろん、女性の視点をそのまま災害時要援護者・災害弱者の視点として、そして災害時要援護者・災害弱者のケアをおこなう人々の視点を代弁しうる視点として、提示してしまうことは、女性を一面的に捉えてしまうことになりかねない。ただ、事実としてケア役割を多く担う女性が、地域防災の実質的な議論の場にいないことは、公正ではない。

　第二に、多様なニーズは、身体的ニーズと社会的ニーズの２つが複合化したものであるため、その都度のその人に応じた支援が必要である。支援の担い手を地域社会の中でどのように構想するかということである。地域という物質的な空間は否が応でも長期間にわたり、被災後の生活の大きな基盤となってしまう。いくら地域の外に多様性に配慮しうるNPO・ボランティア団体がいたとしても、その都度個別具体的なニーズが生じるたびに駆けつけるのは困難である。実際そのようなNPOやボランティア団体は今日どんどん撤退し、地域社会はそれぞれの持つ資源を活用しながら復興について実践をしていく段階である。そうであるならば、いかに災害からの復興をイッシューとして、多様性に配慮しうるケア体制を作り出していくかが、被災地域における課題である。

　そこでこの課題に対して、次章以降では、「保健師」という担い手がもつ専門性と災害対応力に注目する。女性の視点をスタート地点として、ヴァルネラビリティへのケアをおこなうのに適しているのは、女性団体やボランティアに加えて、保健医療福祉職という専門職である。

例えば、母子保健を担う保健医療専門職であれば、健診や健康指導を通して母子に接触でき、必要に応じて他の支援につないでいくことが可能[31]である。災害時要援護者のニーズとケアというとき、個別具体的に現れるのは身体をとおしたニーズである。災害発生直後の救援活動のみではなく、災害後の長期化する被災生活において、ニーズは顕著であり、まさに多様なニーズとしてのヴァルネラビリティが顕在化する。個別具体的なケアが問題となるのは、第一に身体面でのニーズであり、そのニーズへの対処をおこなうさいの、東日本大震災における保健活動の事例を本章での視点も組み入れ検討する。ヴァルネラビリティへの地域ケア体制に焦点をあてたかたちでの、地域防災・災害対応について考察する。

［注］
1　女性の視点は災害時要援護者の視点でもあるという認識については、宗方恵美子氏（特非営利法人イコールネット仙台　代表理事）への聞き取りから大きな示唆を得た。本章は宗方氏をはじめ、災害と女性の問題に実践的に取り組んでいる方々の言葉から着想を得ている。
2　NPO法人全国父子家庭支援連絡会など。あしなが育英会が2013年1月に東日本大震災で保護者が死亡・行方不明または重度後遺障害を負った子どもの保護者1,180人におこなった調査によると、回答者の789人のうち、その後に母子世帯となったのは49.4%、父子世帯となったのは32.3%、両親ともいない世帯となったのは16.9%であった（あしなが育英会公式サイト http://www.ashinaga.org/ より）。平常時における日本国内での父子世帯の割合を鑑みると災害後の父子世帯の増加は、父親に対する育児支援を必要としている。
3　福祉社会学会第10回大会（2012年6月2日・3日）の和泉広恵氏の個別報告「被災地における親族養育者への支援」報告資料では、里親となった人々への里親会による支援が紹介されている。急に思春期の少女を引き取ることになった時のとまどいや子どもへの接し方などの悩みが、支援場面で共有されているようだ。
4　山本（2011）の『Love's Labor——愛の労働あるいは依存とケアの正義論』に関する解説によれば、Kittayは西洋哲学とフェミニズム理論を専門とし、認知障碍あるいは知的障碍の研究をとおして伝統的な西洋哲学とそこで描かれる人間像を批判的に分析する哲学者である。キテイ自身も本著で多くの紙面を割いて明らかにしているように、認知障害を持つ娘を持ちいわゆる「黒人」の家政婦から介護の支援を受けている。Kittayの著作の背景にあるフェミニズムの主要な論点について、山本は、ケアの倫理と正義の倫理の関係の定式化、ケアの倫理に代表されるような具体的で特別な関係性から、何か規範的基盤を導けるのか、という問題を指摘している。本章ではケアの倫理に関する議論を十分に考察する余地はないが、ケアの問題を災害研究において規範的に位置づけていく

という意図は、フェミニズム研究の論点と連続性のあるものである。
5　日本語版序文の箇所からの引用。原著に該当箇所はないため、この引用形式を採っている。
6　もちろん国内では老老介護の場面では男性が配偶者の女性を介護するという場面は多く見られるため、これは女性に限った問題ではない（息子による介護のジェンダー性を取りあげる平井（2017）など）。しかし、事実として、やはり女性がケア労働を行う傾向がある。女性のケアの経験を理論化していくことは、ケアの問題にとって今なお有意義である。さらに、女性がケア労働を担ってきたことの背景には、近代社会の構造的なあり方と矛盾が考察できる。よって本章でも女性のケア労働をスタート地点として議論を組み立てていくことは、男性のケア労働を排除したり無視したりすることではなくて、現代におけるケアの新たな局面（男性のケア労働者の微増傾向、家族外ケアの出現、女性と平等の問題）について議論することにつながる。繰り返すが、女性の視点は男性の経験を排除したり否定したりするものではない。女性の経験する領域としてしばしば不可視化されてきた事柄を照射する。災害支援の文脈においては、他のマイノリティとされる人々のニーズや経験を可視化していくためのスタート地点である。本章が災害時要援護者に焦点をあてるのも、この認識による。
7　男女雇用均等法や育児休業法がありながらも、妊娠・出産を機に退職するのが女性であることをとってみても、こういった不平等の存在は確認できる。それは確かに女性一人一人の選択であると言えるかもしれないが、選択せざるを得ない不平等というものは存在する。
8　本書における言葉の使い方に当てはめるならば、Kittay のいう依存者とは脆弱な人々、依存労働者とは脆弱な人々をケアする人々のことである。後者の語感は依存労働者＝依存者であるかのような誤解をまねきやすいが、この二つの言葉は対である。
9　Kittay 自身もこの問題と少し関連するかたちで、最狭義の依存を依存労働論は扱うとして、夫の妻に対する依存や感情労働は、Kittay のいう意味での依存、つまり他人がいなければ生命を維持していけないような圧倒的に脆弱な人の依存を必ずしも前提していないとして、依存労働とは区別する（Kittay 1999: 38=2010: 95-96）。
10　当然ながらヴァルネラビリティという言葉は災害研究でのみ使われる言葉ではないので、適宜区別しながら参照する。
11　確かに依存者を単に弱者のように描くことは出来ない。本章では身体的な状態のゆえに他者のケアを必要とするという事実には言及するが、であるからといって、人々が何も主張できず何も生産的かつ社会的なことが出来ないという認識に立つのではない。この点については多くの運動が教えてくれるだろう（横塚〔2007〕など）。
12　障害を持つ人が避難所への入所を断られる事例もそうである。
13　河北新報（2011年6月10日）には、母親が人工透析を受けていたため避難所の暮らしに堪えられるかどうか不安だったという理由で、在宅避難をしていた事例が掲載されている。
14　防災計画における女性の視点に関する記述の変遷については、大沢・堂本・山地編（2011）。
15　災害時要援護者は、災害研究においては、「災害弱者（disaster vulnerable people）」と定義されている人々（田中 2008）と重なっている。災害時要援護者は、行政資料では単

に「災害弱者」と記述されることも多かったが、弱者という表現に慎重になっていることも背景にあり、現在ではあまりこの表現は見かけない。行政が「災害時要援護者」という言葉で第一に念頭おいているのは、以下に述べるような避難行動要支援者のことである。本書でいうところの「ヴァルネラブルな人々」とはイコールではない。災害発生直後の救援・救護のフェーズに大きく限定した用語である。

16 名簿に掲載する情報の収集方法は3通りある。関係機関共有方式は要援護者本人からは同意を得ずに平常時から福祉関係部局等が保有する要援護者情報を防災関係の部局、自主防災組織、民生委員などが共有する方式である。手上げ方式は自ら要援護者名簿等への登録を希望した者の情報を共有する方式である。同意方式は防災関係部局、福祉関係部局、自主防災組織、福祉関係者等が、要援護者本人に直接的に働きかけて、必要な情報を収集し名簿化への同意を得る方式である。実際は複数の方式が重複的に用いられている。

17 認定NPO法人ゆめ風基金のまとめた提言集（認定NPO法人ゆめ風基金2013）のなかの、「届かぬ支援はもうゴメン、災害時に役立つ名簿管理を」と見出しのついた「提言その2」によると、障害者は命が助かっても避難所で暮らすこともできず、個人情報保護法の問題もからんで安否確認さえままならず、支援が届かない状況であることが述べられている。阪神淡路大震災のときの障害者の多くは、半壊では自宅に止まるか親戚宅や福祉施設に行き、避難所に行く人は深刻な状況の人たちであったという。東日本大震災では、この法人が支援活動で避難所を訪れたさいに、「ここには障害者はいない」と言われたところでさえ、実は知的障害や聴覚障害、視覚障害の人がいたということがあり、一見して認識が可能な身体障害ではない障害が見過ごされているのは、平常時から障害者と関わる機会が少ないからである。いわゆる「ヴァルネラビリティ」が不可視化されることもまた、その人の「ヴァルネラビリティ」なのである。災害時要援護者の平常時からの排除が緊急時には影響する。こういった事例については、中村（2012）も参照のこと。

18 本書でいう地域社会とは、広くても公立小学校区以内を想定した、からから地区単位の範囲を指す。町内会・自治会（ならびに連合町内会・自治会）は、その範囲内で組織されており、地域防災の文脈で扱われる地域も、イメージ災害等の非常時に徒歩で比較的短時間（15分程度）で往来でき、公園や公民館などのオープンスペースが一次避難所として指定されているような地区である。以降、地域という言い方で注記のない箇所については、このような狭い範囲を想定している。もちろん、農村部に行くほどに家屋間の距離は遠くなり近隣であっても車での移動を要する地域もあるが、災害時に何とか徒歩圏内で近隣の安否確認を出来る程度の範囲を念頭において議論を進める。なお、ローカルであることについての理論的考察は第2章でおこなっているので、本章では地域社会の社会学的定義はせずに進める。

19 医療問題が地域社会と切り離せないものとなっていることについては、社会学の研究者でありつつ在宅ホスピス緩和医療・ケアのクリニックに勤務する立場から見た地域と医療の関係についてまとめている相澤（2013）を参照。緩和ケアの現場の動向やその仕事に従事する人々の職務内容について、医療法人社団爽秋会（岡部医院）の併設研究所に勤務する相澤出氏、ならびに、故・岡部健医師を中心に組織されたタナトロジー研究会への参加から多くを教えられた。

20 都市と危機管理について都市生活様式との関連で論じているものとして大矢根（2005）。
21 吉原（2013: 2）がまとめるように、雇用不安、健康不安、将来不安、老後不安、犯罪不安の感情の裏返しとして安全・安心への欲求が構造的なものとして生み出されている。
22 仙台市青葉区片平丁小学校での近隣の留学生を交えた防災訓練の事例（河北新報・2013年2月14日）はその萌芽的事例である。
23 女性リーダーの事例では内閣府男女共同参画局（2011）を参照。
24 筆者は山形市と青森市調査の実施と集計に参加した。
25 ちなみに、仙台市調査・山形市調査・青森市調査は、いずれも連合町内会（仙台）や町会連合会（青森）の後援で行っているが、回収率に大きな差がある（表4-1）ことを考えると、連合町内会と町内会の関係、行政と町内会の関係に三市間で違いがあることが伺える。行政や連合町内会との関係が密である方が、行政による指導が円滑になされ活動を行いやすいと考えられよう。
26 山形市については、聞き取り調査からも山形市内の町内会と連合町内会の関係が、新市内において密であることが分かっている。山形市において、自主防ありの町内会の割合は、新市内の方が高く（新市内で78.5%、旧市内で21.5%）、その背景が行政ないし連合町内会と町内会・自治会との関係を規定し、地図の普及・配布を促進しているのではないか。
27 平常時の防災活動と高齢者福祉との関連については、災害弱者居住マップの作成等の興味深い事例は、仙台市消防局からも紹介されている。このマップは要介護者や一人暮らしの高齢者の情報を図示したもので、日頃から民生委員や児童委員が世帯を訪問している。
28 地域社会と災害については、社会学でも高台移転や震災遺構、復興まちづくりなどの論点がありえる。本節は、その全てについてではなく、地域防災の中でも災害時要援護者・災害弱者のケアに焦点を当てる。本書がヴァルネラビリティとケアをテーマにしたものであるがゆえに、そのヴァルネラビリティとケアが実際に交差するところとして、地域防災を考察する。
29 「我々がヴァルネラブルな人々という言葉で意味するのはより危険に直面している人々のことであって、一つのスペクトルの上の悪い方の位置にいる人々のことである」（Wisner et al 2004:12）という記述からはヴァルネラビリティについて社会的属性に規定的な側面は強いにしてもそれでもこの社会的属性に属する人々ならば安全だとリスク層と安全層をシンプルに二分しているのではないことが伺えるし、ニーズを単に連続線上で変動するものとしてではなくて、その都度に多様な仕方で現れているものとして把握することができる。
30 実際、要援護者情報の共有は、災害時などの緊急時においてやむをえなく行われる場合には個人情報保護法に抵触しないことが定められている。にもかかわらず、多くの場合は個人情報保護への配慮が足かせとなり、ボランティア団体や他部局に対して名簿を公開できないことが多い（認定NPO法人ゆめ基金 2013: 10-11）。個人情報保護法令は個人情報を有効に活用しながら必要な保護を図ることを目的としており個人情報の有用性を理解し、国民一人ひとりの利益となる活用方策について積極的に取り組んでいくことが重要となっている。福祉目的で入手した個人情報を本人の同意を得ずに避難支援のために利用することや、避難支援に直接携わる民生委員や自主防災組織等に提供することに

ついて、要援護者との関係では、基本的に明らかに本人の利益になるときである旨示されている。同時に、提供される側の守秘義務の仕組みを構築しておくべきである旨も示されている（認定NPO法人ゆめ基金 2013: 10-11）。
31　筆者が自治体職員に聞いた話では、日本人との結婚を機に東北地方で生活する外国出身の妻の把握やニーズ確認については、その子どもに対して保健師などの行っている三歳児健診場面が一つのルートである。

第Ⅲ部
被災者ニーズ対応における保健師の専門性の考察
——東日本大震災と地域保健

第5章
災害時の保健医療福祉ニーズの個別性とジェンダー
——保健師に着目して

1 保健活動への着目

　本章では、津波被災地における保健活動についてヴァルネラビリティへのケアという観点から考察する。繰り返し論じているように、ヴァルネラビリティの程度は状況依存的であり、ヴァルネラビリティは個人の身体のレベルで個別具体的に生じているがゆえに、ケアを要する。とりわけ東日本大震災は、被災者も甚大であり、そもそもの健康ニーズの把握に時間がかかった。避難所生活の長期化は前章で見たように、ジェンダーを反映した健康ニーズへのより一層の配慮を必要とした。その困難は、いわば想定外のことであった。

　ヴァルネラビリティへのケアをおこなうのに適しているのは、女性団体やボランティアに加えて、保健医療福祉職という専門職である。例えば、母子保健を担う保健医療専門職であれば、健診や健康指導を通して母子に接触でき、必要に応じて他の支援につないでいくことが可能である。

　このような、事前の想定だけでは対応しきれないような個別具体的な被害や長期化する被災者ニーズ、被災者ケアの問題に対して、自然災害が生じる前の事前の事後防止策[1]（正村 2013）として、どのような体制を構築していけるのか。現在は、この問題は、津波被災地における復興の課題[2]ともなっている。医療保健福祉資源の復興は、災害前の状態に戻すというよりは被災地で加速する人口減と高齢化に伴う地域ケア体制の再構築でなければならない。本章の議論の焦点は津波被災地における保健活動の事例から、災害時

におけるヴァルネラビリティへのケアを可能とする地域防災・災害対応の可能性を考察することである。単に防災や災害対応の問題としてのみではなくて、復興についての議論にもつながる形で展望を示したい。

　そこで本章では、大規模自然災害には付き物である健康ニーズ把握の困難に対応しうる支援の担い手として保健師に着目する。保健活動は、状況依存的にあらわれる被害の程度としてのヴァルネラビリティ概念の一側面である個別具体的なニーズへの柔軟な対応策として位置づけることができる。

　保健師の活動は、阪神淡路大震災の際のそれに比べて、東日本大震災の際のそれの方が、各種メディアで注目されている。例えば、朝日新聞の論説（2012年6月1日）は、「震災と保健師」と題され、本章で取りあげる岩手県大槌町の保健活動の活動記録を紹介するとともに、保健活動のみられたのは大槌町だけではないこと、被災市町村や保健所の保健師は、使命感に支えられて被災者一人一人を訪ねたことを紹介している。保健師は、地域住民の血圧を測りながら、そこで語られる不安の聞き役にもなったとし、心と体の健康の復興を果たすためには、保健師の担う役割は大きいとする。だが、「被害が特に大きかった7市町村の保健師は2012年現在で104人。2年前から20人余り増えたが、決して十分な数ではない」という表現で、保健師の人員不足について述べている。そして、北上市が震災対応支援のため民間委託で大船渡市に保健師らを派遣する沿岸被災地健康見守り支援事業に基づき、保健師2名を派遣したという事例を紹介している。

　長期化する復興の課題として、心身面でのケアを、看護知識を持つ保健師が、地域社会で担うことは、まさに、個別具体的な仕方であらわれるヴァルネラビリティへのケアといえる。さらに、現職の保健師の98%は女性であるということからみても女性が主体的に復興の担い手となっている事例でもある。

　第2節では、ニーズの多様性がどのように東日本大震災では被災者支援の課題となっているのかを、ヴァルネラビリティやリスクという観点から考察する。第3節では、そもそも保健師とはどういう職業であるのかを、災害支援との関連で概観する。本章はあくまでも災害時の保健活動を事例として、個別具体的なニーズも被災状況も分かっていないような災害時の緊急対応の

フェーズの活動や長期的なケア体制を考察するものであるため、「保健師とは」という保健師論を論じるものではない。災害という文脈で限定的に保健師の活動を論じるものである。第4節では、東日本大震災における保健活動について、一部聞き取り調査をもとにして、過去の災害と比較してまとめる。

2 ジェンダーを反映した健康ニーズと個別具体的なケア

　広域複合型の大災害である東日本大震災が人々の生、生命や生活に引き起こした被害は、事前に予測不可能なものを含み、今日まで、潜在的・顕在的に長期化し、多様化している。被害が長期化・多様化するに従い支援やケアの持続可能性、体制の再構築の方向、支援とケアの担い手が問題となる。津波被災地においても、特に災害発生後から長期間にわたる心身の健康面でのニーズの多様性、つまり心身の健康を規定するような被災後の生活のなかのニーズの多様性と予測不可能性が顕著である。
　すなわち、事前の災害発生前には、いつ誰に、どの程度、何が生じるのかという意味での特定されえなかったニーズを含んだ多様なニーズが、事後の災害発生後の長期化する復興過程には顕在化する。たとえ一つの同一の地区に生活してきた住民個人・個人であっても、その時々に持つニーズは想定外に多様であり、誰がいつどのような被害にあうかは究極的には予測不可能である。ニーズの多様性、事前の特定不可能性が浮き彫りになっている。この多様なニーズはリスクやヴァルネラビリティの問題とも重なる。誰にどの程度の被害が生じるかは事前には不明確である。本章でいうニーズは、事前に特定されない予測不可能なものを含むリスクが、個人のレベルで顕在化したさいの要求の内容・社会的支援や物資等の欠如状態の個別具体的な内容といえる。その内容は事前に特定可能なものと特定不可能なものを含む。
　経験的には、例えば災害時要援護者に属する人々に対して、彼/女らのニーズをあらかじめ予測して対策を立てておくこと、第4章のように要援護者を名簿化しておくことにみられるように、ニーズの特定可能な側面といかなる対処も完全ではないようなニーズの特定不可能な側面を含む。ヴァルネラビリティは、本書ではWisner et al（2004）に従いその「個人の特性ならび

におかれている状況に影響される災害の衝撃への対処能力のその都度の程度」とする。対処能力がその状況に応じて左右される。ヴァルネラブルであるということは、対処能力が相対的に低い状態を指す。その程度は固定的なものではなく状況に応じて左右される。ニーズは曖昧な状況のなかで潜在化／顕在化する。

　東日本大震災の発災直後は、基本的な食料・物資の不足、コンタクトレンズの洗浄液や女性の生理用品、避難時における眼鏡や義歯といった各種衛生保健用品から、アレルギー対応の粉ミルクやホルモン剤、低用量ピル、慢性疾患の頓服薬等といった医薬品の不足など、平常時では比較的入手経路があるがゆえに被災時の不足が想定外であったような、多様なニーズが生じた。

　細かく見れば緊急性を要しないものも含まれるが、いずれも健康維持にとって不可欠な物品であるし、個人の年齢や障害の有無に加えて、ジェンダーからもまたニーズは規定されていた。確かに物品が不足することを予測することはできるが、何が、例えば薬が・誰にとって、例えば特定の疾患を抱えている人にとって・いつ、例えば被災後1週間経過してもインフラが回復せず通院ができないため薬をもらえない状況でどの程度不足するかまではニーズとして特定されていなかったといえる[3]。

　さらにこれまでの災害研究では被災者のニーズとされてこなかったような問題も表出していることは、東日本大震災の一つの特徴といえよう。例えば、乳幼児を抱える母親・父親や、障害を持つひとの家族、在宅療養患者の見回りをおこなっている訪問看護師等、災害時要援護者にカテゴライズされるような人々のケアを担っている人々のニーズ、自治体職員として家族の安否を確認できないまま支援活動をおこなう人々のニーズ等である。仙台市の、発災翌日から保育所が開設されたため子どもを保育所に預けて救援業務に当たることが可能であった事例（奥山 2012）は、一人では生きていけないような存在を抱えた人々はそれゆえに特有のニーズと困難を災害時に持つことを示している。

　在宅避難者や在宅被災者の問題もある。倒壊を免れた家屋、みなし仮設、知人宅などその形態も一様ではないが、人々は避難所への避難者や仮設住宅入居者に比べて、必要物資や食料、支援・サービスの情報などが得にくいと

いう状況におかれた。災害時要援護者と呼ばれる人々を抱えた家族等が避難所での生活に不安を感じ在宅避難をおこなっていた事例も聞かれる。ここでも災害時要援護者とされる人々のケアを日常的に担っている人のケアの重要性があらわれている。

　保健師は母子保健活動をとおして平常時から特別なニーズを持つ母子への支援といういわばケアのケアをおこないうる位置におり、またニーズを発見し得る位置にいる。

　生活復旧の状況は同じ被災地域においても一律ではなく、多様なニーズに対するきめ細やかなケアが求められている。避難生活の長期化、失業や生活復興の遅れといった要因も重なることで、一部では自殺のリスクや、うつ病・アルコール依存症、PTSDや認知症などの発症、慢性疾患の悪化などが危惧され、さらに生活不活発病や仮設住宅での孤立など、心身機能や生活の質の低下、DVなど家族関係の問題も生じている。

　心身の健康面でのさまざまなニーズは、確かに問題として起こり得ることは特定できるが、誰にいつ起きるかは特定できない。数年経て災害を誘因としたものとして帰属されることがあるかもしれない。実際は誰がどのようなニーズを抱えるかは、東日本大震災のような広域災害の場合は、仮に過去の災害をどのくらい教訓にしたとしても事前に全てを完全に想定したり予測したりはできない。ゆえに事後的な発見と対処・可能な限りの予防が望まれる。

　では、ニーズの発見と被害の悪化の予防、さらにいえば、ニーズの発見や個別具体的なヴァルネラビリティに対して災害発生後にその都度柔軟に対処しうる支援者やボランティアを災害発生前から念頭においた地域防災・災害対応は、どのように構想できるか。

　以下に保健師の災害対応の事例をきっかけとして、どういった支援やケア体制が可能かを考察する。

3　保健師とジェンダー化された健康ニーズとの関係

3-1　保健師とは

　被災者支援におけるすき間は想像することはできるが対処は難しい。困難

はひとりひとりの物質的な身体のもとに個別具体的に生じている。この困難について東日本大震災における保健師活動を事例に捉えてみたい。

　最初に本章でとりあげる保健師について説明する。一言で言えば、看護師の資格と技術知識を持ち主に地域社会で働く公衆衛生看護の保健専門職である。かつて保健婦という呼称であり1994年より男性保健師も誕生し、2003年から保健師という名称となった。現在その9割が女性である（保健師の転職ガイド http://www.global-ingenieria.com/hiritu.html より）。保健師助産師看護師法（保助看法）に基づく名称独占型の国家資格であり、看護師の資格を取得した後に更に保健師の資格を取得する必要がある。資格取得までの道筋は二種類あり、看護師養成の学校を卒業した後に大学院修士課程や短大等の保健師専修課程に進学し1年間学んだのちに保健師国家試験受験取得をとる道筋、看護師・保健師の資格を同時に取得するための統合カリキュラムをもつ四年制大学で学んだのちに保健師国家試験受験取得をとる道筋である。

　しかし近年、保健師教育カリキュラムは専門化し、また実習や選択必修科目との関連から、今後は四年制大学で看護師資格を取得後、二年制の大学院修士課程へ進学して保健師資格を取得するという方法が増えていくであろうとされる（全国保健師教育機関協議会 2012）。保健師の多くは市町村勤務であり、感染症予防だけではなく地域社会の住民全体に対する保健指導をおこない、関係機関との調整連携のうえでハイリスク層への対応や、健診活動もおこなう。多くは市町村の常勤職員となる。最新のデータでは、全国の自治体別常勤保健師数は2013年10月7日時点で、32,516人（本庁勤務10,218人、保健所勤務6,771人、市町村保健センター勤務10,329人、その他の勤務5,198人）である（平成25年度保健活動領域調査より〔厚生労働省 2013〕）。圧倒的に市町村勤務の割合が高いが、その他としては大学短大等研究教育機関小中高等学校一般企業（産業保健師）病院などがあげられる。保健師に注目するのは、このように地域社会に密着した保健医療専門職であるため、である。

　もちろん、災害時の保健活動を活発化させれば全てのニーズを捉えきることができるということではない。東日本大震災のような広域型・複合型・長期型の災害では、単に災害対応という一時的なフェーズにおいて支援が必要なのではなくて、その後の地域社会の復興の過程という長期的な過程にわた

っての支援が必要となる。この支援について津波被災地のように元より医療資源の乏しい地域において、地域ケア体制の復興は現在も十分ではない。

例えば、自宅が半壊以上の判定を受けた国民健康保険（国保）加入者に対しておこなわれていた医療費の窓口負担免除は、一度宮城県では打ち切られようとした。そののち、抗議を受けて存続している。仮設住宅での生活やみなし仮設の状態が長引くなかでのケアは、この局面でこそ今日的な課題である。被災地においてきめこまやかな、個別具体的なその都度のケアを促進しなければならないにもかかわらず、東日本大震災においても震災関連死という新たな被害は後をたたない。

この健康面でのリスクや課題に対して、津波被災地における保健活動は自然災害の発災の直後から、誰に何が起こっているのかすらわからないといった状況のなかで、おこなわれてきた。以下にみる活動は必ずしも保健師のみが担うべきであるということはできないが、支援のすき間をうめる取り組みが必要となっている状況に照らしても、保健師の活動をヴァルネラビリティ概念と結びつけて記述することをとおして、個別具体的なひとりひとりの物質的な身体を場として生じる多様な被害への対処を理論的・経験的にとらえることが重要である。

なお、災害支援で中核的に活動してきた、退職者も含む保健師は性別的に圧倒的に女性が多いことから、保健師もまた看護師と並ぶ女性専門職というイメージが強い。その女性専門職というイメージの強い保健活動をケアの文脈でとりあげることは、女性のケア役割を無条件に肯定するものなのではないかという指摘がありうる。本章ではあくまでも事実として津波被災地における保健活動をとりあげるのであって、規範的な主張として保健活動を女性という性別と結びつける意図はない[4]。1994年以前の、保健師という職業が女性のみにしか許されない専門職であった時代から岩手や宮城で地域保健を推進してきたのは保健師女性であったことは事実であって、その事実が被災者支援にも活かされているのである。その意味で、保健師の津波被災地における活動は1つの女性の視点からの積極的な災害対応の経験的な記述である。

さて、東日本大震災から数年を経た現在でもなお、津波被災地における保

健師の被災者支援・生活支援活動が継続されている。他の保健医療福祉の専門職との連携を含めた地域ケア体制の再構築はまさに3年目からの課題といえよう。医療資源の復旧・復興とあわせて、地域ケア体制の担い手の一つとして保健師を位置づけることができる。まず、災害という緊急時という文脈を離れて保健師の日常的な業務について最初にふれておきたい。

　保健師の職場は市町村のみに限定されるものではないが、災害支援という側面から本章では市町村勤務経験のある保健師に焦点を当てる。つまり、行政保健師についてとりあげる。保健師の資格ガイド（全国保健師教育機関協議会 2012）と、日本公衆衛生協会編（1993）を参照にして、概略的な保健師職業の変遷を表に表すと、次の表5-1のようになる。慈善精神を基盤とした巡回型の看護婦に保健師のルーツがあることが分かる。

　表5-1の1923年の関東大震災が保健師の制度化に大きく関わったことは保健師の歴史として指摘されることの多い事柄である（全国保健師教育機関協議会〔2012〕、日本公衆衛生協会編〔1993〕）。菅原（2003: 335）は、我が国の保健婦活動が本格化したのは、1923年（大12）の関東大震災後の済生会病院の巡回介護であるとしているし、高鳥毛（1996: 603）も保健婦の歴史をたどっていくと大正12年の関東大震災時の震災被災者に対する訪問看護婦の存在につながっていき、災害と保健婦活動とはきわめて深いつながりがあると述べている。

　実際にどのような活動がおこなわれたのかというと、日本公衆衛生協会（1993: 4-5）によれば、「産婆・看護婦に対して2週間の特訓をおこない、被災者家庭の病人、妊産婦、乳幼児を優先的に訪問した。産婆2名、看護婦3名を1班として、班ごとに医師1名を配置し10班を編成して訪問活動をおこなった。大正13年からは、地区の診療所に産婆と看護師3名ずつを配属し常駐させて、訪問看護を中心に地区細民街を計画的に巡回訪問させた」とある。この巡回看護師の仕事も、常駐する診療期間の健康相談から個別訪問先の病人発見、在宅療養者への手当や注意、妊産婦、乳幼児の保健指導、入院や方面委員（民生委員の前身）への紹介や斡旋無料医療券や助産券の公布身の上相談から、夫婦喧嘩の仲裁まで多岐にわたるものであり、毎月の訪問軒数は2,000戸をこえたという（日本公衆衛生協会 1993: 4-5）。これらの活動

表 5-1 保健師という職業の変遷
主に全国保健師教育機関協議会(2012)、日本公衆衛生協会編(1993)を参照し著者作成

年	内容
1859年	英国リバプールで、ウィリアム・ラズボーンが貧困者へ看護婦派遣
1892年	同志社病院に付設された京都看病婦学校がキリスト教慈善思想で巡回看病婦制度実施 ※看病婦：看護婦　伝導看護婦
1902年	聖路加病院に宣教医トイスラー院長：下層階級に保健医療
1916年	東京帝大キリスト教青年会(賛育会)による夜間無料診療所
1920年	聖路加病院に高等看護婦学校
1923年	聖路加トイスラー院長：東京市児童相談所の発案 6歳未満の乳幼児とその保護者を対象、地区の訪問看護始動を実施 都市における公的なものとしては日本最初　予防中心の健康指導型行政へ ※関東大震災により中断
1923年	関東大震災：恩賜財団済生会が住民のバラック生活に巡回診療と訪問看護活動 →発災半年後に震災救援事業費の打ち切りから廃止されそうになったが済生会は経常費により存続　→巡回看護制度の発足、巡回看護婦の組織化 →地方の済生会診療期間も昭和16年までに巡回看護制度を取り入れる ・慈善事業から社会事業化、医療民主化への貢献をはたす ※保健婦の制度化への影響大
1924年	賛育会が妊婦家庭への毎月一回の巡回、予防的始動
1924年	大阪市立堀川乳児院が訪問看護婦として産婆や看護婦採用
1925年	聖路加トイスラー院長：アメリカから公衆衛生看護婦のヌノ氏をまねき教育重点化 京橋区内に学童健康相談、予防を兼ねた治療
1928年	・日本赤十字社大阪支部病院による看護婦の家庭訪問 　大阪乳幼児保護協会：小児保健所の設置 ・聖バルナバ小児保健所：乳児死亡率の高い地区を対象にその後も大阪府に保健所開設 　社会事業性を重視し産婆・看護婦ではなく社会事業学部出身のエリート女性を採用 　保健婦と始めて呼ばれるひとたち
1931年	日本赤十字社大阪支部病院が公衆衛生看護の専門教育をうけた看護婦の家庭訪問活動
1937年	旧保健所法：乳幼児、妊産婦、結核患者、感染症患者、精神疾患患者などへの訪問指導の制度化、自治体で働く職種として位置づけられる
1938年	厚生省(厚生労働省)誕生・国保組合の保健施設事業：保健婦活動の推進 国保保健婦
1941年	保健婦規則：地方長官に認定される法的な資格化
1947年	新保健所法：戦後GHQと公衆衛生福祉局による公衆衛生制度改革、人口10万人に1カ所の保健所保健所地区が全国一律的に設定される(大村2012) 開拓保健婦制度実施：無医村での看護処置基準
1948年	保健婦助産婦看護婦法(保助看法)で保健婦が国家資格化
1952年	保健婦助産婦国家試験開始
1958年	国民皆保険
1961年	児童福祉法改正：新生児訪問、三歳児健診
1965年	精神衛生法改正：保健婦の精神障害者への家庭訪問急増
1978年	市町村保健センターの設置：生涯を通じる健康作りのための各種健診の強化
1982年	老人保健法：老人の訪問看護指導事業、リハビリ訓練、基本健診、がん健診
1994年	地域保健法：地域保健をおこなううえでの国、都道府県、および市町村の責務を規定 →保健所を含む地域保健関連施設、民間団体、および住民を方眼した地域ケアシステム ・市町村主体、→保健・医療・福祉における保健所の役割の検討　(平野1994) 　保助看法の改正により男性の保健士誕生
1997年	介護保険法
2002年	男女ともに保健師という名称に統一される

表 5-2 保健師による重点的な活動・新たにおこなわれるようになった活動の推移
日本公衆衛生協会編（1993）をもとに著者作成

保健師規則制定前後	・トラコーマの撲滅　・寄生虫予防や結核などの感染症対策 ・妊産婦、乳幼児の保護　・栄養・生活改善事業
昭和20年代	・開拓保健師の活躍 ・急性伝染病、結核、寄生虫、トラコーマ、性病に関する活動 ・受胎調節実施指導業務 ・母子保健に関する活動（乳幼児の栄養改善、赤ちゃんコンクール、くる病健診など）
昭和30年代	・成人健診活動（がん健診）　・乳児死亡ゼロの運動 ・新生児訪問指導、未熟児訪問指導、三歳児健診 ・ポリオ流行に対する活動、成人病に関する活動
昭和40年代	・ねたきり老人の訪問活動　・精神障害者の訪問活動 ・公害患者の訪問活動　・地域リハビリに関する活動 ・障害児に対する訪問活動
昭和50年代	・一歳児健診　・健康づくりに関する活動 ・難病患者、在宅療養者の訪問活動 ・アルコール依存症、薬物依存症に関する活動 ・登校拒否児、被虐待児等に関する活動 ・老人保健法に関する活動
昭和60年代	・エイズに関する活動　・思春期の子どもに関する活動 ・痴ほう症老人に関する活動 ・子育て支援に関する活動　・精神障害者のデイケア　・作業所作りの活動 ・在日外国人の健康問題や子育てに関する活動

　に本章で見る保健活動の前身を見いだすことができる。関東大震災以降は表5-1にみるように各地で巡回看護が活発化していく。都市部における活発化は、保健師が社会事業としての保健活動の役割を担うようになる歴史と重なっており、感染症予防から、初期は母子保健、障害者保健、高齢者保健というように、その時代ごとに保健師の対象となる年齢層が拡大していくことが、表5-1からもみてとれる。

　表5-2はそれぞれの年代別にどのような活動が重点的な活動、新たにおこなわれるようになった活動について、日本公衆衛生協会編（1993）の記述をもとにまとめたものである。

　表5-2を見ると、その時代ごとに保健活動に新たな活動が加わってきたのが分かる。保健師という職業は時代から要請された職能に忠実であり、その時代時代ごとに、多様な職務を多様な場所でおこなってきたということは、保健師の災害支援をとらえる上での重要な前提である。柔軟なかたちで専門

知識と技能を時代ごとの地域内の健康課題に応用してきた実践力は、災害という何が起こっているのかすら分からない状況で、逆に何をどのように明らかにすべきかということを専門職の視点から問い、それに対応していくさいに、第2節で後述するように、活かされてきた。

3-2 国内における保健師の活動の特色

このような多岐にわたる活動のなかで、本書ではその活動内容よりもまず活動形式についてまとめてみたい。時代ごとに保健師の活動は変化してきたが、中でも近年、家庭訪問や地区担当制の変化がみられ、そのことに関して保健師の間でも、保健活動のあり方や保健師教育のあり方が問い直されてきた（厚生労働省 2007）。その中に生じたのが東日本大震災であり、東日本大震災での保健活動を契機に、さらに保健師教育のあり方が問われるようになっている[5]。そのなかで問われているものとして以下の二点についてとりあげる。一つは地区担当制、もう一つは家庭訪問技術であり、どちらも保健師の職能として特徴的なものである。

(1) 地区担当制

まず、保健福祉行政の担い手である保健師の活動のなかで、地域社会に密着した活動として保健センターの保健師の活動がある。表5-2にまとめたように、戦前戦後の受胎調整指導や乳児死亡率の軽減が課題となっていた時と異なり、現在の市町村保健師は、母子保健指導として乳児健診や三歳児健診、成人に対しては健康づくり活動、精神保健、生活習慣病予防、介護予防をおこなっている。これらの活動をするにあたって従来は地区担当制という活動形式がとられてきた。

地区担当制とは、勤務する保健センター（ないし保健所）の管轄する地域内の、さらに特定の一つの地区を保健師がまるまる担当し、その地区内の生活習慣病、健康づくり、介護予防、育児相談、精神疾患患者への支援、身体障害者への支援といった包括的な健康課題に取り組む体制である。

全国各地で戦前戦後に保健活動は展開されてきたが、駐在保健婦は、地区担当制の前例の一である。木村（2012: 7-8）によれば保健婦駐在制とは、本

来保健所内に拠点を置いて活動するのが一般的である県保健婦が、管内各地に駐在し、保健所長の指示の下、日常的に住民の衛生管理をおこなう形態であり、総力戦体制下、警察官の駐在制度に倣って県民憲兵政策を支える目的で 1942 年に国の指導により実施された。その後、敗戦を機にいったんは停止、戦後改革期の 1948 年 12 月から唯一高知県で継承され、高知方式と呼ばれて定着したという。地域保健法の完全実施の方針（公衆衛生業務の県から市町村への移管）に伴い、1997 年 4 月いっぱいで廃止された。

　より具体的には、さらに木村（2012）によると、保健婦駐在制は、複数の町村に交番のような保健婦駐在所の形式で 1942 年に、全国的におこなわれた保健活動の形式である。しかし戦中と戦後を経て 1947 年には廃止される。その後高知方式として高知県でのみ存続された。当時は、市町村役場のなかに保健師の机を置いた形式、役場の中に独立した部屋を置いた形式、合併前に旧役場だった建物を引き続き利用した形式、保健師独立の駐在所を建てた形式、公民館のなかに設ける形式、駐在警察官が不在になった後の建物を再利用した形式、農協の事務所内に置いた形式など、さまざまな形式で駐在型をとり、一人の保健師が 2 から 3 の町村を受け持ったという[6]（木村 2012: 79）。

　当時の活動内容は、結核撲滅、乳幼児・妊産婦対策、受胎調節普及事業、ハンセン病隔離政策、精神衛生対策、成人病対策など、国家が次々と打ち出す政策を、上から地域に普及させる側面を確かにもってはいたことがわかるが、同時に、地域に埋もれていたさまざまな問題を発見して解決してゆく側面をも併せもっていた（木村 2012: 179）。高度経済成長期にさしかかると、一旦は廃止された保健師駐在制への注目が全国的に集まった。それは無医村の問題が浮上してきたという背景があるが、1994 年の地域保健法により、自治体の保健活動の権限が拡大したことから、高知県の保健師駐在制は廃止された。

　他方で、同時期におこなわれていた保健活動の形式として、開拓保健婦[7]がある。日本公衆衛生協会編（1993: 230-233）によると、第 2 次世界大戦末期おこなわれた緊急開拓事業において、開拓農民の健康管理を目的に、1947 年 9 月に開拓医・開拓保健婦・開拓助産婦設置規則が設定されたさいに、北海道等の開拓地に派遣された保健婦のことである。開拓農家 100 戸に 1 人の

割合で配置されたため、当然その農家の属する地区や地域社会を対象とする地区担当という形式でおこなわれることになるが、単に上からの政策を住民に浸透させるという意味での狭義での公衆衛生活動・保健活動をおこなっていたわけではなく、開拓民の生活全般との関わりがあったことが、開拓保健婦の著作（大西 1985、岩見 2010）からは読み取れる。

中野（2003: 771）によれば、全国の開拓保健婦の9割は北海道に派遣され、林を切り開きジャガイモの芽だけを切り取って植えるというほどぎりぎりの生活をしていた開拓者にとって、開拓保健婦は生活上の相談相手であり、助産婦であり、医師であり、栄養士であり、民生委員であり、教師であり、そして保健婦でもあることを期待されていたというほどに、多様なニーズに対応したものであり、保健師自らが許可を得て医療的な行為をおこなわざるを得ない状況すらあった。そして、1955 年以降は、開拓農業の進展、開拓行政を一般行政へ移行させるための総合的な施策の活用などにより、保健婦の配置は現地駐在から衛生部移管となり保健所へと吸収された（中野 2003: 772）とあり、開拓保健婦は 1970 年の開拓制度が廃止されると農林省から厚労省に移管となり北海道庁の職員へと変わった（日本公衆衛生協会編 1993: 230-233）。

さらにもう一つが国保保健婦である。湯沢（1994）によれば、1938 年の国保組合の保健施設事業として国保保健婦が誕生した。保健所職員として保健活動を担う保健婦である。表 5-1 の保助看法の制定に伴う公衆衛生制度改革により、保健婦については GHQ など進駐軍の強力な指導が行われ、各県 1 か所のモデル保健所の設置、A・B・C 級保健所の基準が設定された（中野 2003: 774-775）。1955 年になると、1 市町村 1 保健所が実施され、1965 年に入ると、健康増進対策強化[8]が進められていく。その後、国保保健婦の制度変更が重ねられ、現在では市町村保健婦としての活動につながっていく（中野 2003: 774-775）。

個々の「保健婦」のタイプは、県や市町村職員として、次第に統合されていく。1994 年に地域保健法が制定されてから、表 5-1 にまとめたように、市町村への地方分権の促進を目的に、市町村の権限拡大にともなう、保健所を含む地域保健関連施設、民間団体、および住民を方眼した地域ケアシステム

の構想や、市町村主体、保健・医療・福祉における保健所の役割の検討（平野 1994）といったことが課題となった。いずれのタイプの保健師の活動形態も複数の地区を担当とし、それぞれの地域社会に住む住民の生活面での指導という点では、開拓保健師のように地区密着型の活動をおこなってきた。

その活動をおこなうさいに必要となる技術が、地区診断ないし地区把握の技術である。これは、どのような疾病が特徴的かという、その地域における疾病構造について、人口統計、年齢層といった基礎的なデータに基づいて、疫学的な手法を用いて把握し、個人を単体としてでなく、地域を全体としてとらえる技術であり、保健師養成カリキュラムの中にも組み込まれている。

看護（婦）教育と比較するならば、看護教育は、「病んでいる病人によい看護が提供できる方法や技術を修得すること」であり、保健（婦）教育は、「それらを基盤に、家族（1人ひとりの家族や家族全員を単位としたもの）や地域（コミュニティ）を形成している人々の健康やQOLの向上に寄与できる方法や技術を学ぶこと」である（金川 2000: 183）。あくまでも、公衆衛生看護の専門職というのが保健師の仕事についての第一認識であり[9]、ドクターが病人を診断するように保健師は地域を診断すること、地域を看護していくこと、まちの持っている力を大切にすること、まちに侵入する外敵からまちや住民を守ること、住民に力をつけてもらうこと[10]といったような、保健師が自らの活動を説明する言葉は、看護師との違いを示している。看護の技術知識をベースにしてはいるものの、市町村や保健所の保健師という職種の特殊性は、地域社会の保健医療福祉行政に携わることにある。

個人を取りまく家族や町という環境から個々人の健康を切り離すことなしに捉えるためにも、そして公衆衛生や予防保健を地区単位でおこなっていくためにも、地区診断ないし地区把握を基礎とした地区担当での取り組みは、とりわけ人口の少なく医師も少ない地方における、地域住民の健康維持にとって有効であった[11]。

成木（1999: 720）は地区診断のポイントとして、情報収集する際には、「保健婦が問題だと感じている事柄に関して重点的に行うこと」、その情報は「活動の実践と評価を繰り返す中で得られる」ということを挙げ、地区診断とは、「こうして洗練された情報の解析によりなされる」という。実践をと

おして担当地区の問題に取り組んでいく様子がうかがえる。この地区診断が地域におけるマス（大衆）に対する包括的な保健指導の方法や計画をおこなう技術であるとするならば、個（個人）に対する個別具体的な保健指導や支援をおこなう技術として家庭訪問があげられる。

(2) 家庭訪問技術

「家庭訪問」は、保健師が受け持ち地区内の戸別の家庭を訪問して、保健指導や支援をおこなうことである。これは保健活動の要としてあげられ、保健師の果たす相談援助機能の手法として位置づけられている。

北岡（2004）によれば、歴史的にみても、「日本での保健婦活動のはじめがまず家庭訪問」であり、保健師の養成テキストにおいて、家庭訪問の意義は、「生活の場としての家庭を訪問観察することでその家族に合った支援の展開、職場にいては見えない生活環境や労働のようすの観察、家族内の関係の把握」と述べられている。大木・森田（2003）によれば、保健師が健康問題を、生活のなかで扱う専門職として、家庭訪問を設定する背景は3点に分類できる。つまり1）法的規定に基づく場合（結核や感染症拡大予防のため）、2）対象者の希望を受けて行う場合（新生児、高齢者、療養者、障害者を含む家庭の相談援助として）、3）本人の積極的な希望がないなかで設定する場合（精神保健相談や児童虐待等の疑われる他に直接会って健康相談を進める必要があると判断した場合）とである。生活全体をとおして一軒一軒に出向きニーズや状態を把握できるという利点がある。

しかしながら、木村（2012: 89）の高知県中村保健所の駐在保健婦がおこなってきた諸活動の1965年から1995年の年次推移では、家庭訪問の割合は1965年ではその年の活動の25.3％を占めていたが、1995年では14.1％であり保健活動内における家庭訪問活動は、全国的にも減少傾向にある。

その理由は、地区担当制から業務分担制へと保健師の仕事が変化してきていることである。平成19年「市町村保健活動の再構築に関する検討会報告書」（内閣府2007）では、2000年の介護保険法、2004年の児童福祉法や障害者自立支援法の制定により、市町村が取り組むべき地域の健康課題は複雑化、多様化し、業務量も増大してきていることをあげている。保健師の活動場所

も、市町村合併にともない小規模の市町村や保健所勤務だけではなくて、地域包括支援センターや合併後に再編された部署へと変化してきた。

平成22年度「保健師の活動基盤に関する基礎調査報告書」[12]によると、現在、地区担当をおこなっている割合を所属組織別に見た場合、省庁では0%、都道府県では9.7%、都道府県型の保健所では16.6%、保健所設置市では42.7%、市町村（市町村運営の地域包括支援センター含む）では36.1%である。他方で、最も時間をかけている業務は、省庁では企画調整（研修・調査含む）、都道府県では精神保健（自殺対策含む）や感染症対策、都道府県型の保健所では母子保健や感染症対策、保健所設置市では地区担当や母子保健、市町村では母子保健であり、それぞれどういった組織に所属しているかで保健師の活動は異なり、地区担当ではなくて、母子保健や障害者保健、高齢者保健などそれぞれの部門別の業務分担とそれぞれ異なる部署ごとへの分散配置という形式がとられることが増えている[13]。

そのなかで、東日本大震災で被災地に派遣された保健師からは、これこそが保健師本来の仕事であるという感想も多く寄せられたという（村嶋・鈴木・岡本 2012）。災害対応がなぜ保健師の職能に関連があるのか。そして保健師のいわゆる職能と災害対応との関連は東日本大震災以降に急に言われ始めたものなのか。急に言われ始めたものではないにしても、東日本大震災と保健師職能とはどのように関連づけられるのか。

4 保健師の職能性と災害対応

4-1 過去の災害と保健活動

表5-1にまとめたように、保健師の制度化の過程や、関東大震災での保健活動の人道支援的性格は、保健師のルーツを考察するさいに重要な点である。関東大震災以後も保健師は自然災害や公害問題、伝染病などのいわゆるリスク・被害に関わってきた。リスク・被害は第2章でも述べたようにその時代の時代性を写し今日多様化している。その都度の保健活動は多様であるが以下にいくつか例をあげて災害時の保健師の活動をみたうえで、災害対応と自分たちの職業との関連性をどのようなものとして捉えているのかを、保健師

の専門誌における活動報告を参照し示す。保健師自らによる記録である。

1959年の伊勢湾台風では、水上に取り残された在宅避難者に対して医師と保健師による心身の診療と応急治療がおこなわれたほか、被災地となった津島保健所管内と、避難所になった稲沢保健所管内に保健師と保健師学生の延べ1,000人を動員し、健康状態の観察と保健指導、妊産婦乳幼児の保健指導、結核患者の発見と隔離、伝染病の発生予防、被災者の精神衛生指導、共同生活に対する日常生活指導をおこなっている（日本公衆衛生協会編 1993: 210-211）。

1972年の高知県における集中豪雨での山崩れによる生き埋めでは、次々に運ばれる遺体の一部の中で一つの腕が運ばれてきたときに、その「毛深く特徴のある腕」に見覚えのあった保健婦により、その腕の持ち主が誰か判明したことや、腹部に手術創のある胴体が運ばれてきたときに保健師が最近腹部手術を受けたことのある人物を思い出して、個人が特定されたという事例があり、遺族の心身のケアにも従事している（日本公衆衛生協会編 1993: 212-215）。高知県では、延べ159人の保健師が23日間の活動をおこなった（日本公衆衛生協会編 1993: 212-215）。

阪神淡路大震災での保健活動について、阪神・淡路大震災保健婦活動編集委員会編（1995）では、1995年の3月末日までに保健活動に関わった保健師のうち、被災地の保健師255人と、県内の保健師262人、全国の保健師846人にアンケート調査を実施している。その全ての保健師の活動状況を時期別に見ると、1月下旬の段階で実施されていたことが多い活動の上位5位は、避難所巡回が1位で62.2%、2位が物資の調達搬送で38.9%、3位が救護所での診察介助で30%、4位が関係機関との調整で29.4%、5位が所内整理片づけで26.2%である。2月下旬になると、それぞれ高い順番に避難所巡回が57.3%、フォロー者の家庭訪問が35.7%、関係機関との調整が29.9%、依頼者の家庭訪問が20.1%、保健活動の集計が18.8%となり、3月下旬になると、避難所の巡回は55.6%、フォロー者の家庭訪問が35.5%、関係機関との調整が28.2%、仮設入居者巡回訪問が22.1%である。避難所巡回は、いずれの時期でも多いが、2月3月になると家庭訪問の割合が高くなってくる。

同じく阪神・淡路大震災保健婦活動編集委員会編（1995）によると、した

かった活動と実際の活動を神戸市や兵庫県の保健師に聞いたところ、実際の活動、つまり実際におこなった活動としては1月下旬の段階で避難所巡回や救護所の診察介助があがっているものの、したかった活動、つまりしたかったが実際にはおこなうことのできなかった活動を聞くと、避難所巡回と同じくらいに、「全戸健康調査」や「フォロー者の家庭訪問」が上位にあがる。これに関する、個々の保健婦は「自分の担当の受け持ちケースを含めて従来から関わりのあるケースの安否確認、ケア提供の必要性を感じていたといえる」という考察や、「家庭訪問についてはニーズをつかみたいという意味が考えられる。全戸訪問を実施したいという思いが感じられるが、実際には実施できていない」という考察からは、保健師が家庭訪問や平常時から担当していた人々の安否確認とケアを自らの職業の重要事項として認識していることが読み取れる。

これと関連し、1995年8月8日の読売新聞には保健師の思いについて、「地域見つめる保健婦の目　医薬品配布などに負われ私ら、こんなことしていて、ええのやろか」という見出しで、保健師へのインタビューが紹介されている。

> 私ら、こんなことしていて、ええのやろか。神戸市中央保健所で、保健婦からそんな声があがったのは、1月20日朝、震災以来初めて10人の保健婦がそろい、第1回のミーティングをしたとき。それまで保健婦も、遺体の搬送・傷病者の手当て・医薬品配布などに追われてきた。しかし、彼女たちは気が気ではなかった。避難所の体制は整いつつあるが、地域に残っている住民の情報が全く入ってこない。自分が担当する地区の寝たきり老人や難病の人たち、母子はどうしているだろう。避難所に行けない弱者が、地域に取り残されているのではないか。地域の人々の安全を守るのが、保健婦本来の仕事ではないか。

記事からは、救護活動ではなく家庭訪問でのニーズ把握や被災者ケアを優先したかったという気持ちがみてとれる。

2000年3月28日の有珠山噴火災害では、羽山・大道（2004）によると、

保健師は、4月3日までの初動期は、町外に離散した住民からの電話相談、医療・福祉機関やサービスの調整、避難所の医療福祉物資の調整などに従事し、避難所生活者の健康調査や環境整備、健康管理台帳・ハイリスク対象者マッピング・保健活動様式の整備をおこなっている。6月18日までの応急期では、応援者・協力者の現地活動の調整や避難所の健康課題の把握と対応、近隣の社会資源活用のための調整をおこなっており、要介護者や障害者、母子などのハイリスク者への支援、慢性疾患患者の治療継続のための調整、介護保険対象者のケアの調整、こころのケア、育児や子どもの健康支援、生活環境の整備といった課題に対して他機関と連携して支援活動をおこなっている。

　その後の復興期では、要介護者や障害者、母子などのハイリスク者への支援の他に、仮設住宅への入居早期からの体調不良や疾病の悪化、閉じこもり傾向や生活管理の不十分さということが課題に挙がっており、1年後に健康調査を実施している。保健計画として、既存の保健事業の強化・活用、こころのケアを視点にして健康影響を最小限にすること、仮設住宅などで離散して避難生活を継続する住民に対する地区活動の展開を設定している。保健師の業務は災害のフェーズごとに異なっている。地区活動の展開は孤独死防止につなげられ、仮設住宅住民への健康調査をおこない、課題提示に役立てるというように、公衆衛生の知識を活かした活動をおこなっている。

　自然災害以外でも2002年から2003年にかけての、SARSのような感染症への対応をした台湾の保健師に対する訪問調査（田中・春山2004）では、保健師はまずSARSの患者と接触のあったひとに面接をおこなって隔離対象者を決定し、その隔離者に対して家庭訪問をおこない、健康状態の確認と隔離規定が守られているかを確認する。台湾の保健師から最も大切な保健師の役割として聞いたことは、隔離者が差別を受けたりしないように配慮することだったという。保健師が16名の衛生所でA級隔離者が900人、B級隔離者が1150人出た地区では、ボランティアを活用しながらの感染予防の徹底や、一般住民のなかでも慢性疾患をもつ高齢者への治療が中断されないようにすることが配慮された。公衆衛生とあわせて隔離者へのケアもまた重要な役割であったことがよみとれる。

2004年の新潟中越地震、2007年の新潟中越沖地震でも、全国規模の保健師派遣支援がおこなわれている。保健師の派遣状況を見てみると、災害対策基本法第30条の職員派遣の斡旋に基づいて、国内で保健師の全国派遣活動がおこなわれた新潟県中越地震では延べ5,585人、新潟県中越沖地震では延べ3,538人である（奥田2008a: 217）。ちなみに、東日本大震災における実際の派遣件数は、全国衛生部長会会員自治体もしくは保健所設置市が、自らの職員が含まれるチームを災害時に派遣したもののうち、医療・福祉・保健の職種別の派遣人数では、保健師が6,704人（29.5％）と最も多く、次いで、看護師が3,997人（17.6％）、事務職が3,975人（17.5％）、医師が3,738人（16.4％）である（日本公衆衛生協会2012: 17）。派遣される職員数からみても保健師の数は大きく、自治体の災害時の広域連携において保健師の役割は災害対応において大きい。

　奥田（2008b: 315）によれば、阪神淡路大震災ではフラッシュ症候群やPTSD、孤独死が健康課題として新たにとりあげられたが、新潟中越地震ではエコノミークラス症候群と生活不活発病が、新潟中越沖地震では熱中症と原発事故の影響による健康不安が新たにとりあげられた。中越沖地震ではそれらの前例にもとづき早期から啓発パンフレットの配布や健康相談がおこなわれた。保健師もまた自治体職員として業務をおこなうため、地域保健活動に専念できる体制を整備するのが困難であったが、一方で地域住民からは、小規模な避難所にも長期的な保健師の常時固定配置を求める声や、在宅ケースへの訪問要請などのニーズが早期からあったという（奥田2008b）。

　新潟県刈羽村の保健師は、災害時要援護者に該当する住民の多くが避難所に避難していないことを把握し、避難所生活が困難と思われる被災者に村内のデイサービスセンターへの避難を勧めている。また、保健活動の重点を避難所から地区活動へと早期に移行することが必要と判断し、保健師の活動は地域全体活動へとシフトさせている（奥田2008b: 316）。山田（2008）によれば、新潟中越沖地震では、健康福祉ニーズ調査が実施され、被害の大きい地域を全戸訪問している。

　東日本大震災では岩手県・宮城県・福島県の3県で、県外から派遣された者は2012年3月31日調べで、計7,002人（保健師の活動人数では48,193人・

日）であり、ピークは、2011年4月で最も活動人数が多い（日本公衆衛生協会「被災地への保健師の派遣のあり方に関する検討会報告書」より〔2013〕）。

　前節でおこなった地区担当・家庭訪問といった保健師職能に関する議論も東日本大震災以前からなされている。阪神・淡路大震災のさいにも既にその災害時での重要性が、保健師の間でも認識されていた。前述した阪神・淡路大震災保健婦活動編集委員会（1995）でのように、保健師が本来望む活動がおこなえていないことが示唆され、保健師の効果的な派遣のあり方が議論されるに至っている。

　災害発生後は、その災害が起きた地域の保健所保健師だけではなく、県内の市町村からの応援保健師、そして県外の市町村からの派遣保健師が災害時の保健活動をおこなった。奥田（2008a: 217）によると、阪神淡路大震災での派遣延べ人数は9,732名で、1日あたりの派遣保健師人数は兵庫県では20名、神戸市では52名である。新潟中越地震では延べ人数は5,585名、一日あたりだと91名、新潟中越沖地震では3,538名、1日あたりだと69名である。

　「大規模災害における保健師の活動マニュアル」（全国保健師長会 2006: 18）では、派遣保健師を含めた保健師の活動を、救護活動、被災者一人一人への声かけ、予防教育的な関わり、生活支援といった「直接支援」と、全戸家庭訪問で把握したニーズを健康ニーズとして集約し必要な支援を明確にする「ニーズ集約」と、現地の保健師が中心となったさまざまな支援者の配置や調整などの「調整業務」との3点にまとめる。

　「ニーズ集約」の箇所では、災害後にはライフラインの復旧と共にフェーズが移り変わり、生活環境が一刻も早く整えられなくてはならず、そのために何を優先して取り組んでいくか素早く判断する局面が生じる。「一人一人への声かけは同時にニーズを把握する手段ともなり得る」（全国保健師長会 2006: 18）とまとめられ、誰がどのようなニーズを抱えているのかをその都度の状況ごとに判断していくこと、ニーズを支援へとつないでいくこと（調整）が保健師の災害対応として重視されている。

　本書でいうとヴァルネラビリティの内容については、あらかじめハイリスク者という言い方で保健師の日常的な活動の対象となっている高齢者や障害

者や妊婦・母子などの人々やその社会的属性ごとに、ニーズはある程度予測可能である。けれども、対象とされない人々であっても、その都度かかえるニーズは多様である。ヴァルネラビリティの程度という観点からみると、災害時要援護者やハイリスク者ではなくとも、誰がどの程度のヴァルネラビリティを持つかという点は予測不可能である。被害を社会的属性のみに結びつけて考察することはこの意味で限界がある。限界に対して保健活動のマニュアルにあるような全戸家庭訪問によるニーズの把握は、健康ニーズの把握と対処という点で有益である。

　保健活動で発見されるべき健康ニーズは、怪我、パニック、低体温症、クラッシュ症候群といった緊急時の人的被害対応だけではなく、血圧、体温、服薬状況や、産褥期母子の健康状態の把握、精神面のPTSDや不眠、エコノミークラス症候群、感染症、アルコール依存といった健康状態悪化への対応、震災関連死、自殺の予防、生活不活発症、慢性疾患悪化の防止、医療資源インフラ自体の被害や医療費無料化打ち切りによる住民の健康への悪影響の防止など、多岐にわたる。状況が分からないなかでも、緊急時の健康支援の方針と支援内容の連続的な決定が要請される。この点で、津波被災による健康ニーズは、エコロジー問題や産業社会のリスク論とは形式的には類似しているが内容的には距離があるものである。

　問題は、ニーズの不確実性は高くはないが、ニーズが個別具体的な現れ方をするという点である。保健師のおこなう被災者救援やケアの場面では、未来に予測される健康面での多義的な被害や、現時点の被災者の状況から見て悪化を予防すべきリスク要素に対する個別ケアが重視される。東日本大震災以降も保健師の派遣を続けている市町村もある。効果的な保健師派遣の方法と人員の増員の意義を明確するとともに、関係機関との連携の実態と課題を明らかにしていくことは次の災害への対策として重要である。

4-2　東日本大震災と保健活動・保健師派遣

　では、東日本大震災ではどうだったのか。本書では、想定上は予測不可能で特定されないニーズを含む多様なニーズに対する災害支援の実践可能性や体制について考えるとき、保健師という専門職の活動を重要な一例として位

置づけるので、事例を挙げる。

　災害時の保健師に関する社会学の立場からの言及は、阪神淡路大震災では、元看護師が中心となった阪神高齢者・障害者支援ネットワークの個別訪問の事例がある。この支援ネットでは、保健師らが定期的に訪問する以外にも、必要と考えられる場合には、ふれあい訪問としてボランティアが定期的に訪れていた（三井 2008: 95）。

　新潟中越・中越沖地震の松井（2011: 150）の研究では専門ボランティアとして福島県など県外から来た保健師のチームの活動が挙げられている。地震直後から継続的に滞在して、避難所に避難している人々の健康管理や、地域に出かけての健康相談にあたり、コーディネーターが町内会単位でおこなったアンケート調査などをもとにしてニーズを取りまとめ、それを記載した地図をもって、保健師と民生委員のチームで地区を巡回したとある。住民が緊急被害調査を実施し、血圧上昇、怪我や気分の不調等の記載事項を地図にしてそれを手に保健師チームが巡回したという例である。

　このような事例をふまえて、以下に東日本大震災の保健師の活動事例をとりあげる。災害時の保健活動は感染症や健康指導などの狭義での公衆衛生のみではなくて、ニーズの把握や災害時要援護者への付き添い、政策提言など多岐にわたる。東日本大震災は市町村全体がまさに壊滅的な被害を受けているため、保健師の活動は災害対応だけでなく地域社会の再生にまで及ぶ。広域型の災害ゆえに、保健活動がおこなう内容は多い。以下に専門誌における活動報告の概観を主に行うが、岩手県大槌町については、一部聞き取り調査を基にしてまとめる。

(1) 市町村勤務の保健師の活動　緊急時から避難所期

　最初に、被災市町村の市役所や保健センターに勤務していた保健師の活動である。勤務先が被災地である場合、全国から派遣されてくる保健師チームの活動の調整や役割分担を、その被災地の保健師がおこなうことが期待されていた。保健師は全国的な職業ネットワークを有しており、また専門職であるがゆえに、活動内容として、疫学や家庭訪問、健康調査、政策提言に関する知識とノウハウが共有されている。専門職としての強みと看護師資格を活

用して、どのような対応がおこなわれたのかについて、事例を以下にあげる。

いずれの事例も緊急時の混乱した状態のなかで、何を明らかにするべきか、支援を必要としているのは誰かということを念頭におきながら支援活動が展開されている。これらの活動は、その都度の「特定化されるべきニーズ」を明らかにするための活動であり、何が生じているのかがわからない状況に柔軟に対処している活動である。保健師は、発災直後から、自主的に保健活動をおこなっており、災害時要援護者を含むその都度の要支援者を支援機関につなぐことが重視されている。看護師資格に基づき、健康ニーズに焦点を当てた調査をおこないうるのは、保健師が中心となった保健師チームの強みである。

宮城県石巻市では、本庁健康部健康推進課の保健師17名が一部を残して、救護活動として低体温症の対応を翌3月12日に医師が来るまでおこない、避難所での感染症予防、夜間せん妄への対処として避難所からたびたび通報を受け付き添った（『地域保健』編集部 2011: 18-27）。個別対応では人手が足りないため、看護協会から人を派遣してもらい、地元の保健師は巡回しつつ健康状態チェックをして支援が必要な人を関係機関につないでいる。6月に県外から派遣された保健師の協力を得て、仮設住宅入居世帯健康調査をおこない、過去のボランティア活動の経験や将来サークルをやってみたいかどうかも尋ねて、情報を収集し、コミュニティづくりも兼ねた基礎資料としている。仮設住宅での健康相談会、運動教室、お茶のみなどを、保健師がコミュニティづくりのきっかけとして準備した。仮設住宅での健康課題として、アルコール問題の悪化、DVの問題があがっており、問題への対処も保健師と関係機関が連携して対処していた（『地域保健』編集部 2011: 18-27）。被災後の数ヶ月後に必要となるコミュニティづくりにも配慮した健康調査や、医師がくるまでの応急処置といったことは、看護師の資格と保健師としての経験の双方がないと成り立たない。県外からの派遣保健師と地元の保健師とは共に、保健師という資格を持つ専門職であるため、健康調査にあたっても共有している知識やノウハウを活かしてチームとして活動しえた。これは保健専門職の強みである。

岩手県宮古保健所は、近隣住民の避難場所になり、保健師も健康管理や炊

き出しにあたっている。県外からの保健師チームの派遣保健師の協力を得て、避難所の健康管理だけでなく、家庭訪問のローラー作戦をおこない、集まった報告を市町村の保健師につなぐなど、派遣チームの受け入れと調整、情報集約の役割を果たし、医療チームや心のケアチームとの合同ミーティングにも保健師は参加して情報の一元化を目指した（藤山・島香・佐藤・斉藤 2012: 164-165）。仮設住宅ができはじめると、新居の入居者があるたびに全戸訪問をおこなった（藤山・島香・佐藤・斉藤 2012: 164-165）。ここでも県外から派遣された保健師と、地元の保健師が健康調査のために必要な知識やノウハウを共有しているからこそ、協働で活動が可能であった。地元保健師は調整役、派遣保健師は家庭訪問の実働というような役割分担のもとに、組織的な活動がおこなわれている。

　宮城県女川町は、人口の約1割が犠牲になり犠牲者の割合は宮城県の被災地の中で最も多い。保健師は震災当日、役場の屋上や民家に避難し、翌日に高齢の透析患者を車椅子に乗せて総合体育館へ向かった。避難所に救護室を設営し、発災後の3月17日まで宮城県と衛星電話がつながらず、18日に鳥取県の医療チームの派遣を受けた。町内に応援の医療チームをどのように派遣するか、避難所巡回による仕組みづくりと支援の要請に追われた。薬が必要な人、定期的な透析や輸血治療が必要な人、また、精神疾患の人への対応も必要だったので、福祉係なども一緒に避難所を回って病院につなぐなどした（藤山・島香・佐藤・斉藤 2012: 165-166）。

　避難所での活動としては、感染症予防の他に、もともと糖尿病治療者が多いという地域特性を配慮し、避難所の食事の改善（1日2食から3食への改善）を災害対策本部に何度も栄養士とともにかけあい、5月に3食へと改善させた（藤山・島香・佐藤・斉藤 2012: 165-166）。ここでは通院や診察の必要なハイリスク者へのケアと同時に、平常時から勤務している女川町の地域特性を考慮して避難所の食事に対する予防的な改善がおこなわれた。他にも、緊急時に指示をあおげない状態であっても、避難所での救護室の設営が臨機応変におこなわれた。

　岩手県大船渡保健所では、被災直後から2ヶ月間は、保健師2名が管轄の大船渡市と陸前高田市のそれぞれを地区分担で担当した（花崎 2012）。岩手

県陸前高田市は、震災前は9名配置されていた市の保健師のうち6名が津波により死亡ないし行方不明となり、残った3名のうち1名が入院し、保健体制が大きな被害を受けた。そのため、全国からの派遣保健支援チームの統括調整役を陸前高田市の保健師が担うことができず、大船渡保健所の保健師が代わりに担い、愛知県名古屋市から長期派遣で派遣されてきた名古屋市の保健師がそれを引き継いだ。陸前高田市では、8つの町ごとに、全国から派遣された保健師で構成された支援チームがそれぞれ担当するという地区担当制とした。その後、健康・生活調査として全戸訪問をスタートし、要支援者を把握、調査を集計・分析して保健福祉活動に活かすとともに、支援者台帳整備、保健医療福祉復興計画の話し合いに活用した（花崎 2012）。避難所期での保健活動は、避難所の環境整備、住民の健康状態把握、健康相談の実施、感染症予防、食中毒予防、エコノミー症候群予防、要援護者の把握、保健・医療・福祉機関との連携というように、他の被災市町村でおこなわれている活動と類似している。

　仙台市若林区では、市役所や区役所の建物被害は少なく、発災直後は、若林区の保健師12名を避難所10箇所に配置し救護活動をおこなった。電話はもちろん防災無線も機能しないなか、人工呼吸器や在宅酸素、人工透析などの重症患者を緊急搬送へとつなげるのに困難をきたし、職員の通勤用の自家用車で搬送することもあった（及川 2012: 179）。派遣保健師とともに、区内を3ブロックに分けて担当し、担当ブロックに滞在型の保健活動において、避難所支援、医療機関や福祉避難所への連絡調整、在宅被災者の状況確認および自己健康管理の啓発グッズ配布、健康相談がおこなわれた（及川 2012: 179）。3月23日からは在宅被災者の状況把握のために保健師チームと地域包括支援センターの職員の協力で在宅被災者訪問をおこない、こころのケアチームや医療チームと連携して支援につないだ（及川 2012: 180）。担当ブロックごとの保健活動は地区担当制といった保健活動と類似しており、ブロック単位での保健活動をいきわたらせることは、個別具体的な健康ニーズを抱える被災者支援としての保健活動にとって有効だった。

(2) 市町村勤務の保健師の活動　仮設住宅移行の段階

　避難所期を経て、仮設住宅への移行期には新たな健康ニーズや健康課題が予測される。この時期には継続的な支援活動が重要であり、健康ニーズの継続的な把握だけではなくて、社会関係づくりに対する、保健師による支援活動がおこなわれる。仮設住宅への移行にさいしても、入居されるたびにその都度、戸別訪問や全戸訪問調査や健康相談が、継続的におこなわれてきたが、仮設住宅入居者同士の社会関係づくり（地域的な繋がりづくり）も保健指導の場面で配慮されていたことが分かる。

　先の仙台市若林区でも、仮設住宅での入居にあわせて、7月から12月までの間に全戸訪問調査を実施し、ハイリスク者の個別支援、集会所での健康相談・指導、サロンや介護予防防止といった入居者同士のコミュニティの形成（及川 2012: 180）がおこなわれた。特徴的なのは、コミュニティの形成というかたちで仮設住宅での住民のつながりの形成を支援することもまた、保健活動の一つとされたことである。いわゆるみなし仮設と呼ばれる民間賃貸住宅入居者への訪問調査もおこなわれ、ハイリスク者を地域包括支援センターや医療機関へつなぎ、保健師や看護師の訪問を継続した（及川 2012）。仮設住宅への入居時期や自治会の発足時期により、被災者の生活の安定に違いがみられる。基礎疾患の悪化やPTSDの出現の仕方は被災者1人ひとり違うため、きめ細やかに個別の健康状態を把握する必要があるという（及川 2012: 181）。

　この違いは被災後2年ないし3年後に際立ってくる問題であり、ニーズの発見の重要性を示している。仮設住宅の避難者のみではなく、みなし仮設や在宅避難者に対しても支援と訪問活動をおこなっているのは、保健師が家庭訪問を重視していることの帰結である。さらに個人単位の支援とあわせて健康教室やサロンというかたちで、その地区の住民全体を対象とした会合を企画することができる。

　津波被災によって新たに生じる健康課題にいち早く対処するという観点も、災害時の保健活動において重視されている。宮城県女川町はもともと年間の自殺者数が1人以下という低リスクの地域であったが、その地域を管轄していた保健師はこころのケアや自殺予防に、被災後取り組んでいる（藤山・島香・佐藤・斉藤 2012: 169）。「女川町は住民全員が被災者なので、ハイリスク

者だけをピックアップする仕事ばかりしていては、それ以外の層から脱落していく人が出るだろうと思います」(藤山・島香・佐藤・斉藤 2012: 169) という保健師の意見は、事前にハイリスク (＝災害時要援護者) であることが予測しうる層だけではなく、被災後の状況次第でその程度を予測できないようなヴァルネラビリティのあり方を端的に示している。些細な心身の不調であれ、相談への敷居を低くすること、ハイリスクの健康リスクの高い層だけを医療につなげるのではなく、広く住民に目配りし早い段階から支援を行きわたらせること、といった保健活動のあり方について、「公衆衛生としての心のケア」(藤山・島香・佐藤・斉藤 2012: 169) という言い方で指摘されている。

あらかじめハイリスクとして想定されないような住民に対しても、支援の入り口を準備しておくことは、事前に特定可能・特定不可能な多様なニーズを発見しやすくし、対処することをも容易にし、スペクトルとしてのヴァルネラビリティを前提にして、より悪い状態へと移行するのを防ぐ手段としても有効であろう。平常時からの予防的な観点を重視する保健活動との連続性をみてとれる。こころのケアについては被災後の長期的な過程においてそのニーズが次第に高まっていくため、時間軸上のニーズの推移を予測してこその対応である。

このように、地元保健師が被災前と被災後の健康課題の変化を敏感にとらえて活動していくことを可能にするためにも、派遣保健師や応援保健師というかたちで、被災地外からの保健師による保健師への支援が重要であることも言うまでもない (詳細は第 7 章を参照)。

では、被災地外からの保健師は、どのような支援活動をしていたのか。

(3) 派遣保健師・ボランティア保健師の活動

被災市町村が属する県や市から被災地に派遣される「応援保健師」や、全国の他の県ないし市からの派遣される「派遣保健師」は、東日本大震災においても多かった。これらの保健師たちは、災害救助法が終了した 2011 年 8 月末まで、多くの被災市町村で活動していた。避難所運営の支援のほかにも、健康調査や家庭訪問の実働を行っていた。以下にその一例をあげていく。

高知県から宮城県南三陸町に派遣された保健師の事例では、3 月 17 日に

保健師を派遣した段階では、南三陸町の保健福祉課長の所在が確認できなかった（その後死亡が確認された）。住民基本台帳や介護保険、予防接種などの台帳類も全て無く、情報は地元保健師の頭の中にしか残っていないなかで、兵庫県の保健師が持参した健康調査票をもとにして、地区を分担して在宅被災者の訪問健康調査（ローラー作戦）を実施したことが報告されている（田上 2011）。対象地区の区長、班長、健康推進員を通じて、保健師による家庭訪問調査をおこなうことを周知してもらい、健康推進員とともに家庭訪問をしたという（田上 2011）。

同行した田上によれば、「高知空港を出発する時、私に災害支援ができるだろうかと不安いっぱいで語っていた新人保健師が、帰る前には飛躍的に成長していた。保健所保健師であるため、平時には特別なケースしか訪問活動をしていない。そのため地域という言葉には怖いイメージしかもてていなかったのである。彼女は大学で地域看護とか公衆衛生看護の違いを習ったが、今回の経験で初めてその違いを理解できたように思うと熱く語ってくれた」という（田上 2011: 756）。

この報告からは、これらの派遣保健師が災害支援を経験することが、保健師の職業教育ともなっていたことがわかる。南三陸町でおこなわれたローラー作戦は、協力者などの地域・人的資源の把握のうえで 1 軒 1 軒を訪問する活動であるため、地区把握と家庭訪問という保健師の職業的な特色が反映される活動であり、活動をとおして保健師という専門職像がうきあがるといえる。

同じく、派遣保健師の事例として、静岡県では岩手県遠野市に現地調査本部が設置された。静岡県からは仙台市に対して 5 名、岩手県山田町に対して延べ 53 名保健師を派遣し、県保健師と市町保健師の合同チームを編成し感染症対策や災害対策についての広い視野と、母子保健や介護保険など地域住民への個別対応力の両者を兼ね備えたチーム活動が重視されていた（土屋・川田 2011: 763）。このように、平常時から保健師は勤務先ごとに業務が異なるために、それぞれの保健師の得意分野を活かせるような派遣体制が組まれている。これらのチームによって、被災者に対する保健活動（健康相談、こころのケア相談、ケース調整、衛生状態）や被災住民への家庭訪問（安否確認、

被災者の継続訪問と健康相談、訪問マップ作成)、要支援者台帳作成(家庭訪問の結果、継続的経過観察が必要な者の台帳作成)、乳幼児健診の支援がおこなわれた(土屋・川田 2011: 763)。どこの地域においてもそれぞれの勤務先で保健師がおこなう業務は類似している。市町村の職員としての保健師業務の共通性は、派遣保健師の活動において、活動の場所が被災地での活動へと変わっても、活かされている。

　もう一つ、保健師職能を示す派遣保健師の活動として特徴的なのが、岩手県大槌町の事例である。国や市町村からの派遣というかたちではなくて、ボランティアとして全国から保健師が集まり、組織的な支援活動をおこなったという、数少ない事例である。岩手県大槌町では、人口の1割以上が死者・行方不明者となり、町の医療機関も被災・流出した。そこで大槌町に過去28年勤務したベテラン保健師である鈴木るり子保健師[14]は、国が主導する災害時保健師派遣事業の枠をこえて、一般社団法人全国保健師教育機関協議会、NPO法人公衆衛生看護研究所、全国保健活動研究会をとおして、大槌町の全戸家庭訪問調査への協力を呼びかけ[15]、全国から137名の保健師が参加した(村嶋・鈴木・岡本 2012)。

　全戸家庭訪問の目的は、震災後1ヶ月半の時点で、大槌町民の健康状態を家庭訪問によって把握し、支援が必要な人を見出して支援につなげること、安否確認により住民基本台帳を整備することであり(村嶋・鈴木・岡本 2012: 14)、全国からボランティア保健師が活動に参加して、個別具体的なヴァルネラビリティへの対処とともに、津波災害後の人口ピラミッドの作成にあたった。1ヶ月半という早い段階で、大槌町の地元保健師として活動していた鈴木保健師が保健師のマンパワーを使い、全国的にみても犠牲者数の多い大槌町での災害支援をおこなった。

　形式としては大槌町行政の意向として正確で客観的な安否確認情報が欲しいという要望があったため、当時の町長職務代行者の承認を得て[16]住民基本台帳と連動させている。住民基本台帳は、通常は非常に機密性の高い情報であるが、今回の調査は、大震災から間もない時点で、本来自治体が把握するべき情報を、町の依頼で我々が代替する形で実施したため、特別に町から提供された(村嶋・鈴木・岡本 2012: 37)とあり、大槌町の保健活動はボラン

ティア保健師が、大槌町からの依頼というかたちで全戸家庭訪問をしているという点で、他の被災地における家庭訪問のローラー作戦と形式は異なる。

そのような経緯で、2011年3月1日時点での住民基本台帳と住宅地図を参照し2011年4月23日から5月8日までの間に延べ560人の保健師によって4,000件弱の家庭訪問がおこなわれ、住民基本台帳の3分の2の住民に面接できたとある（村嶋・鈴木・岡本2012: 37）。保健師は、子どもの有無や障害の有無、病気、介護保険、年齢等といったフェイス項目や、家屋の状態、疾病歴、自覚症状、介護保険利用の有無、日常生活の諸動作の容易度（震災後に悪化したかどうか）、心理的反応、今後の方針、QOLといった項目について尋ねる調査票を持って、血圧測定をおこないながら1軒1軒の家屋を巡回した。

避難所だけではなくて、なぜ全戸訪問なのかという点については、鈴木保健師は、「保健師本来の姿はポピュレーション・アプローチ[17]とPDCAサイクル」であること、「全戸訪問をすることによって実態を明らかにし、町に政策提言」するという目的があったことを理由として述べる（鈴木2012）。家が全壊した被災者のみならず、大槌町の住民という集団全体が被災状態にある（鈴木2012: 33）という過酷な状況のなかで、状態を把握し、ハイリスク者に対しては支援につなぎ、集団全体の健康課題を明確にすることで、政策提言をおこなうことは、保健活動の特色としての地区把握・地区診断を被災時に応用したものだといえる。

大槌町の全戸訪問では、健康調査の結果に基づいて、「早急に対応が必要」・「支援の必要あり」・「経過観察」・「支援不要」といった4区分での判断をおこない、フォローアップ体制を整えた。そこで早急に対応が必要な者は医療関係機関につなぎ、継続的にフォローした。この健康調査をふまえて、被災後の住民基本台帳と人口ピラミッドが描出された（村嶋・鈴木・岡本編2012）。

その結果、家屋の状態（全壊か半壊か）や避難状態に関わらず、被災前の状態と比べると住民全般に血圧上昇がみられ、高血圧という地域の健康課題は、今後、生活習慣病や脳血管疾患、心疾患、認知症の発症数が増加することに直結するため、予防と治療両面での疾病管理体制を、適切に整えること

が急務である(村嶋・鈴木・岡本編 2012: 73)ことが明らかとなった。

このような被災後の健康課題を大槌町全体としてポピュレーション・アプローチとして発見し、保健活動の目標にすえた[18]。さらに婦人会・青年団OB・消防団を対象としたフォーカスグループインタビューをおこない、町の復興に対するイメージ、復興のために私(自分)たちができること、そのために必要なことを尋ね、家庭訪問の結果とあわせて政策提言をおこなった。

災害時には緊急時のケアを要する心身の健康被害だけではなく、長期的な心身の健康課題や、もともとその地域にあった健康課題、慢性疾患の構造や自殺率、医療機関・サービスの状況等の悪化が考えられる。全戸家庭訪問とポピュレーション・アプローチとしての地区診断と地区把握をおこなって、政策に反映させようとしてきた保健活動は、公衆衛生看護の専門知識を持ち平常時から医療福祉機関や住民と顔の見える関係を築いているからこそ可能である。

大槌町の事例のような災害対応が可能になったのは、鈴木保健師が各市町村に長年保健師として勤務し、地域特性を把握し住民との密な信頼関係があったこと、保健師間の全国的ネットワークが緊急時対応に活かされ効果的な訪問活動ができたこと、その地域に平常時から顕在化していた高血圧という健康課題に基づき健康被害の把握とそれへの対処が継続的に行われたこと、が挙げられる。いずれの要因も偶然に効いたものではない。平常時からの保健師の活動が拠って立つ理念と活動の歴史に支えられていたからこそ効果を発揮できた。災害支援に赴いた全国派遣の保健師からは、保健活動の原点に立ち戻ったかのような自己効力感が感想として述べられている[19](村嶋・鈴木・岡本編 2012)。では、その「理念」や「原点」とは、どのようなものか。

4-3 保健活動の理念や原点からみた被災者支援・ケア

以下に、この活動についての鈴木保健師への聞き取り[20]も参照しつつ、大槌町での災害対応・被災者支援の初期の段階における活動と保健師の職能との接点について考察してみたい。鈴木保健師はこの活動の背景にある理念について、次のように述べる。

保健師は、初めは［地域社会の住民の］全数［を］把握しなくちゃいけないんです。［中略］私たちは基礎的にどんな情報を持っているのかというと、その家族構成と、いつ健診をうけて、どんな健診をうけて、その結果がどうなのか［という情報］です。そういうことが分かって家庭訪問をしていくんです。住宅地図と照らしあわせながら［家庭訪問に］行くんです。家庭訪問では一人の人にしか会わなかったとしても、家族全体のことを、私達はアセスメントしていきます。例えば、姑さんが嫁の悪口を言って、姑さんが作った野菜全然その食卓にのせないって言われたり、父さんが健診受けないから受けるように保健師さん薦めてくれと頼まれたりとか。［中略］家族単位で家庭訪問をしていくんだけど、何世帯にいって、母子や成人などのどの分類に関する事例だったかを私達は、月報としてつけていくんです。［中略］私達は、個人、家族をスタートにします。地域または地区、地区っていうのは、保健師の担当地区っていうような捉え方です。自治体については地域っていう捉え方をしています。その地区の単位というのは世帯です。地区の一つ一つの世帯なんですけど、世帯を構成している一人一人、個人ですね、個人、［そしてその］個人が所属している家族というように、個人、家族、地域、組織っていうかたちで、私達は、アセスメント［の対象］を広げていきます。

　この発言からは、世帯単位での訪問を通して、個人とその家族の生活環境を実際に見ることで、家族関係も考慮しながら、それらと関連づけて、保健医療福祉ニーズをアセスメントするという個別ケアの視点が示されている。それらのニーズの背景にある地区ないし地域全体の健康課題をアセスメントし、必要な制度や仕組みを構築するという地域ケアの視点とが示されている。こうした二つの視点を組みあわせることを、鈴木保健師は「全数［を］把握」するという言葉で表現している。実際、鈴木保健師は現職の頃に、言語の発達の遅い子供のいる家族と関わる中で、養護教諭と連携して「ことばの教室」という支援体制を構築した。個別ニーズに対応に留まらずに、施策化や事業化につなげ、地域の社会資源を改善してきたことを、保健師に特有の仕事だと捉えていると考えられる。その意味で、家庭訪問はニーズを拾い上げるための基礎作業ということになるだろう。

鈴木保健師によれば、ここでいわれている「地区」とは、保健師にとっては町や小学校区や中学校区といった複数の行政区の集まりを指す。「地域」とは、大槌町全体を指す。まずは個人、次に家族、そして地区、最後に地域というふうにアセスメントの対象を広げていくという視点を保健師は採っているという。そのアセスメントの第一歩が、家庭訪問というわけである。鈴木保健師は、一人一人への健康調査の結果から被災後に大槌町では高血圧症者が急増しているというエビデンスを示し、減塩運動の実施を提案しているが、こうした提案も、そもそも大槌町が震災前から塩分摂取量が高い食文化にあるということを前提に組み立てられている。

　「全数［を］把握」するのが保健師であるという鈴木保健師の職業観は、震災直後に避難所の避難者も在宅避難者も全て訪問するという「全戸訪問」という活動の論理にも活かされている。鈴木保健師が指揮した全戸訪問を通して、保健師の「原点」と評する参加者が複数いたことは、保健師間でもそうした職業観が共有されていることの証拠である（村嶋・鈴木・岡本編〔2012〕、末尾に記載されている参加者たちの声を参照）。

　アセスメント（把握）の方法としては、「そもそものアセスメント項目は決められていてそれを使う」のだが、その項目についてのみを聞くのでは不十分であり、その人の「生活全体」についての言語的・非言語的な情報を得るのが「保健師の仕事」だと鈴木保健師は述べている[21]。

　鈴木保健師によると、保健師は、看護技術知識をベースにしたまちへのトータルな俯瞰的視座を持つ。すなわち、鈴木保健師の言葉では、「ドクターが病人を診断するように保健師は地域を診断する」、「地域を看護していく」と表現されるように、個別の家庭訪問から得た情報に基づき、その地域に必要な健康政策を提言していくのが、保健師の仕事であると考えられている。

　鈴木保健師は、「地域保健の課題は、そのつど変化するという認識に日頃から立っているからこそ、災害もその延長である」とも述べている。3節でも見たように、保健師は、時代に応じてさまざまに形を変えながら、そのつど変化する問題に対して必要な活動と政策への提言をおこなってきた。それが保健師という職業であるという認識が、災害対応において自主的な保健活動と健康ニーズの把握との連続性のもとに読みとれる。

他の専門職との違いについては、訪問看護師にくらべて保健師はダイレクトに家庭訪問できるということが保健師の強みであり、アメリカの保健師は超ハイリスク（麻薬等）住民向けであるが日本の保健活動は地域全体へのアプローチをおこなっており、岩手県旧沢内村のような地域では乳幼児死亡率に保健活動の果たした役割は大きいと鈴木保健師は考えている。
　保健活動に関して、「地域を看る」という言い方が鈴木保健師によってなされるように、保健活動の特殊性は、さまざまな健康問題を持ち地域に暮らす人々の生活の場から、地域の疾病構造の把握や保健指導の実施、大小の個別のニーズを持ちながら在宅で・地域で暮らす人々の相談援助業務にある。特色は、相談援助をおこなう点、ケア的・予防的な介入である点、在宅といった生活の場で行われるという点、個人をとりまく地域社会全体を観察対象とする点である。このことを指して、鈴木保健師は、医師が病気を診断するように保健師は地域を診断すると表現する。
　制度面でも、保健医療をとりまく状況の変化にともなって、保健師の専門性と役割についての議論がなされてきた。1994年の地域保健法制定により、2006年の介護保険法の改正と地域包括支援センターの創設、地方行政改革の職員定数の削減、組織体制の変革、介護予防を目的とした地域保健活動の内容の変化、人員削減の中での保健師の適正配置、自治体や地域住民組織、NPOと自治体保健師との連携が課題となっている（厚労省 2008）。
　このような変化は保健活動の内容自体にも実質的な影響を与えてきた。本来、保健師の専門性は、「家庭訪問等による地域住民の生活の場に入った活動を通して地域の健康課題を把握し、それを行政の施策や住民の自発的な活動につなげることにあり、地域での活動が保健活動の中核的業務」である（厚労省 2008: 7）とある。保健師の活動は、看護学の実践的な知識に基づいた活動ではあるが、活動内容は医療行為ではなく生活者を取り巻く地区を総ぐるみで観察対象としている。その地域特性を把握するための地区診断は地区担当制を取ることで効果的におこなうことができ、戸別の一軒一軒への家庭訪問は実質上の保健活動としても、住民や関係組織をつないでいくための関係づくりとしても（さらには要援護家庭の把握としても）意義をもってきたのである。

ハイリスク層への個別のアプローチであるハイリスク・アプローチと地域住民に対する包括的なアプローチであるポピュレーション・アプローチの双方を組みあわせ、後者のアプローチに基づいた生活環境としての地域全般へのケアが保健師の平常時の活動では目指されてきた。平常時の活動のうえに災害時の保健師の活動の基盤が構築される。災害時に保健師職能が活かされた背景には、平常時からの保健活動の実践の歴史があり、大槌町の事例のようにその１つ１つの津波被災地で 28 年にわたり活動してきたかつて女性の専門職であった保健師（かつての保健婦）の経験が活かされているのである。

　災害時は緊急性が高く、救護の場面において看護師資格を持つ保健師は緊急時の看護ニーズに対応しうるだけではない。近年時代の変化とともに保健活動も変化しているが、長年にわたり政策提言を重視しながら保健活動をおこなってきた保健師の経験は、災害という、誰がどのようなニーズをどの程度抱えているのかの把握が困難な状況において、現状把握を進める上で効果的に機能した。

　本書の文脈でまとめると、災害発生前に予測しえないヴァルネラビリティの内容と程度に対して、全戸家庭訪問をおこない、ヴァルネラビリティが初期に最も先鋭化する身体面での健康ニーズをひろいあげ、継続的にケアしていく体制に必要な専門職の１つとして、保健師を位置づけることができる。

　さらに、発災から３年目を迎えて日常化する生活支援全体のあり方を問う場合、保健師の活動は他の専門職やボランティアでは代替の効かない特徴がある。一つは、血圧測定健康指導というツールを用いて気軽に住民に接近可能な点である。ボランティアによる心のケアという文脈では面接する必要が現段階ではない住民に対しても、血圧測定という文脈であれば比較的接近が可能となる。さらに、顔見知りの保健師に対する信頼感は津波被災地の高齢者の間では強く、例えば、大槌町の役場が保健師に業務委託というかたちで全戸家庭訪問を依頼できた背景には、長年その地域で活躍してきた鈴木保健師との関係が大きいことが推察できる。

　そのような関係性から、被災後のニーズを把握し健康問題や支援、必要な支援へのパイプ役として、地域住民の状態を日常的に把握している保健師の経験は、災害時のニーズの発見に活かされるものである。保健師職能が東日

本大震災の津波被災地で今後の被災者支援・生活支援に活かされる条件については、各種関係機関との連携やその地域ごとの特性・保健活動の歴史に基づいて更に考察されねばならない。属性規定的なニーズとしてあらかじめ災害時要援護者ハイリスク者のニーズとして予測される・特定されるニーズと合わせて、事前には把握できず災害が生じるたびにその都度発見され対処していかなければならない状況依存的なニーズやヴァルネラビリティへの事後的な対処方法・知識を、保健活動にみることはできる。

　もちろん、ヴァルネラビリティの複合性や時間的次元を鑑みるのであれば、第3章でみたような、さまざまな社会的属性が相乗的に積み重なったさいのヴァルネラビリティの複合性や、津波被害後に時間的に蓄積されていくようなヴァルネラビリティへの対処には、保健活動のみでは困難な面もある。例えば、災害後のDVの悪化は、保健師のいる保健センターと女性支援団体の連携を要する問題であるし、高齢者のケアをおこなっていくためには仮設住宅支援員[22]や地元住民、福祉関係機関との連携が必要である。

　東日本大震災を経て、保健師の災害派遣のあり方についての議論[23]は継続している。「被災地への保健師の派遣のあり方に関する検討会報告書」（日本公衆衛生協会 2013）によると、岩手県、宮城県、福島県に派遣された保健師は計7,002人である。東日本大震災での主な活動として項目分けされているものは、被害状況の把握・報告や、救護活動、自宅・避難所・仮設住宅の住民の健康相談や予防保健指導、健康状態の悪化した避難者や要援護者への対応、医師の診察補助、福祉避難所の避難者への対応である。派遣に関する課題としては、保健師のマンパワー不足であり市町村職員としての保健師の不足によりリーダーシップをとったり派遣調整を担う役割を十分に担ったりする人員の不足や、情報集約の困難、被災地保健所と被災市町村との間で、日頃の関係構築ができていなかったため、保健師の派遣調整について十分な情報共有や連携が行えず、互いに機能を発揮できなかった（日本公衆衛生協会 2013: 6）とするような組織間連携の不十分さが、災害時の保健活動にとって支障になっていたことがあげられている。さらに、支援内容と要望とのミスマッチ、派遣された保健活動上の偏り、人員確保の問題、災害時の対応に関する知識や認識の不足により、発言や支援業務について被災地への配慮に

欠ける派遣保健師も見受けられた（日本公衆衛生協会 2013: 6）という保健師の災害対応に関する教育の問題、業務の引き継ぎの問題、派遣終了や支援の方向性に関する問題など、多くの課題があがっている。

　村嶋・鈴木・岡本編（2012: 196-207）では、保健師に必要な能力として、刻々と変わるフェーズに対応できること（衛生管理や健康相談、外部からの救援への手配や情報集約、コミュニティづくり）や、アウトリーチとして家庭訪問によるニーズの発見、得られた情報を分析・統合して施策化していく能力があげられている。他に保健師にとって重要なものとして、家庭訪問技術、将来を見据えた地域の資源の確保（訪問看護ステーションなどの将来的に重要な社会資源の確保）、防災計画への保健師の参加、防災本部のメンバーとして保健師がいることがあげられており（同）、情報の集約や保健福祉体制の調整という点でも防災本部に保健師がいることは、保健師派遣を受け入れる側にとって、重要である。

　保健師は、日頃から、住民の健康状態、要介護状態や難病等による人工呼吸器装着者、人工透析患者等を把握している。この人々は、災害弱者として位置づけられる（村嶋・鈴木・岡本編 2012: 204）。災害時の医療・保健・福祉の連携にとっても保健師が参加していることは重要であるし、災害後の地域ケア体制を復興させ継続的な被災者支援をおこなうにあたり、災害弱者とされる人々へのケアを中心としてそれぞれの機関と住民が連携していくことは重要である。連携は、災害弱者とはされない人々の潜在的なニーズや、ヴァルネラビリティへのケアへの、まさに予防的な体制として構築されるべきである。

　保健師の災害時派遣は、健康被害の救護や健康ニーズへの対処、地元保健師と連携した家庭訪問と健康調査、地元保健師の健康相談業務の支援という事柄のみをとってみても必要である。保健師という専門職内の知識やノウハウの全国的な共有が、災害対応を可能にする。だが、知識やノウハウを活かすための効果的な派遣のあり方となると、他機関との連携や組織化、保健師教育という平常時の保健活動をめぐる現状や問題と連続するかたちで今後も模索される必要がある。

　本章では、災害時の広域にわたる保健師の派遣、派遣される保健師の職能、

特定の被災地における地区で継続的に培われてきた保健師の活動の歴史と平常時からの連続性が、災害発生直後から長期的な復興過程で生じる多様なニーズへの対処とそれらのニーズ自体の発見にとって、1つの重要な位置をもつことを提起した。

　本章でみたように、地域社会レベルで持続可能に被災者支援をおこなっていくさい、1つの特定の地理的範囲からなる地区で長年にわたりおこなわれてきた保健師の活動と、地区を越えて派遣される保健師の活動は、全く別のものではない。保健師職能という点で共通した基盤を持つ。もっともこの基盤は今日の地域をとりまく社会問題・社会背景とリンクし変動していくのであり、自治体合併や地域ケアの変容にともない、保健師職能の世代間の継承性の問題に対するスタンス、つまり保健師教育のあり方についての意見は保健師間でも一様ではない。けれども、津波被災地における地元保健師、応援保健師、派遣保健師の、それぞれの保健師職能を活かした被災者支援の活動体制とネットワークは、全国的に構築されており、それは地区内に留まるものではない。それは狭い地区単位の災害対応や、災害後のセーフティネットの再構築という今日の地域社会が抱えるより広い問題に対して、それぞれの地区間が連携していく、被災地支援の1つのモデルであるといえる。

　第6章では保健師が行う被災者ケアについて、第7章では保健師派遣について、それぞれジェンダーという課題にも注目しつつ、述べる。

［注］
1　正村（2013: 38-39）は、近代社会ではリスク管理として二段階の対策が講じられるとする。一つはまず危機であり、リスクが顕在化する事態を指し、危機が発生しないように予防的に講じられる措置を事前の防止策と呼ぶ。だが、事前の防止策をどれほど講じた所で、危機は起こり得るものだという前提の下に、危機が起こった後の対応策を危機が起こる前に講じておくことを事前の事後防止策と呼び、近代的なリスク管理に特徴的なものだとしている。本章も事前の事後防止策、さらにいえば事前からのヴァルネラビリティへのケア体制構築の可能性を保健師の災害時の活動を経験的事例とし考察するものである。
2　厚労省が東日本大震災前の2010年6月におこなった「必要医師数実態調査」をまとめた読売新聞の記事「医師足りない地方悲鳴」（2010年10月8日）では、都道府県別にみた必要な医師数の倍率は岩手県がトップであり、必要な医師数が現在の医師数の1.4倍と大きい。その是正策の1つとして、各都道府県に地域医療支援センターが設置され医師不足の病院に医師の派遣やあっせんがおこなわれている。この震災前からの状況は震災

後に悪化しており、もとより医療資源の乏しい岩手県などの被災地においては、地域ケア体制の構築どころか復興さえ困難である。
3　ニーズの多様性とジェンダーとの関連については第3章で述べた。
4　保健婦として女性のみが活動していた時代と比べ、現代では若手の男性保健師の積極的な活動も見られる。
5　一般社団法人全国保健師教育機関協議会では東日本大震災復興支援教育・研究プロジェクトがおこなわれ、災害保健教育内容についての検討及び教授方法と教材の研究・開発をするとある。
6　木村（2012）のおこなった当時の駐在保健婦への聞き書きに次のような話が紹介されている。「三か町村持ったでしょ。一週間ごと三か町村をまわりよったがです。下川口に家は借りて。下川口‐三崎は近いから通えるわけでしょ。月灘に行くのが問題よ。月灘へ着いたらそこの役場の自転車を借りて、訪問に出れましたけんどね。そこまで自転車がないんです。下川口から月灘行くには歩かないかん。そのとき食糧難でしょ。一週間分のお米、着替え持って、てくてく歩いて行ったがです。まだ配給制でしょ。わたしは家が農家ですけん。お米は家から持って。昔、貸車いうて、馬が材木積んだり炭積んだりして。あれのカラのが通る時にね、荷物置かしてもろうたりして、行ったことでしたわ（上田梅子氏）。スクーターは昭和35年。大月にいたころ。すごかったねえ。あの当時女の人でスクーターに乗る人、いなかったでしょう。ほんでほら、パッと見たら保健婦ってわかるが。自転車でコケたりスクーターでコケたり、ナマ傷が絶えんかったね。（森良枝氏）」。
7　北海道の開拓保健婦の大西若稲氏の著書『さい果ての原野に生きて』（大西1985）、岩手県田野畑村の開拓保健婦の岩見ヒサ氏の著作『吾が住み処ここより外になし』（岩見2010）では当時医師も近くにいない中で住民生活の全体に関わりながら保健師としておこなった活動の詳細を見ることができる。
8　美馬（2012）は、リスク化される身体として医学の学問分野のなかでの、1970年代以降の確率統計を多用する疫学の役割、臨床医学の誕生を取りあげている。日本国内における保健活動に影響を与えてきた公衆衛生看護学の知識と教育は、予防的観点からの保健医療、疫学的な観点からの健康のグレーゾーンへの着目と当然結びついている。現代における保健活動のうちの1つに健康増進活動がある。この活動はまさに身体をリスクとして捉える仕方であり事前にどのようなリスクがあるのか・リスクをどのように予測できるかを知として特定化しているがゆえに可能となる活動である。
9　2012年9月に行った、水沼一子氏（元宮城県看護協会所属・元宮城県丸森町保健師）への聞き取りに基づく。
10　これらの複数の引用は鈴木るり子氏（岩手看護短期大学教授・保健師）への聞き取りに基づく（2012年9月）。
11　岩手県における典型的な事例としては岩手県における保健師配置と乳児死亡率の変化の関係を検証した佐々木（2008）を参照のこと。戦後から高度経済成長期までの岩手県内の乳児死亡率の変化と町村保健師の配置状況との関連を分析したもので、保健師の採用時期が早く保健師一人あたりの担当人口が少ないほど、乳幼児死亡率が低減する時期が早いことが示されている。
12　2000年年9月9日から10月29日にかけて日本看護協会が実施。保健師として活動して

いる全国の保健師に対して Web 調査をおこない、回答数は 22,179 件で回答率は 51%。
13 『保健婦雑誌』1999 年 8 月号の特集（茅山・石毛・若杉・増田・小林 1999）に座談会形式で掲載されている記事には若手保健婦のジレンマとして次のような意見が掲載されている。「いま保健福祉課にいるのですが、保健福祉課には私のいる保健係と介護保険係と福祉係が一緒になっています。いまの体制になる前は保健衛生課で、国保や環境も一緒だったのですが、平成 10 年度から新しい体制になったばかりです。保健係に保健婦は 3 人いるのですが、業務は地区分担制と事業の分担でやっています。人口 1 万 2,400 人ほどの町ですので、4 つのブロックに分けて、そのうち 2 つの地区のだいたい 4,000 人ぐらいの規模を私が担当しています。地区担当の訪問をして、母子から成人・老人まで関わる形で活動しています毎日事業に追われているうちに地区をとらえるという考え方がだんだんと薄れてきて、何となく事業をこなしているかんじでした。」（茅山・石毛・若杉・増田・小林 1999: 630-631）。
14 以下、鈴木保健師と表記。第 6 章でも鈴木保健師の活動はとりあげている。
15 2011 年 3 月 31 日付けの全国保健師教育機関協議会ニュースレター臨時増刊号には、「津波で助かった人々の生きるを支えたい、自殺防止が重要です。全戸家庭訪問をして安否確認したい。調査研究して保健師の教育方法を開発したい。今回の災害で、保健活動の真価が問われています。そして、保健師教育の真価が問われています。保健師が『人々の生きるを支える』とは……。その教育はどうあるべきか……。」という鈴木保健師からのメッセージが掲載された。（村嶋・鈴木・岡本編 2012: 33-34）。大槌町の活動は岡山大学を主管校とした平成 23 年度厚生労働省老人保健事業推進費等補助金（老人保健健康増進等事業分）の「一人暮らし高齢者・高齢者世帯の生活課題とその支援方策に関する調査研究事業地震による津波で被災した一人暮らし高齢者・高齢者世帯の生活再構築のための支援過程の構造化」として採択されている。
16 承認を得るまでの経緯については、鈴木（2011）に書かれている。最初、鈴木保健師が町長職務代行者である副町長に、まっさきに住民の安否確認をすること、そしてサバイバーズギルド（生き残った者が抱く罪悪感）を軽減し自殺予防対策を講じること、町が立ち行くために職を確保すること、復興に向けて始動しなければいけないことなど、保健師の視点から緊急性の高いと思われることを話したさい、副町長にはこの状況では安否確認などできないと言われた。その後、全国の保健師への呼びかけをおこない副町長との交渉の末に全戸家庭訪問を実現している。鈴木保健師の大槌町でのキャリアはこの交渉過程に影響していると考えられる。
17 ポピュレーション・アプローチとは、健康障害を引き起こす危険因子を持つ集団のうち集団全体、分布全体に働きかけて適切な方向に少しずつ移動、シフトする方法のことをいい、集団全体の健康障害のリスクを低める介入方法である。他方で、ハイリスク・アプローチとは、集団の中でもより高いリスクを有する個人に介入する方法である（日本看護協会 2006「やってみよう‼ポピュレーション・アプローチ」より）。
18 その後、「大槌町塩とりリボンキャンペーン」という減塩活動が提案され施策として展開されている（「地震による津波で被災した一人暮らし高齢者・高齢者世帯の生活再構築のための支援過程の構造化事業報告保健師による東日本大震災復興支援プロジェクト報告書」2011）。
19 例えば、次のような声があがっているという。「久しぶりの家庭訪問で、保健師らしさを

感じた"保健師に会って話ができて気持ちが楽になった"と言われて、私（ボランティア保健師）にとっても貴重な体験になりました"保健師です"というと"ちょうどよかった、お母さんの血圧を測ってください"と来るのを待っていてくれた保健師は住民の最も身近な支援者、相談者であることを再確認した。」（村嶋・鈴木・岡本編 2012）。
20　2014年8月に、鈴木保健師に対して行った大槌町での活動についての聞き取りに基づく。
21　2017年9月に鈴木保健師に対して行った追加の聞き取りに基づく。
22　南三陸町の事例として本間（2013）を参照。
23　東日本大震災での保健師の活動をふまえてDMAT（災害時派遣医療チーム）の保健師版である災害時派遣PHNチームの養成も議論されている（PHNはPublic Health Nurse＝保健師の略）。災害時派遣PHNチームの養成を提唱する鈴木保健師は、緊急時支援をはじめ被災者支援の現地マネージメントをする、さらに全住民の安否確認と健康調査を実施し分析結果を政策提言書にまとめるチームと説明している（鈴木 2011: 36）。

第6章
長期化する避難生活における保健活動とジェンダー
―― 鈴木るり子保健師の活動から

1　支援の社会学と健康

　前章では、東日本大震災の発災直後の保健活動に注目した。本章では、地域・地区、地域住民をよく知る行政保健師が行う健康支援の特徴について取りあげる。東日本大震災では制度的支援の担い手としての行政機関が壊滅状態に陥ったことは前章で述べた通りである。個人情報の基礎となる住民基本台帳が失われ、地域についての情報を持つ人々もまた被災した。岩手県大槌町でも、町長が行方不明になり副町長も震災直後に任期が切れ、保健師を含めて140人の行政職員のうち40名が死亡、または行方不明になり、被災直後の保健福祉面での災害対応や個別の健康支援には大きな困難をきたした。さらに、死者・行方不明者数の対人口割合と人口流出率も、大槌町は岩手県内で最も高い[1]。

　被災自治体から転出しみなし仮設等の形態で他都市での被災生活を送る人々は、馴染みの少ない土地、自分のことを知る人が少ない中で新たな人間関係・社会資源にアクセスしていくことを強いられている。被災生活の中で年を重ねていくことは、見知らぬ場所での介護や疾病等、老いをめぐる新たな健康課題に直面することでもある。それでは誰が人々へのより良い健康支援を担うことができるのか。

　本章では、自然災害時の被災者支援・ケアに関する社会学関連領域での先行研究の論点を概観し、本書における保健活動という視角を提示した上で、岩手県大槌町のベテランの保健師の健康支援活動の特徴を参与観察と聞き取

り調査から保健師と地域・地区との関係に焦点化して検討する。

　自然災害が健康に及ぼす影響を考えると、高齢である場合には、ADL（日常生活動作）の低下や、うつ病等の心の健康の悪化、認知症の進行、既往症の悪化、生活習慣病の発生といった健康面でのリスクの高まりが予測される。これらは震災関連死にも繋がるリスクである。QOL（生活の質）をも含めた健康の問題は一人一人の心身において個別具体的に現れる。そのため、これらの被災生活の健康の問題も、医療費の無料化という一律的な支援としてだけではなく、対面的で個別的な健康支援を長期的に誰が担えるかという問題として考えていく必要がある。

　すでに、健康リスクに対する個別具体的な支援という観点、および、保健医療専門職が担う支援という観点からは、阪神・淡路大震災についての三井さよの一連の研究がある。三井（2004: 26）は、生の固有性に着目して、対人専門職である看護師が行うケアの過程を取りあげている。「生の固有性」とは、三井によれば、その人、一人一人の身体的・経済的状況、その人のそれまでの『生』のあり方、それへの意味づけの仕方などが混然一体となって形成されたものだ。本書における個別具体性と同義のものとして捉えることが出来よう。

　生の固有性に志向したケアのあり方を、看護師の黒田裕子さんがボランティアで行う被災者支援活動、孤独死防止の活動の調査研究を通して三井は論じており、看護師としてではなく「人として」の支援だと、黒田さんが自らの活動を言語化する過程とその意味を考察している。「人として」と表現されるような非制度的なきめ細やかな支援への着目の意義を学術面でも指摘する。阪神・淡路大震災は、保健福祉領域に関する社会学の中でも、支援のあり方についての議論を誘発した災害であった。

　ただし、その人の社会的属性や個別的な状況に応じた健康支援に、議論をより限定してみると、東日本大震災の特徴は、1つの自治体全体を含む地域全体が被害に遭ったこと、地域・地区を基盤とした人々や諸社会資源の日常的な関係性からなる平時の健康支援の土台さえ奪われたことである。制度的な災害対応すらも大きな困難をきたした。さらに、みなし仮設等の形態で、被災自治体外で被災生活を送る人々は多く、馴染みの少ない土

地、自分のことを知っている人が少ない中で新たな健康問題を抱えている。

　本章では、これらの困難に対する健康支援という限定された角度からではあるが、元行政保健師による災害対応・被災者支援における保健師としての専門的知識について、保健師と地域・地区との関わりという側面から、目を向けてみたい。

2　鈴木るり子保健師の略歴

　ここで取り上げるのが、前章でも紹介した保健師、鈴木るり子保健師の活動である。

　鈴木るり子保健師の略歴は以下の通りである。鈴木保健師は、昭和23年東北地方の青森県の船大工の娘として生まれた。地元の看護学校から北海道の保健師養成校に進学し京都市に勤務、結婚を機に岩手県大槌町に移り保健師として入職した。現行の看護教育のあり方への課題意識を強く持っていたことから、大槌町で後輩の中堅保健師が育ってきた頃に、28年間勤務した大槌町を辞職し、岩手看護短期大学からの誘いを受け、保健師養成課程の教員になり現在に至る。大槌町赤浜地区の自宅と、岩手県盛岡市内のマンションとを、車で片道3時間弱をかけ、頻繁に大槌町と行き来していた。教鞭を取る傍ら、岩手県田野畑村の開拓保健婦の故・岩見ヒサさんの手記の編集（岩見2010）や、岩手県旧沢内村の保健医療行政に関する研究、全国保健師教育機関協議会での活躍にも積極的に取り組んできた。

　東日本大震災の第一報を鈴木保健師が知ったのは、勤務先である。急いで大槌町に向かおうとし業務を調整し、発生から2日後の3月13日にようやく大槌町に到着した。けれども、町全体が津波後の火災に見舞われ、後輩の保健師を含む多くの元同僚たちの行方も分からなかった。さらに避難所に来ることさえできない住民がいると考えられた。そうした悲惨な光景を前にして、鈴木保健師は全住民の安否確認と健康調査の必要性を感じた。

　そこで、2011年3月31日に一般社団法人全国保健師教育機関協議会、NPO法人公衆衛生看護研究所、全国保健活動研究会を通して、大槌町の全戸家庭訪問調査へのボランティアでの協力を、全国の保健師たちに呼びかけ

た。このことは、第5章でも述べたとおりである。

　鈴木保健師は、この1) 緊急時の安否確認や健康調査という災害対応活動の指揮、2) 健康課題に関する復興計画の検討という活動に加えて、例えば、次のような活動も行っている。3) 大阪府の大学生が街頭募金で集めた募金を大槌町の中学生対象の奨学金として贈るという活動の調整、4) 津波被災後に大槌町から他の市町村に転居した住民が短期滞在できるような福祉施設の建設構想と具体化、5) 災害看護に関する教育の一貫としての被災地実習の受け入れ、6) 被災後の青少年の育成としての性教育事業への協力、7) 災害時の保健師派遣チーム（DPHNT: Disaster Public Health Nursing Team）の育成の提言などである。大槌町を離れてもなおボランティアで大槌町の復興を支援し続けている。それぞれの活動においても、保健師として勤務していた頃のネットワークを活用し、大槌町行政や住民と連携しながら活動を進めている。

　鈴木保健師はこれらの活動を大槌町で行うほかにも、8) 大槌町から岩手県のB市に転居したみなし仮設住宅居住住民への健康支援や、同じく、9) 大槌町から岩手県B市に転居し住宅を購入した住民への健康支援もまた行っている。

　次節では、主に、8) と9) の活動を事例として取りあげる。これらの活動が行われているのは大槌町ではないものの、鈴木保健師は、「大槌町の元保健師として」住民と接している。そこから見えてくるのは、地域・地区の住民をよく知る保健師の姿である。保健師と地域住民との関係性に立ち入りながら、対面的な個別具体的な健康支援の特徴に関して、参与観察と聞き取り調査をもとに、以下に検討する。

3　岩手県大槌町のベテラン保健師による健康支援の事例

3-1　大槌町お茶っこ飲み会の概要

　大槌町お茶っこ飲み会（以下、「同会」とする）は、震災後に岩手県大槌町から岩手県B市へと移動した住民が集まる場として、一般社団法人のSave IwateがB市の行政から委託されて開催している[2]。2011年10月以

降、月に1回、B市の中心部で行われている。

　B市は東北地方の平野部寄りに位置し、津波の直接被害が無かった市である。大槌町へは車で3時間強かかり決して近くはないものの、中規模の医療・福祉施設があることから各沿岸被災市町村からの転入者がみられる。同会には、約30名の大槌町から来た住民が参加し、年齢別にみると後期高齢者にあたる参加者が多い。夫婦のみ、夫婦と子供、単身世帯がそれぞれ同程度の割合であり、参加者の性別としては、やや女性が多い。

　今後の住まいの意向を見ても、B市に家を既に建てた人もいれば、将来的に関東地方の娘の家に移る見通しである人、B市のアパートに定住する予定の人、介護問題を抱えているためB市に永住するしかないと考える人、大槌町に戻ると決めている人、大槌町内や大槌町に隣接する岩手県釜石市の公営住宅入居を希望する人など、状況は千差万別だ。鈴木保健師がいうには、大槌町の中でも、にぎやかな気質の「安渡地区」の元住民が多い。大槌町に居住していた頃からお互いに顔馴染みである人々も多い。ただ、大槌町に住んでいた頃とは異なり、B市内では住民たちの住まいは分散し点在している。参加者の自宅からはB市中心部まで車やバスで20分から30分程度かかることも珍しくない。独居の後期高齢者にとっては、お互いに会いたい時に気楽に会えるという距離ではない。

　震災直後、鈴木保健師は同会の存在を知らなかったが、元大槌町住民の主婦のCさんからの連絡を受けて、それ以降、欠かさず参加してきたという。Cさんは、大槌町にいた頃から鈴木保健師の食を通した健康づくりに関する活動に協力してきた。2011年4月、関東に住む娘夫妻を頼り転居したものの、将来的に娘夫婦の介護を期待できないことや、少しでも大槌町の情報が得られる場所にいたいと思ったことから、岩手県内のB市に移り、現在も集合住宅での独居生活を送っている。

　Cさんによれば、震災前の大槌町でも、「大槌町お茶っこの会」が開催されていた。B市にきて、「ああ、こっちでも『お茶っこ』の会があるんだなと、大槌町のことを思い出して懐かしくなって」、B市で被災者を対象として開催されている同会に参加し始めた[3]。Cさんが懐かしがる、震災前に大槌町で行われていた大槌町お茶っこの会は、当時現職の保健師だった鈴木保

健師が住民達と一緒に作ったものだ。そのため、Cさんにとっては鈴木保健師のことを思い出すきっかけにもなり、鈴木保健師にB市のお茶っこ飲み会（＝同会）にも来ないかと連絡を取った。

　鈴木保健師の同会における立ち位置は、ボランティア、かつ大槌町住民、かつ保健師というものであり、特別にB市から何らかの要請や招待を受けて参加しているのではない。自身は参加理由として「住民と繋がっていたいから」[4]と語る。参加者の多くとも大槌町にいた頃からの顔馴染みである。

3-2　同会で行われる保健指導の事例

　鈴木保健師が同会で行っている典型的な、保健師としてのボランティア活動は、参加者に対する血圧・体重測定と保健指導である。その他、同会の大まかな進行は固定されており、鈴木保健師も適宜関与し参加しながら、保健指導はその合間に行われている。

　まず、同会の開始時間より少し前に、鈴木保健師が会場に到着する。毎回、その月の誕生日の人のお祝いをするので、「お誕生日おめでとう」と書かれた紙や造花を飾り付けたり、鈴木保健師を経由して「岩手県B市に住む大槌町の皆さんに」送られてきた物資を陳列したりするという仕事を、早めに到着した参加者にお願いする。同時並行で、同会では、健康体操を行うため、そのDVDを映すプロジェクタやパソコンの設置、血圧測定・体重測定のための机の設置を、筆者が行う。そうしているうちに、ぽつぽつと人がやってきて、会の開催となる。

　最初に行われる誕生会では、楽器を演奏できる住民の力を借りて、バースディソングを皆で歌うことになる。鈴木保健師が、その月の誕生日の人に前に出てきてもらい、「何歳になりましたか？　自分が思う年齢でいいので」と声をかけると、参加者から笑いがおき、「20歳です。そろそろ成人式です」「17です」「私は本当の年齢を答えますよ！　80歳です」と住民がふざけながら答えて、また笑いがおきる。鈴木保健師は、支援物資である日本茶や、演芸等の講演のチケットを参加者に渡す。

　その後はしばらく歓談の時間になるが、参加者は話の合間に血圧と体重をはかりに鈴木保健師のいる机にやってくる。血圧測定・体重測定用の机で

は、鈴木保健師自作の健康手帳を持参した参加者の血圧と体重を記録しながら、健康上や生活上の心配事に対して鈴木保健師がアドバイスを行う。B市内で新たに通院することになった場合にも、体重や血圧を記録したデータを毎月取っていることは問診の手掛かりとなる。鈴木保健師は毎回、服薬の種類や、掛かっている病院やクリニックの名前、既往症、病状のコントロール状況など、保健指導にあたって重要と思われる事柄をメモしていく。職業柄、B市の医療情報にも詳しいため、市内のクリニックも積極的に紹介することができる。

何よりも、鈴木保健師の保健指導は大槌町にいた頃のその人についての思い出や情報を参照しながら行われているという特徴がある。以下は、鈴木保健師が、健康相談として行っている住民との実際のやり取りの事例である。

(1) ペースメーカー装着への不安に関する相談事例

Dさんは70代の女性である。B市に転居後、同会にはそこまで積極的には参加してこなかったという。けれども、B市に転居した後に、ペースメーカーをつけることになり、不安を感じていた。人づてに同会に鈴木保健師が来ていることを知り、健康について相談をするために同会を訪れた。鈴木保健師はペースメーカーをつけた後の身体や生活の変化について説明し、大丈夫だからと安心させ、つけるように説得していた。Dさんはその後ペースメーカーを入れる手術を受け、同会にも毎回参加するようになった。ペースメーカーとの付き合い方、その他の健康面での不安、普段の食生活を通じた肥満防止の方法について、引き続き、鈴木保健師に相談しに来ている。

Dさんは家族と同居しているのだが、「健康面で困ったときに助言できるのは家族ではないし、まだ彼ら達には、B市内はそういうときの相談相手が見つからない」のだと鈴木保健師は考えている[5]。Dさんからしてみても、かつての大槌町の保健師の鈴木保健師が同会に来ているという情報を頼りに相談しに来たということは、B市行政による健康相談窓口よりも、知り合いの鈴木保健師という相談相手の方が、今なお、身近であるということを示している。

(2) 軽度の認知症様症状への相談・介入事例

　同会には、夫のEさんの軽度の認知症様症状に不安を感じている80代のEさん・Fさん夫妻も参加している。鈴木保健師は、その周辺症状の確認や、デイサービスへの通所を始める手続きの説明を行うなどの支援を行ってきた[6]。しばしば他の住民から、「あんなに穏やかな良く出来たダンナなのに（悪く言って）」と他の参加者から思われているのではないかと、Fさんが感じていることを、鈴木保健師は知っている。鈴木保健師は、Fさんの悩みや困り事について、Fさんの負担が軽くなるように、具体的な助言を行っている。そのため、Fさんも同会に来る時間を少し早めて毎回15分程度の相談をしている。助言には、B市の福祉施設について鈴木保健師が持つ情報が活用されており、デイサービスに通所するには、具体的にどこに・誰に最初に問い合わせればいいのかを、大きな字でメモして手渡すという手助けをおこなっている。夫妻の自宅に近居する息子のことも知っているので、どのように息子が夫妻の生活を支えているのかを、会話の中で聞き、生活状況を確認している。認知症が進行するのを防ぐのに効果的であると思われる運動や活動について、継続的な助言がなされる。必要に応じて、趣味活動のサークルを紹介したり、その趣味を始めるのに必要な道具を物資として提供してくれる知人を探し、実際に提供したりしたこともあった（例えばウォーキングという趣味に必要なスニーカーという道具の提供である）。

(3) 老いへの恐怖に関する相談事例

　Gさんは、B市に来ての生活が5年目に入る80代の男性であり、過去に内臓疾患の手術歴が複数回ある。現在は、アパートに独居している。ある日、尿漏れが起こったという。そのことに対する大きな戸惑いや、尿取りパッドを使うことへの困惑、認知症になっていくのではないかという恐怖があり、そういうことを考えて気分が落ち込むことがあったり、B市周辺でごく微弱な地震があった時に津波を思い出して息苦しくなってもそれを周りに理解してもらえないのではないか笑われるのではないかと悩んだりすることがある、と鈴木保健師に相談している。災害に関連した自身の経験や思いを人に話す

ことには気が引けてしまうということも話している。

　それに対して鈴木保健師は、「あなたは、もともととても頭の良い人で、もともとが良すぎたのだから、出来ることが老いによって減っていくとしても、優秀だったのが単に普通のレベルになっていくってことだし、皆年取ればそうなるんだ」「大槌町に皆が滞在できるような福祉施設を作って皆を私が連れて帰るから大丈夫」「順番に認知症になっていくんだから仕方ない」と励ましている[7]。Ｇさんもまた、鈴木保健師が大槌町に勤務していた時に、その活動に協力的であった住民の一人だ。鈴木保健師に長時間かけて健康づくりのための登山を「させられた」記憶や、岩手県盛岡市まで遠出して皆で協力して行った健康増進関連のイベントについて、「るり子先生には誰もかなわないんだ」「あの人は自分のためにやってきたんじゃない、ずっと住民のためにやってきた人だから」と懐かしく語る。生活における心情を鈴木保健師に打ち明けることも多い。

(4) 認知症を抱える住民への対処事例

　Ｈさんは80代の男性であり、Ｂ市内で同居する家族に対して、認知症に起因する暴言がみられる。Ｂ市に来た後の記憶は断片的であり、平日はショートステイに通っている。Ｂ市で初めて会った人のことはその日のうちに忘れるが、過去に大槌町に住んでいた頃の記憶は残っており、鈴木保健師のことも覚えている。大槌町に住んでいた頃の近隣住民もまたＢ市に転居し、また、同会に参加していることから、毎回彼らと連れ立って、家族の送迎により同会に参加している。健康体操や合唱には元気に参加しており、鈴木保健師が言うには、「Ｈさんは大槌町に住んでいた頃から歌などの得意な人であった」。「Ｈさんは同会に来ると大槌町にいた時のことを自分で思い出していて、他の人のこともあの人は何さんだねっていって分かっていて、ここに来ると一番楽しいということを鈴木保健師に表現する」ので、「そうした表現を受け止めながら楽しく過ごしてもらうことが重要だと思っている」と鈴木保健師は話す[8]。毎回Ｈさんと連れだって同会を訪れる住民達からは、Ｈさんと家族との間の日常的なやり取りについて教えてもらい、必要に応じてＨさんを支える参加者や家族に対して具体的な助言を試みている。

これらの4つのやり取りは、体重測定・血圧測定を入口にして、保健指導の延長としてなされるものだが、住民の持つ不安感にその都度、その人の現在の状況や、鈴木保健師の知るその人の経歴や生活背景といった、一人一人の過去から現在に至る人生・生活（前述の三井〔2004〕が言うところの「生の固有性」）を参照しながら、行われていることに特徴がある[9]。

　B市に勤務する行政保健師も、支援を要するみなし仮設居住住民らに対する健康支援は行っているが、鈴木保健師の行う健康支援には、過去におけるその人との思い出や、大槌町という共有の場所、その人やその人の家族についての個人的な情報を手掛かりとしながら、住民との会話を進めているという特徴がある。このような個別具体的な健康支援は、保健師一般に共通して期待できる保健指導や健康状態のアセスメント（既往歴の症状や症状の見極め）の能力に加えて、長年にわたる地域・地区の住民との関係性の連続性に基づくものである。被災生活における新たな健康問題が顕在化する直前や、顕在化し始めた直後に、月1回であれ、鈴木保健師に相談できることを頼りに同会に参加することは、住民の被災生活においては、一つのセーフティネットとして機能している。

4　健康支援にみる「ポピュレーション・アプローチ」の位置

　鈴木保健師の活動は、地域・地区をよく知り、かつてのその人をよく知る保健師であるからこそ、大槌町から離れたB市でも継続することができるものだ。これらの事例への個別的な対応を可能にしているのは、大槌町で行ってきたいわゆる「ポピュレーション型の活動の蓄積」であるそうだ。

　一般に、保健師が地域・地区と関わる際の手法には、ハイリスク・アプローチ（ハイリスク・ストラテジー）とポピュレーション・アプローチ（ポピュレーション・ストラテジー）がある。ハイリスク・アプローチとは、「疾患を発生しやすい高いリスクを持った個人」すなわちハイリスク者を対象に絞り込んだ戦略（岸ほか編 2012）である。いわゆる困難事例と呼ばれるような家庭への支援、健診において疾病が見つかっている人への保健指導、感染症や

難病を既に持つ人への健康相談や介入が含まれる。

　次に、ポピュレーション・アプローチとは、ハイリスク者のみならず、「［集団の］分布全体に働きかけ［全体の健康を］適切な方向に全体を少し移動、シフトする考え方」である（岸ほか編 2012）。つまり、地域・地区全体の健康水準の向上といったことである。例えば、町ぐるみでの認知症予防啓発活動や、減塩のための健康教室、歴史的には乳幼児死亡率の低減のための保健活動などが含まれる。現在は正常である（ハイリスクではない）とみなされている大多数の住民のなかにも、まったくリスクがないのではなくて、「潜在的な健康リスクがある」と考え、未来においては結果的に発症する患者の数はとても多いという前提に立ちそれを予防していこうとする立場である（Rose 1992=1998: 15）。地域住民全体の健康リスクを軽減させるための予防的保健活動がポピュレーション・アプローチであり、地区担当制というように、保健師が担当地区を決め、その地区の住民との日常的な関わりを通して、健康づくりを住民と協働で行っていくことが重視されていた中で鈴木保健師は働いていた。

　鈴木保健師によれば、同会に来ている高齢者が、いま、鈴木保健師に訴えてくる健康上の困難は、大槌町で保健師をしていた頃と「連続的」である。昔からその人と関わり、個人の生活や生き方を知っているからこそ、その人のことが分かるのであり、「そういう蓄積を保健師は行う」のであると述べる。そういう蓄積のためには、「地区担当制が必要で、そして地区担当制の中で、きちんとその世帯構成、そしてどういう生き様だったのかってことを、ポピュレーション・アプローチとして、住宅地図と世帯台帳を持ち、1軒1軒への家庭訪問を通して、自分は保健師として把握するように努めてきた」と述べる[10]。

　さらに、前述した大槌町での健康調査において、鈴木保健師が、在宅避難の住民も含めて1軒1軒の家庭を訪問することにこだわったのは、「保健師本来の姿はポピュレーション・アプローチであると考えたため」であったとも述べている（鈴木 2012）。

　このように、鈴木保健師の活動の背景には、保健師としてのポピュレーション・アプローチという考えがあることが分かる。大槌町に勤務していた頃

も、例えば乳幼児を抱える家庭全てへの訪問といったポピュレーション・アプローチと、例えばアルコール依存症者などの具体的な健康課題が顕在化している「ハイリスク」者への対応とを、並行して行ってきた。

B市での現在の活動についても、大槌町に住んでいた頃のまだ元気だったその人を知っているからこそ、その人ひとりひとりの背景と状況を考慮した健康支援ができると、鈴木保健師は考えている。

「ハイリスク」というカテゴリーに関して留意すべきなのは、同会の参加者は皆、大槌町での生活からの断絶により、そもそもの生きる基盤を、大幅に、意図せず変えさせられているという意味で、少なからず現在において健康問題が顕在化しやすいと考えられるということだ。被災後に著しい体重減少を経験して、その後なかなか体重が増加しない住民、2年から3年を経てようやく体重が増えてきたという住民、震災の避難のさいの心理的負担により2011年の4月ごろの記憶をなくしている住民、震災後に原因不明で片足がうまく動かなくなってしまっている住民など、現在は「要介護認定」はされていなくとも、「要支援」に当てはまる人々、または未来において当てはまる可能性がある人々である[11]。B市で行われている大槌町お茶っこ飲み会もまた、鈴木保健師からすると、ポピュレーション・アプローチという仕方で長年関わってきた大槌町の元住民たちが集まっている会という意味では、大槌町の「縮小版」に違いはない。

視点をB市行政側に向けてみると、B市行政にとってこの人々は、お茶っこ飲み会への参加という意味では、被災者「支援」には繋がっているものの、津波による凄惨な経験をして転入してきた人々である。他方で、B市での大槌町お茶っこ飲み会に参加する人々の中には、自分が出産した時に鈴木保健師が家庭訪問をしてくれたという住民が参加している。さらに、B市の暮らしの中で精神面での健康課題を抱えていることから、鈴木保健師にうちに家庭訪問に来てほしいという依頼を快諾し支援している[12]。

このように、保健師としての住民との関係性の連続性に鈴木保健師のこの活動の特徴があり、元大槌町民である参加者から見ても、頼りにできる相手は未だに、B市行政ではなくて、鈴木保健師なのである。参加者たちへの個別性を志向した支援の背景には、ポピュレーション・アプローチという「全

住民への」保健師としての働きかけがあったということである。参加者のジェンダーもまた、こうした個別性の中の一つの強力な要素であるため、最初から「女性のニーズ」と括ってみていくのではなく、関係性を構築していくなかでその人を知り、その上で対処すべき事柄なのではないだろうか。

5 被災者支援における保健師の地区担当制の意義

5-1 ポピュレーション・アプローチ型の被災者支援の可能性

　ここまで、地域・地区に根差した保健活動が災害対応、被災者支援においても重要な位置にあることを、鈴木保健師の活動に即して述べた。B市に住む大槌町住民にとって鈴木保健師のような保健師との関わりは、B市での生活を続けていく上で自らの健康上の問題を解決していくための大きな資源である。ただし鈴木保健師の活動はボランティアであるので、制度的な面からみると、B市行政の保健師との協働・連携は困難な課題である。とはいっても、その人をよく知り、地域・地区をよく知るベテランの保健師が災害対応において果たし得る役割は大きいと考えられる。前章で述べたような「地区担当制」での保健師の働き方はポピュレーション・アプローチを基礎とし、小規模単位の地区と保健師の繋がりを作ってきた。

　比較的小規模の地区単位での個別具体的な健康支援のあり方は、「地域包括ケア」として2000年以降、政策的に推奨されている地域の保健医療福祉のあり方と近いものである。つまり、中学校区単位くらいの圏域で、必要な保健医療福祉サービスを提供できるような仕組みを作り、在宅医療・療養の推進や、健康寿命延伸に向けた介護予防を行っていくという政策だ。猪飼周平は、「地域包括ケアの舞台となる地域社会は、少なくともヘルスケアに関する限り、歴史的に保健師の独壇場」であったが、「地域包括ケア政策の構想段階から、保健師は積極的には位置づけられておらず、その状況は、今日においても大きな変化がない」（猪飼2014: 942）と指摘している。まさに保健師の独断場であった時代に地域で活動していたのが、保健師である。

　他の津波被災地に目を向けると、現役の保健師が参加しながらポピュレーション・アプローチや地区担当制に近い仕組みが作られ、保健活動が行わ

れている地域がある。例えば、宮城県女川町[13]では、「公衆衛生としての心のケア」の取組みとして、地区担当制のような形で町全体を仮設住宅や行政区ごとに8つのブロックに分け、それぞれに対人援助の専門職（保健師や看護師、精神保健福祉士等）からなる「ここから専門員」を常駐させるという、「女川町こころとからだとくらしの相談センター」を設置している。町全体をカバーし、センター常駐の専門職が町民と日常的に関わっていくことを目指しているためだ。この事業を考案したのは、女川町の行政保健師である。この取組みの根底にある課題意識について、「女川町は住民全員が被災者なので、ハイリスク者だけをピックアップする仕事ばかりしていては、それ以外の層から脱落していく人が出るだろう」（藤山・島香・佐藤・斉藤 2012: 169）という考えがあったと述べている。つまり、心のケアという観点からみても、事前にハイリスクである層だけを対象とした取組みでは盲点が生じ、潜在的なリスクをつかみ損なってしまうと考えられているということだ。町の人口（ポピュレーション）全体をカバーする仕組みを作ることで、些細な心身の不調の相談であっても敷居が低くなる。その積み重ねにおいて、町民との日常的な関係性を構築していくことが目指されている。担い手は保健師だけに限定されず、対人援助の専門職がそれぞれのセンターに配置されているが、保健師が地域・地区をよく知るためには、このような小規模ブロックからなる地区を担当することは重要となる。

　これらの取組みは、「ハイリスク」というカテゴリーを結果的に、相対化していくものである。通常、避難行動要支援者・災害時要援護者とされるのは、避難における何らかのハンディキャップを経験する可能性が高い高齢者、障害者、子ども、妊婦等である。慢性疾患および重度の在宅療養患者、外国にルーツのある住民も、意味的には含まれうる。まだ自然災害が発生していなくても、事前にハイリスクな層を予測することはできる。

　しかし実際に自然災害が発生すると、本書で示したような健康リスクという観点からみて、その後の長期的な生活において、ハイリスクな状態になっていく、健康ニーズが顕在化・潜在化していく人々がいる。その状態が明らかに被災の影響であることを誰も確実には立証できないにしてもである。ハイリスクかつ健康ニーズが顕在化している人へのケアだけでは、こぼれ落ち

るニーズがあるということである。

　このことは緊急時だけではなく、日常の地域社会についてもあてはまる。あらかじめ、地域・地区内で事前に要支援やハイリスクな人々を把握するように努めていても、必ず盲点が生じてくる。盲点を完全に無くすことは不可能であるが、健康リスクという側面からは、地区担当制における保健活動の再評価を高齢者の保健福祉との関連で行う余地は大いにある。このことが実質的には地域包括ケアの基盤を形成していく可能性がある。

5-2　健康支援の岐路――後期高齢者にとって被災が意味するもの

　最後に、被災者支援の現状について、元大槌町住民の事例から指摘しておきたい。それは、「老い」と「死に場所」に関する切実な問題である。

　彼女たちは自主的にB市に転居したというよりも、健康面や家族関係面の事情で否応なしに転居せざるを得なかった人々でもある。同会が始まった時点では、毎月参加し、マンションで自立生活を送っていたFさんは、大槌町の医療関係者の配偶者であったことから同会の参加者たちからも頼りにされていた。90歳をこえているため、B市内での生活が長引くにつれて、次第に認知症様の症状が出始め、心配する親戚の勧めにより、B市内の介護施設に入居した。しかし、施設内で転倒したのをきっかけにしさらに認知症が進行し、同会にも参加できなくなってしまった。もし大槌町にそのまま住むことができていれば、近隣等の支えにより、自立生活の期間はもう少し長かったのかもしれないと悔やまれる。

　このようなFさんのことを見ていると、同会の参加者たちも、やがて自分がB市内で老いていくことに対する不安を感じるようである。「せめて大槌町から来た被災者同士が集まって暮らしていけるような公営住宅がB市にもあれば」「皆で暮らしていければお互いに（世話を）し合えるのに」という声が聞かれ、「最期は大槌町に帰って迎えたい」という思いを鈴木保健師に打ち明けている。鈴木保健師は、小規模多機能型施設に近い形で、短期間であってもこれらの人々が大槌町に戻って来ることができる看取り（ターミナルケア）対応の福祉施設の建設を現在も目標としているが、そもそも被災地では土地の購入が困難であり、土地の提供や資金面での支援を、各方面

に呼びかけている。鈴木保健師は、この人々は、高齢であるという状況も強く関連して、「2年から3年たった現在でも新たな人間関係をB市で築くことが困難」であると述べ、B市の生活環境もやがて自らの医療福祉ニーズを満たすことができなくなると予想している。

つまり、高齢者の社会的孤立や、医療福祉的環境からの排除といった全体社会的な問題状況が先鋭化し進行している[14]。確かに、一般的には、初対面のよく知らない者同士でもよい支援を行いうることはあるし、お互いに心を通い合わすことは十分可能であろう。ただし、包括的な健康への支援という角度からは、被災する前からのその人の生活や既往症、家族関係を知っていることや、被災に対する思いに加えて、保健医療に関する専門的知識を持っているからこそ、適切な健康支援が可能である。

その意味で、B市のような市町村としても、被災を機に転入してきた人々をよく知っていくような、保健師による支援体制を構築・継続していく必要がある。この課題は日本各地に点在して暮らす他の地域の津波被災者への健康支援にも通じる課題だ。さらに、現在は仮設住宅や公営住宅に居住しているにしても、加齢に伴い医療資源の不足から止むを得ず新たに別の市町村に転出する人々はゼロにはならないと予想されるので、未来に通じる課題でもある。

［注］
1　岩手県大槌町では、直接死が803人、行方不明者が426人であり、直接被害により1,229人の人口が失われた。2011年2月時点の人口が16,058人であったことから、全住民の約8％に及ぶ。2015年1月の段階での人口は11,656人であり激減している。
2　筆者も2014年2月から毎月同会に参加している。以下の記述は会の参加を通した参与観察と聞き取りに基づく。参加者の年齢や性別等の属性は個人の特定を防ぐために内容に大きな影響のない範囲で一部修正している。
3　2014年4月24日および2017年3月26日のCさんへの聞き取りより。
4　2014年8月2日の鈴木保健師への聞き取りより。
5　2014年3月から4月にかけての参与観察より。
6　2014年7月23日の参与観察より。
7　2014年1月22日の参与観察より。
8　2014年8月2日の鈴木保健師への聞き取りより。
9　その人がどういう人なのか、その人の人生を尊重した支援のあり方が重視されるのは、

被災生活を送る人々への支援に特有のことではない。例えば認知症ケアにおいても、患者の過去、かつて好きだったもの、馴染みのあるものあるいは人間関係などから構成されるその人の人生について、しばしば家族でさえも、家族である自分（たち）は、本当に患者の人生を知っているのかが、患者の意思や記憶を読み取ることが困難になってくる認知症が進んだ本人への関わりをめぐって、戸惑い（トラブル）や葛藤（コンフリクト）の原因になるという（木下 2015: 194）。木下による指摘をみると、確かに誰かがその人を知っているといえる根拠づけは難しいものだろうし、その人をよく知っているはずの家族がいつでもよいケアができると断言することはできない。ただし、本書の事例が示す範囲では、B市で新たな人間関係を作ることができないなかで、自分のことを知っていてくれていると思える人と再会できることの意義は、鈴木保健師にとっても、元大槌町住民にとって大きい（2014年8月2日の鈴木保健師への聞き取りより）ものである。

10　2014年8月2日の鈴木保健師への聞き取りより。
11　2014年3月26日、5月28日の参加者への聞き取りより。
12　2015年8月27日の参与観察より。
13　以下の記述は、宮城県石巻市の保健師から提供して頂いた資料に基づく。
14　Cさんは、「主婦として頑張ってきたつもりだった。当たり前のように毎日が忙しかった。その延長線上で普通に年を取って大槌で死ねるものだとばかり思っていた。それなのに人生の最後の最後でこんなことになるなんて思わなかった。これからどうなるんだろう」という戸惑いと不安を感じ続けている（2015年8月27日のCさんとの会話より）。

第7章
東日本大震災の経験と保健師職能の再評価
——地域保健の新たな課題

1　各フェーズにおけるニーズ把握の経験と保健師

　第5章、第6章では、鈴木るり子保健師という保健師の活動を一つの軸としながら、保健師が地区担当制で勤務することが災害対応や被災者支援において、その人の個別性を配慮するという上で重要であることを述べてきた。本章ではこの重要性に関する認識が、東日本大震災を経て、どのように・どの程度、一般的になっているのかを、検討する。その良い事例が、徳島県の「プラチナ保健師」（退職保健師）の事例であるが、単一の事例に留まるわけではない。東日本大震災は保健師の勤務形態をがらりと一変したわけではないものの、ひとまず保健師の間では、地域・地区との関係性構築という観点から、保健師職能を再評価することになった災害であるというのが本書の主張である。このような動向は、ジェンダーの視点にすぐ対応するものではないが保健師は日常的に母子や多様な女性と接点をもち、今後、保健活動にジェンダーの視点をとりいれるにも重要な変化である。

　ここでは発災後まもなく被災地で活動した保健師の経験に目を向ける。それらの経験は保健師と地域との関わりを再考するものであった。なお、復興にいたるまでの保健師の経験についてのまとめは今後の課題であり、本章ではとりあげない。

　災害のフェーズについては様々な分類があるが、本章では保健師の災害対応マニュアル[1]に準じて、フェーズを次のように区別する。

・フェーズ0　初動体制の確立（概ね災害発生後24時間以内）

・フェーズ1　緊急対策—生命・安全の確保—（概ね災害発生後72時間以内）
・フェーズ2　応急対策—生活の安定—（避難所対策が中心の時期）
・フェーズ3　応急対策—生活の安定—（避難所から概ね仮設住宅入居まで）
・フェーズ4　復旧・復興対策期—人生の再建・地域の再建—（仮設住宅対策や新しいコミュニティづくりが中心の時期）
・フェーズ5-1　復興支援期・前期—復興住宅に移行するまで—（コミュニティの再構築と地域との融合）
・フェーズ5-2　復興支援期・後期—新たなまちづくり—

　支援・ケアという観点からみると、これまで、災害社会学分野では、仮設住宅や公営住宅への入居に伴う孤立防止に焦点が当たる傾向にあった（本間2015、似田貝1999）。このフェーズに関しては、保健師と同じく医療専門職である看護師の活動を取りあげた研究がある。三井さよ（2004）は、看護師の黒田裕子氏と長期間活動を共にしながら、その支援の論理を、看護師としてではなく「人として」の支援という表現で記述した。三井の研究では医療的助言を、指導的な立場から行うという看護師の専門性が被災者への個別支援を通して再考されるという過程が描かれた。
　けれども、より初期の段階である「応急対策期」のニーズ把握に関する専門職の関わりについては、医療的なニーズ把握が中心になるためか、社会学分野での研究はほとんど蓄積されておらず、保健師を対象とした研究は見られない。そこで本章では、まずこの時期に着目する。
　「応急対策期」とは、「大規模災害における保健師の活動マニュアル」での災害過程の区分で、「フェーズ2　応急対策—生活の安定—避難所対策が中心の時期」に該当する。フェーズ2は、発災後72時間以降から2か月のことであり、全国からの応援保健師と派遣保健師の派遣人数がピークになり、被災者の状況確認や健康面でのニーズ把握がとりわけ重要になる時期である。派遣されてきた保健師らの協力を得て、被災市町村では全戸対象の健康調査が行われる。本章でとりあげる徳島県プラチナ保健師も、応急対策期の保健師派遣の経験を経て、制度化されたものである。第5章で述べた岩手県大槌町の事例のように、行政職を退職した保健師や行政職以外の保健師が全国か

ら自主的に集結したのも、この時期である（村嶋・鈴木・岡本編 2012）。

　このような応急対策期のニーズ把握の問題は、保健師や保健医療職にとっての実践上の問題というだけではなく、災害社会学の学術上の問題になりうる。災害発生から間もない混乱の中、支援者はどのような知識や技術を用いて、一人一人のニーズをアセスメントしていくのかという観点からの研究である。保健師といっても就業場所は様々であるが、本書では、行政に勤務する保健師（＝行政保健師）に目を向ける。

　行政保健師に対象を限定する理由は、行政保健師が行政職としての広い職権を有している点である。全国の都道府県・市町村に配属されており、職務規定上は多様な属性の地域住民に対して保健指導をもって介入できる。その職権を平常時から有効に発揮できれば、行政保健師は、災害対応時に極めて重要なアクターになる。さらに、もう一つの理由は、行政保健師の OG による活動が東日本大震災では多く見られたことである。宮城県全体では、既に行政職を退職した行政保健師たちが宮城県看護協会を通して後方支援を行った。個人としても、岩手県大槌町の鈴木るり子氏のように、行政保健師に代わって健康調査を組織した例がある。そこで、本書の対象を、行政保健師の中でも行政を退職した保健師（＝退職保健師）とする。

　退職保健師とは、行政保健師を定年退職した後も地域住民としてその地域に住み続けている保健師、行政保健師を辞職・退職後に公的機関の教員・理事・役員として活動している保健師を指す。けれども、これらの退職保健師は東日本大震災後に改訂された「大規模災害における保健師の活動マニュアル」（以下「マニュアル」とする）の中では、災害時の役割が十分に検討されているとは言い難い。

2　保健師の災害対応マニュアルと退職保健師

　東日本大震災を経て大幅に改訂された「マニュアル」が念頭においているのは、5つの立場の行政保健師である。それぞれの立場の行政保健師が担う災害対応業務の分担と保健師間の連携体制について、この「マニュアル」（p.25）の内容と、奥田（2008: 216）を参考にして図示したのが図1であ

る。奥田（2008: 216）は、災害対応業務を内容面から、避難所や仮設住宅や在宅において生活する被災者への「直接的支援」、被災状況や要支援者に関する「情報収集・分析」、被災者の「ニーズ集約」、健康調査を含む活動計画の「計画策定・評価」、応援部隊の調整や関係者ならびに関係機関との引継ぎといった「関係機関連携・調整」に区別している。以下に、これらの区別も適宜参照しつつ、それぞれの行政保健師の業務を概観する。

図7-1の①の保健師は、被災市町村に勤務している行政保健師である。災害対応において発災直後から「直接的支援」や「ニーズ集約」を行うとともに、市町村内の「計画策定・評価」と「関係機関連携・調整」といった統括・指揮役割を担う。これらの業務は「緊急時の保健活動の指揮・統括、情報収集、援助要請、応援要請、応急救護、防疫活動、災害時要援護者の安否健康状態の確認、保健活動の実践、保健医療福祉サービスへのつなぎ、保健所や県と連携した活動、災害時保健活動の評価、応援派遣保健師の受入、災害復興計画に基づく事業展開」（マニュアル、p. 25）といった広範囲に及ぶ。

ここでいう「緊急時の保健活動」とは、被災者の救命や手当や搬送といった応急的な処置、感染症等の予防のことだけではない。住民の被災状況の把握、健康調査（安否確認のためのローラー作戦）の実施による保健医療データ更新、避難所での健康支援、「要援護者」（実質的には、高齢者、障害者、在宅療養者、難病者、精神疾患者、乳幼児・妊婦等）の健康支援などである。換言すれば、被災状況の把握、健康調査、地域内の巡回訪問、避難所支援を通して、住民全体の保健福祉ニーズを把握し、必要な支援に繋ぐことが、被災市町村の保健師には求められている。「緊急時の保健活動」はマンパワーを必要とし、①の立場の保健師だけでは行うことができないため、様々な立場の保健師が、全国から被災地に派遣されることになる。

②の保健師、被災市町村を管轄する保健所に勤務する保健師や、同じ保健所管内の他の町村に勤務する保健師は、被災市町村において①の保健師の業務全般を支援し、被災県庁（本庁）との連絡調整を行う。具体的には、「情報収集、県庁関係部署への情報提供、医療提供体制の整備、保健所としての保健活動方針の決定、援助要請、市町村の応援派遣要請のとりまとめ、保健活動の評価支援、応急救護、防疫活動、災害時要援護者の安否確認、保健活

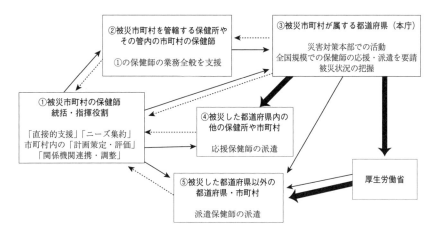

図注：点線は、人員の応援や派遣を指す。
　　　実線は、被災状況に関する主な情報提供ルートを指す。太線は、公的な人員派遣要請ルートを指す。

図7-1　保健師の災害時の業務内容の分担と連携
出所：平成25年日本公衆衛生協会・全国保健師長会「平成24年度地域保健総合推進事業大規模災害における保健師のマニュアル（東日本大震災における保健師活動の実態とその課題をふまえた改正版）」および奥田（2008）を著者により改編し作成

動の実践、県本庁との連携、応援保健師の受入に関する具体的調整、災害時保健活動の調査」（マニュアル、p.25）を行う。

　③の保健師、被災都道府県（本庁）に勤務する保健師は、災害対策本部での活動や全国規模での保健師の応援・派遣の要請をするという役割があり、「対策本部としての活動、情報収集、情報提供、医師会等との調整、被災地保健所や保健師の支援、被災地保健所市町村からの要請に基づく国への派遣要請、県内保健所及び市町村保健師の応援調整、応援派遣保健師の体制準備、保健活動に伴う予算措置、指導、助言、災害時保健活動の評価」（マニュアル、p.25）を行う。

　④の保健師、被災都道府県内の他市町村や他保健所に勤務する保健師は、「応援保健師」として被災市町村に派遣され「緊急時の保健活動」を支援する。

　⑤の保健師、被災都道府県外の他市町村や他保健所に勤務し、そこから派

遣されてくる「派遣保健師」もまた「緊急時の保健活動」の支援を行う。派遣は、災害対策基本法第二九条、第30条、第六七条に基づいており、長期派遣の場合は、数か月から一年のスパンで被災自治体に常駐し職員の補助を担うし、短期派遣の場合は、公衆衛生医師（保健所医）、保健師、事務職員等からなる二名から四名程度のチーム単位で、一週間ごとの交替でローテーションを組み、全体では半年から一年に渡って派遣される[2]。

　④の応援保健師や⑤の派遣保健師の活動を効率的に行えるよう、人員派遣を調整し派遣保健師への指示を出すためにも、①や②の立場の保健師の調整能力や指揮命令力が重要である。東日本大震災の場合は、市町村全体が大きな被害を受け、保健師のマンパワーが著しく失われた。例えば岩手県陸前高田市では、現職の保健師9名のうち6名が死亡または行方不明になり、残りの3名のうち一名が震災後に入院した。同市では、②の立場や③の立場の保健師のみならず、④の立場の長期間の派遣保健師が調整役を担っていた（佐々木・岩室・日髙 2012）。

　東日本大震災での事例をふまえ、平常時から業務全般を見渡して情報を集約している「統括保健師」を定めておくことが重視されるようになった（中野・平井・藤原・宮崎 2014）。さらに、全国の行政保健師の間でも、いつ被災地に派遣されても良いように、災害時の業務について記録し、保健師間で定期的に学習機会を設ける取り組みが進められている。

　このような議論の中でしばしば抜けがちであり、また、本書で焦点を当てるのが、①の行政保健師を既に退職した保健師たち、つまり「退職保健師」である。彼女らは地域社会で生活している潜在的なマンパワーである。行政職を退職してもなお、市長や町長や現役の行政保健師や地域住民といった人々との間にネットワークを有しているため、災害時にも自主的な支援活動を行うことがある。

　その最たる例が第5章と第6章で取り上げた鈴木るり子保健師であるが、一般に、鈴木保健師のような退職保健師の活動を市町村が認めることは珍しい。被災地で活動する保健師は、行政の後ろ盾がある現職の行政保健師が大半である。退職保健師が活動する場合は、看護協会に所属した退職保健師が、被災市町村の後方支援をするという形態が一般的である。保健師資格を持っ

ていたとしても、フリーランスや個人では、行政側もこうした活動を委任しづらいのが現状である。「民間で働いていたり、現在は勤務に就いていなかったりする公衆衛生関係の専門職の人たちの中で、『専門性を活かしたボランティア活動を行いたい』という希望も多かった」ものの、免許の確認や、守秘義務の徹底も手間がかかり、行政機関が混乱状態にある中では受け入れることができなかったという（佐々木・岩室　2012: 56）。鈴木保健師の場合は、長年大槌町で活動したキャリアがあるために、大槌町の副市長からの委任状を得ることができたのである。

　鈴木保健師のように、地域でキャリアを積んできた退職保健師は全国に数多く存在する。その存在に行政レベルで目を向けたのが徳島県である。退職保健師の経験を災害時に活かすためには、何らかの制度や仕組みがあることが重要である。以下は、行政側がその仕組みを用意した事例である。

3　徳島県プラチナ保健師制度と退職保健師の役割

3-1　徳島県「プラチナ保健師」制度の設立経緯

　プラチナ保健師制度の目的は、行政を退職・辞職した保健師の豊富な知識や経験、地域に関する知識を災害対応に活かすことである。2015年5月では27名の退職保健師が自主登録している。プラチナ保健師は、平常時からも日常的な保健業務のサポート役として行政保健師を手伝っている。具体的には、健康教育や健診の手伝い、難病や障害などの当事者と住んでいる家族会の支援、精神障害者の作業所の支援、健康増進計画の作成支援、介護支援の認定の判定委員等である。これらの活動を通して、現職の保健師とのネットワークが維持されている。災害時になると、避難所や福祉避難所での避難住民の健康管理・心のケアや、避難所等の関係者との調整をサポートすることが想定されている[3]。

　この制度の設立に対して直接的な影響を与えたのが、東日本大震災である。東日本大震災では、全国の当道府県・市町村と同様に、徳島県も被災市町村に対して、行政保健師をのべ126名、短期派遣した。徳島県から派遣された行政保健師は、主に宮城県内の被災市町村に派遣され、その時の経験が、退

職保健師の制度化に寄与したという。

　以下に、徳島県の保健師に対して行ったインタビューをもとに、ニーズ把握という課題に焦点をあてながら、詳述する。ニーズ把握が、しばしば保健師と地域との関わり方を再評価する形で論じられていることが分かる。

　東日本大震災で宮城県の被災市町村に派遣された徳島県の中堅の保健師が、派遣された先で困ったことは、県外から来た保健師として、自分たちは地域のことをよく知らなかったこと、「地域のことがわかっている人」としての地元の保健師が、避難所対応に追われていたこと、自分達は土地勘も掴めず言葉も分からず、住民のニーズ把握をしようとしても情報収集が難しかったということだった。インタビューでは次のように述べられている。

　　　［地元の］市町村の保健師が避難所の巡回要員のようになってしまって、全体の調整が出来なかったです。［中略］［地元の］保健師が避難所の夜泊まる番にも当たったりしてしまって一人になってしまったり。地域のことがわかっている人がいると全然違う。巡回の訪問活動しようと思っても、まず土地の名前がわからないし。

　宮城県内の被災市町村に派遣された徳島県の保健師たちは、住民の安否確認や健康支援やニーズ把握のために、一つ一つの世帯を訪問していく「巡回の訪問活動」をめざした。震災直後のニーズ把握といっても、対象は避難所の住民だけではなく、在宅避難をしている住民が含まれる。東日本大震災は在宅避難者数の多い災害であったため、避難所のみならず住宅地を巡回することが望ましいと考えられていた。

　しかし、受入れ側の被災市町村も混乱し、地元の保健師も避難所対応に追われていた。派遣された保健師も「巡回の訪問活動」が望ましいと思いながらも、地域のどこが浸水しているのか、地区の具体的な名称は何かといった基本情報も十分に行き届かなかった。つまりは、受入れ側と派遣保健師との連携や役割の調整が困難であり、派遣保健師に対して明確に指示を出せる地元の保健師が不在であった。そのため、短時間で支援活動を行わないとならない派遣保健師としては自身の活動に意味はあるのかという不全感を感じざ

る得ない場面さえあった。

　その状況の中で、地域についての情報を、一つ一つ獲得してその確かさを確認していくことは、最長でも五日のスパンで入れ替わる派遣保健師からすると、非効率なものに感じられたという。もし、「地域のことがわかる」地元の保健師が何らかの形で後方支援的な立場にいれば、この問題は改善されたかもしれないと考えられた。ここでいわれている「地域のことがわかる」という表現は、土地勘があることはもちろんのこと、地元の保健師として統括的な立場を担えるということを、指している。

　この点が、制度設立の経緯の第一点目であるが、インタビューデータを見ていくと「地域のことがわかる」からこそ出来る支援について、さらなる意味が加わっていく。それを示すのが制度設立の経緯の第二点目についての説明である。ここでは、短期派遣という立場で被災者に関わることの限界の認識について、次のように述べられている。

> 私たちも2泊3日とか、短期間でローテーションで行っていたので、なかなか一人が、追加で何か支援を行うってことはできない。それが自治体で働く保健師の宿命でもあり、うまくこう引き継ぎをしながらやっていくしかありませんでした。短期で派遣される保健師とは違い、その地域の保健師OBの方だったら、そこの地域のなかでずっとその方々とよりそいながら、避難所運営や地域のなかでの支援をして頂けるかなと思っていました。

ここで具体的に想定されているOB（OG）とは、徳島県プラチナ保健師のことである。プラチナ保健師という存在について次のように述べられている。

> ［保健師を］やめられても今もこういろんな支え合い、健康づくりをされたりとか、市町村の健康事業の応援をしていただいたり、それから、地域の中でもたぶん保健師さんってある意味いろんなこと提言できる力があるので、なんとか委員会とか審議会とか、まちづくりの、健康づくりの計画をするときに委員になるとか。そんなことをされてる。

前者の引用では、震災時の住民のニーズ把握とそのフォローアップという課題に関連づけられて、「地域」という言葉が繰り返されている。後者の引用に目を向けると、単に土地勘があるとか方言が分かるとかということではなく、地域住民と継続的に関わり続け、個別ケアだけではなく、地域社会のさまざまな制度や仕組みに関与できることが、地元の保健師が持つ強みであると捉えられていることがわかる。前者のインタビュー抜粋における「地域のなかでの支援」というのは、具体的には、地域のさまざまな資源を熟知した上で、その人に必要な支援をアセスメントして、それらを調整することが想定されている。

　緊急時では健康状態のアセスメント（病状や症状に応じて医療機関や福祉に繋げるという意味での）が重要になり、それ自体は看護師が行うこともある。しかしどのように継続して支援するのかということや、その人の震災前からの生活背景への考慮や、そういったニーズに対応するべく市町村全体の保健事業の方向性の決定ということになると、保健師が担う役割が大きい。その役割は、平常時の地域に根差していることが望ましいということである。

　東日本大震災で派遣された時のこのような戸惑いや困難を教訓にして、徳島県の保健師は、地域のことをよく知る保健師が一人でも多く、災害対応に関わることの重要性を認識した。徳島県で過去に保健福祉部長を担った経歴がある同県の管理職からも、保健師たちに対して「OG活用を考えてみては」という提案がちょうどなされていた。さらにそれに加えて、もともと徳島県では退職保健師と現職保健師との交流機会があったことが遠因にある。

　　以前から、保健師のOBの方々をご訪問させて頂いたり、インタビューをしていたんです。［中略］地道な地域活動をされている方々のいろんな経験をお話頂きました。そのなかで、保健師さんというのは、地域に帰られても、決して、いちおばさんだけじゃなく、生涯、保健師をしているってすごく感じたんです。ちょっとスーパーにいっても、そこで会った母子や、色んな方に、上手に保健指導でないですけど、おかずの買い方とかを助言するとか。

　ここで特徴的なのは、「地域に帰られても」、単に一般住民として生活する

のではなく「生涯、保健師をしている」という表現である。スーパーでのちょっとした世間話が保健指導になることがここでは挙げられているが、それだけではなく実際に、プラチナ保健師に登録している人々は日常的にも様々な地域活動を行っている。このことが「生涯、保健師をしている」という言葉で表現されている。ここでいう地域活動とは、このインタビューの文脈において敷衍するならば、地域の中に住む地域住民と協働して行われる、社会的意義がある活動のことである。

3-2　プラチナ保健師登録者たちの災害支援経験

　プラチナ保健師登録者たちは、地域社会の中でも様々な活動を行っている。高齢者によるチアリーディングクラブを設立し自らチアリーダーとして活躍している者もいれば、若者のUターンを促進するNPOの活動を組織化する者もいる。行政保健師として勤務していた頃の業務の延長線上にある活動として、障害者の作業所の運営の支援をする者もいる。

　平常時に地域活動を行い様々な人々とのネットワークがあることはプラチナ保健師の登録者たちの特徴である。さらに、過去に生じた大規模災害の時に被災地に派遣された経験を持つ者もいる。

　プラチナ保健師のうちの一人は、阪神淡路大震災では神戸市に、新潟中越地震では新潟県小千谷市に、東日本大震災では宮城県の被災市町村に、行政保健師として派遣されていた。その時の経験からも、地域をよく知る現地の保健師がいたことが、自分たちが被災者のニーズ把握を行う上で、助かったと述べている[4]。

　　　　新潟中越地震の時は、私は地域を、一軒一軒調査に回って、帰って来て地
　　　　元の保健師さんに地域のことを知らせました。今日は訪問に行ったら、赤ちゃ
　　　　んがこういう状態でしたとか、こんな人がいましたって。そしたらその地
　　　　元の保健師さんが、多分あの子だと思うとかね、寝たきりの人で施設のこと
　　　　を相談されましたって言ったら、あああそこのおばあちゃんですねとかね、
　　　　地元の保健師さんが中枢で保健センターに動かずにいてくれて、その人が、
　　　　こちらが知らせた二件については、我々の方が調整して対応しますねと言う

ので、私は安心して情報集めて、知らせることができました。［中略］東日本大震災で行った時は、市町村の保健師さんともあまり関わりを持てませんでした。現地の保健センターの保健師さんがどう動くのか、声をかけてみたけれど、保健センターの保健師さんも、災害対応に並行して、通常の保健業務を始めないといけない状況でした。保健部門［＝保健師］は、市町村のそういう保健部門［＝保健師］の人達がかっちりと指揮命令系統のところにいてくれて、その人たちの手足として使われるなら、活動できます。［中略］ですので、徳島県で起こった場合は、市町村の保健師さんがその地域のことをよく知っているんだから、指揮命令系統の所に動かずにいてもらって、いろんなところから派遣されてきた人に指示を出すようにしてもらいたい。我々［＝プラチナ保健師］も、現職を離れてしまった以上は、そうした指揮命令系統として動くのは、もう無理ですから。

　ここでは、地域住民にどのような人たちがいるかを把握し、地域の資源を熟知し、ケースにおうじて支援調整ができるということが、「地域をよく知っている」と表現され、ニーズ把握のためにも必要であると述べられている。地元の現職の保健師が指示命令系統にいて、自分達が把握してきたニーズをきちんと受け止め、それに対して明確な対応をしてくれたことが、被災地で派遣保健師として活動をする上では励みになった。この経験から、この退職保健師は、災害時に地元の現職の保健師が動かずに指揮命令・調整の立場にいてもらうためにも、「プラチナ保健師」である自分たちが何等かの後方支援をできるようにと、この制度に登録したということである。
　この徳島県の事例では、災害時に派遣された経験をふまえて、地域をよく知る保健師が、指示命令系統としていてくれることが、被災市町村の保健師と派遣保健師の連携のためには重要であるという認識から、プラチナ保健師が制度化されたことが示された。さらにプラチナ保健師のように平常時から地元の現職の保健師と協働している保健師がいることが、災害時にも顔が見える関係同士として、被災者のニーズに関する情報を伝達しやすくなるという認識が示された。
　この事例では、「地域」を知っているという言葉が、単に土地勘や方言や

地理歴史といったことだけではなくて、地域の中の支援を調整できること、多様な地域住民の姿を把握していること、地域社会の自主的な活動に参加していること、地域住民に関する情報の中でもどのような情報が伝える必要のある情報なのかを判断できることと関連づけて語られていた。換言すれば、地域、地区という言葉と関連づけて、災害時のニーズ把握に必要な保健師のスキルが述べられているのである。

4 保健師と地域との関わりの再評価

　ここまで、保健師が「地域」「地区」について、災害時のニーズ把握活動を通じて、どのように認識し直しているのか、その認識が活かされた事例としてのプラチナ保健師制度に焦点をしぼり、検討してきた。徳島県の現職の行政保健師の言葉をさらに引用する。

　　　今、国で地区担当制が再評価されています。専門性が高くなってきたので業務分担という流れでしたが、揺り戻しというか、保健師が地域のことが分からなくなっています。私の年代は地区担当だったので、地域にいろんな人が生活しているということを十分知ったうえで活動していましたが、今の若い世代はなかなかそこが難しいようです。徳島県内二四市町村あって地区担当制に戻したところもあります。東北の震災をうけて、やっぱり地区担当制が重要と思ったところは、何か所か地区担当制に変えています、小さな規模の市町村はそうです。

　ここでいわれているのは、2013年4月19日付で厚生労働省健康局長から、都道府県知事・保健所設置市長・特別区長宛に出された「地域における保健師の保健活動について」という指針のことである。この指針では、東日本大震災の経験をふまえて、平常時から保健師が「地域」「地区」のことをよく知ることができるように、日頃の業務体制を、「地区担当制」を推進することによって、見直していく必要が指摘されている。
　第6章で主に取り上げた鈴木るり子氏が勤務していたのも、この「地区担

当制」と呼ばれる業務体制の下である。地区担当制とは、市町村をいくつかのブロック（地区）に分け、各ブロックを保健師が一人ずつ担当する業務体制のことである。一人の保健師にとって、その地区に住む老若男女すべてが保健指導の対象となる。家庭訪問を繰り返し、保健師は直接自分と面接していない家族成員についても情報を得る。その個人が病気に罹ったり、被災したりする前からの家族関係や生活状況を知ることができるし、住民一人一人やその住民間の関係性を理解し、健康づくり運動や各種健康教室など、地域ぐるみの保健活動を促すことができる。

　しかし現在では、完全な地区担当制を採っているのは全国の市町村でも1割である[5]。その他の体制としては、母子保健、高齢者保健、介護予防事業というように、世代や対象別に担当を決めて、保健業務を分割してそれぞれを分担するという「業務分担制」が主であり、これが全国の市町村でも四割に上る。残りの五割は、両者の混合型（「併用型」「重層型」）であるが、混合型の場合にも、実質的な働き方としては各種業務を優先して仕事を進めており、その結果として「業務分担制」に近い体制になっている市町村が大半である（同じく、注5）。

　この背景には、老人保健法施行や介護保険法施行により、各種の保健事業が増大し保健師の業務が事業単位になっていったこと、その事業に伴う事務処理が事務職員ではなく保健師の仕事になったことにより、保健師の地域住民への関わりが薄れていったことがあげられる（田上 2013、尾田 2013）。

　徳島県の保健師の語りにおいても、「保健師が地域のことわからなくなっている」ことが「揺り戻」されている問題としてあげられている。この地域のどこにどのような人が住んでおりどのような支援や制度、仕組みが必要なのかという、地区に住んでいる人々の特徴を、個別ケアと地域ケアの双方の視点から包括的に把握することが難しくなり、地域における「いろんな人」について知ることができない。

　奥田もこの点を指し、「地域に根づいた活動が平時からなされているからこそ、被災時においても地域情報や地域資源を有効に活用でき、さらに関係機関や関係職種との連携の調整者としての役割が効果的に発揮できるのです」と述べている（奥田 2011: 188）。東日本大震災を経て、地域をよく知る

保健師が災害対応において重要な位置を占めうるという認識のもと、地区担当制の再評価がなされてきたということだ。
　確かに、保健活動の現況をみても、地域住民との関わりの機会は少ない傾向にある。平成27年度における、保健師1人当たりの1か月間の業務内容とその時間配分に関する調査では、最も地域密着型の業務が多いと思われる「市町村」の勤務の保健師であっても、最も時間を割いているのが「業務連絡や事務」であり、これが1か月間の業務のうちの20パーセントを占める[6]。「業務連絡や事務」には、保健事業の予算管理、予算執行の事務作業が含まれている。
　他方で、「家庭訪問」「保健指導」「健康相談」といった、地域住民への直接的な対人援助サービスへの時間配分は、それぞれ、全体の6パーセントから8パーセントである。これらの直接的な対人援助サービスに割かれている時間を合計すると、現在でも全体の20パーセントを占めることになるので、一見すると、住民との関わりはあるように見える。ただし、ここでの対象は何らかの支援ニーズが顕在化している住民である。住民は、災害時要援護者になりうる層であるので、震災前からの関わりを持つことが重要である。そういう意味では現在の活動内容が災害時に活かされる可能性はある。しかし、逆をいえば、現在は健康な状態の住民や支援ニーズが顕在化していない住民、地域社会のキーパーソンになるような住民、関係機関や多職種での介入が必要な住民との関わりの機会が、少ないということでもある。
　その他、地域の関係機関や多職種との連携や情報共有を指す「コーディネート」の時間配分は全体の11パーセント、地域の母子保健推進員、民生委員、児童委員、ボランティア等の活動の育成や支援を指す「地区組織活動」の時間配分は、全体の2パーセントである。
　こういった状況が災害時、ここでは「応急対策期」にどのような弊害として現れてくるかというと、自分の担当業務とは直接関係のない多様な住民層への健康指導の経験がないため、災害時の全住民に対するニーズアセスメント能力が十分に育成されず、支援に遅れが生じることや、地域社会におけるキーパーソンや関係機関との日常的な連携調整の経験が少ないため、数々のニーズを適切な担当者に繋げていくという調整機能に支障がでることがあげ

られる。

　地域をよく知る退職保健師の制度化に踏み切った徳島県の事例の先駆性は、保健師の災害対応マニュアルでも抜け落ちていた「退職保健師」に着目した点、退職保健師と現職の行政保健師との協働を日常的に促進しうる点にある。退職保健師との協働体制をOJT方式で人材育成やキャリア教育として活用しつつ、現職の保健師が地域社会にどのように入っていくかを、市町村レベルで見直すことが、徳島県でも課題になっている。この課題は全国的に保健師が直面している課題でもある。

　東日本大震災以降は、地区担当制に切り替えたり、地区担当制を一部導入したりした市町村がみられる。

　津波被災地の事例では岩手県釜石市がそうである。釜石市では業務担当の保健師と地区担当の保健師を分けて、後者の保健師が市内の公民館やセンターに常駐しその地区の住民と関わりながら保健活動を担っている。しかし地区担当の保健師の平均年齢は30代前後と低く、いわゆる「新任期」に該当する保健師が地域住民に関わる中では、年齢も活動内容に影響し困難があるという[7]。

　それらの事例の中で、保健師がその変化をどのように受け止めているのか、退職保健師がどのように関わっているのかについて明らかにすることは、今後の課題である。さらに、保健師の業務内容や業務体制は、戦後の時代の変化を受けて、今日に至るまで目まぐるしく変容を続けてきた。その変化について、東日本大震災での保健師の経験に主軸をおきながら、「保健医療専門職」の専門性に関する社会学的議論の中で位置づけていく必要がある。この点も、今後の課題としたい。

［注］
1　平成24年度地域保健総合推進事業「東日本大震災における保健師活動の実態とその課題」をふまえた改正版「大規模災害における保健師の活動マニュアル」（平成25年日本公衆衛生協会・全国保健師長会）による。
2　東日本大震災では、岩手県・宮城県・福島県の被災三県に対して、短期派遣の派遣保健師だけでも、のべ7,002名が派遣された（平成25年公衆衛生協会「平成24年度地域保健総合推進事業　被災地への保健師の派遣の在り方に関する検討会報告書」、四頁）。

3 徳島県保健師から提供された文書、新聞記事(「公明新聞」2011年7月4日記事「地域で輝く『プラチナ保健師』」)、徳島県保健福祉部医療政策課 (2013) に基づく。2014年10月に、徳島県庁における行政保健師3名に対して行った、プラチナ保健師制度の設立経緯に関する二時間のグループインタビューに基づく。[ ]内は引用者。
4 2015年3月に、徳島県庁でプラチナ保健師の実際の活動について行った、3時間のグループインタビューに基づく。現職の保健師二名とプラチナ保健師3名の合計5名が出席した。発言者はプラチナ保健師3名が主であった。[　]内は引用者。
5 平成二七年公益財団法人日本看護協会「平成26年度厚生労働省先駆的保健活動交流推進事業報告書」、p. 12。
6 厚生労働省「平成27年度 保健活動領域調査(活動調査)の結果の公表」(http://www.mhlw.go.jp/toukei/saikin/hw/hoken/katsudou/09/katsudouchousa_h27.html　最終閲覧日・2017年7月)。
7 2016年5月に岩手県釜石市の統括的立場の保健師3名に対して行ったグループインタビューに基づく。

第8章
災害・支援・ケアの社会学と専門知
―― ニーズへの応答に向けて

　災害時のニーズ把握の困難とは、個別具体的に諸個人において生じるニーズの多様性や予測の困難のことである。そのニーズや被害に対応するのは被災者ケアをおこなう人々である。おこなわれる場は地区と呼ばれるような狭い範囲での地域である。よって、本書では地域単位での被災者支援の文脈に照準した。地域における被災者支援に関する展望を社会学的に示すこと、ヴァルネラビリティとケアという論点を災害研究にとってまた社会理論にとって経験的な事柄に則してどのように展開しうるのかを本書では目指してきた。各章の議論をまとめ、この課題にとりくむことの経験的・理論的意義を述べ、経験的研究の展望を示す。

1　議論のまとめ

　本書の課題について、地域における被災者支援を念頭において次の3点から接近した。それぞれ第Ⅰ部と第Ⅱ部と第Ⅲ部に対応する。

- 1-1　自然災害の被害とニーズの理論的考察――リスク論・ヴァルネラビリティ概念
- 1-2　被災者支援における被害・ニーズの考察――災害と女性とケア
- 1-3　被災者ニーズ対応における保健師の専門性の考察――東日本大震災と地域保健

1-1　自然災害の被害とニーズの理論的考察——リスク論・ヴァルネラビリティ概念

　第1章では、国内とアメリカの災害研究の流れの双方において、被災者支援・ケアという課題が浮上してきたことを論じた。自然災害のマクロレベルでの制御・予測・予知といった国家的危機管理の要請が、初期のアメリカ災害研究には、反映されていた。その後災害研究の蓄積と進展に伴い、自然災害の被害の論じられ方がヴァルネラビリティパラダイムを主軸にすえたものへと変化していく。つまり自然災害の被害が社会的背景を持つものとして理解・説明されるとともに、被害の個人差・社会差という論点が1980年代ごろからヴァルネラビリティという概念を用いて提示されるようになったのである。日本国内の災害研究はこの流れからは独立してはいるものの阪神淡路大震災を経て東日本大震災に至るなかで支援・ケアの議論が、その人の社会的属性と結びつけられて論じられるようになっていく。東日本大震災以後は支援対象者の社会的カテゴリーの細分化が見られる。

　以上のことを確認したうえで、支援・ケアの問題と地域は切り離せないことを主張した。なぜなら物質的な出来事である災害はその物質性ゆえに生身の身体への危険をともなうものであり、地域単位の防災・災害対応が、その抑止と被災者ケアの場となるためである。

　第2章は、リスク・被害の帰属という観点から考察した。自然災害の被害を社会構造や個人の社会的属性に結びつけて説明する災害研究のヴァルネラビリティ概念に依拠し、個人のヴァルネラビリティ、災害の被害の受けやすさを規定する社会的属性と状況を説明する先行研究をとりあげた。その先行研究は社会構造や社会的不平等の生み出すリスクと個人の関係をとらえようとするものである。その説明の仕方とリスク社会論の知見を比較した。ヴァルネラビリティ論におけるリスク概念では、リスクの認知的側面についての議論があまりおこなわれてこなかったことを指摘し、災害研究とリスク社会論の差異を考察した。次に、被災者支援の文脈からヴァルネラビリティとリスクの問題を考えるとき誰にどのような被害があり、誰が何を欲しているのかというニーズ把握の困難という問題がある。その被害やニーズは事前に被害をその人の社会的属性と関連づけて論じる仕方からでは、十分に理論的に

捉えられない。つまりヴァルネラビリティの内容は事前に予測えてもその程度は予測できない。この問題を非知概念との関連で論じた。地域単位での災害対応においては非知のヴァルネラビリティへのケアが重要であることを理論的な側面から述べた。あわせて、被災者ケアのおこなわれる場としての地域社会についての理論的考察を付した。

1-2 被災者支援における被害・ニーズの考察——災害と女性とケア

　第Ⅱ部では、第Ⅰ部での問い「自然災害の被害やニーズをどのように社会学的に考察するか」に対し、災害と女性という角度から経験的なレベルで接近した。障害者や高齢者というカテゴリーに比べると、女性ないしジェンダーというカテゴリーは「災害時要援護者」にはふくまれないこともあり、支援の対象としては考えられにくい。しかし、過去の災害においては、その都度の女性のニーズに目を向けることを促す実践もまた、なされてきた。このような、単純に弱者としては括れないグレーゾーンのカテゴリーとしての「ジェンダー」の問題を取り上げることは、不可視化されるニーズ、潜在化しているニーズへの対処という理論的な問題を、経験的なレベルで検討するのに適した方法であると考えた。

　第3章では、災害研究における「女性の視点」論とヴァルネラビリティ概念の接点について、「災害と女性」研究に依拠して述べた。「災害と女性」に関する研究が、平常時からの女性を取り巻く状況と社会秩序、ジェンダー秩序の分析をふまえて災害時の女性の被害が考察されるべきであることを主張していること、そのとき性差は変数ではなく過程として理解されるべきことを示した。女性の視点から災害の被害を考察することは、その被害の身体性についての議論と結びつけることができる。セックス／ジェンダーという区別はジェンダー研究の主要な視点・方法論を構成する。自然災害においては、個別具体的な女性の身体への被害が現れる。本書での課題は災害時におけるニーズの把握の困難と個別具体的な対処の方法という被災者支援上の課題を問題背景としていることから女性の身体面での被害に着目した。セックスとしての女性の身体もまた社会的に構築されており、セックスもまたジェンダーとして社会的に構成されているという視点に立たなければ女性の災害の被

害を考察できない。けれども従来の災害と女性研究においては、この区別について詳細には検討されてこなかった。さらに、災害時の女性の被害を時間軸に沿って見ていくと、平常時のジェンダー秩序が反映されており、身体面での公衆衛生や保健といった被害が女性に特有の仕方で発災直後や避難生活において顕著となることがわかる。多岐にわたる被害は女性の一人一人の身体において生じるため、地域という地理的な比較的狭い範囲における防災活動や災害対応に女性の視点を組み入れることが重要である。この女性の視点は、女性の災害被害の記述、女性の主体的な災害対応の記述、そして災害時要援護者と呼ばれるような女性によって代弁されるようなヴァルネラブルな人々の視点も含みうるものとして、女性支援をおこなってきた支援者により用いられてきた言葉である。第3章は女性の視点の含意を検討したものである。

　第4章では、災害と女性研究と地域防災・災害対応の接点にあるものとしての災害時要援護者へのケアをテーマに町内会・自治会へのアンケート調査の結果をふまえて考察した。女性の視点という言葉が女性支援の場面で用いられるとき、それが災害時要援護者のニーズを支援する支援者の視点として代表性を持つという含意がある。そこで女性とケア労働に関する原理的考察としてKittayの依存労働論を手がかりに自然災害発生時には災害時要援護者となる依存者のヴァルネラビリティの論じられ方を、災害研究におけるヴァルネラビリティ概念と比較検討した。自然災害においてはケアの担い手としての関係的なヴァルネラビリティもまた女性の状況として顕在化することを論じた。災害時要援護者というカテゴリーは行政や地域防災の政策上は狭く用いられるため、そのカテゴリーのみに基づいた地域防災や災害対応では不十分である。

1-3　被災者ニーズ対応における保健師の専門性の考察
——東日本大震災と地域保健

　第Ⅲ部ではジェンダーに規定されたニーズの多様性、個別性、身体性への対処という課題について、保健師に着目した。

　第5章、第6章では、災害時の保健師の活動に焦点を当てた。東日本大震災では津波被災地で長年活動してきたベテランの保健師女性が被災者ケアの

中心となってきた。この保健活動は平常時から地区担当と家庭訪問という独特の技術を活かし、昭和初期から平成にかけて、今回の東日本大震災における津波被災地のような普段から医療資源の乏しい地域の公衆衛生を担ってきた。その地域保健活動は住民の生活全般の把握、相談、公害問題、原発反対運動など多岐にわたる、一つの地区に根ざした活動である。自然災害時の保健師派遣は全国規模でおこなわれる。感染症の予防や看護活動だけではなく、家庭訪問や健康調査によるニーズ把握、被災地の健康課題の提示と政策提言、コミュニティ作りなど多岐にわたる。緊急時の救援活動では多様なニーズが生じていて把握が困難な中で、岩手県大槌町のように全国の保健師がボランティアとして、その家庭訪問という技術を活かして被災後の人口ピラミッドの作成、全戸訪問によるニーズ把握と支援のフォローアップをおこなった。

　従来、災害と福祉活動・ボランティア活動は阪神・淡路大震災の社会学でも取りあげられてきた。しかし東日本大震災のような広域型のそして市町村の全体が被害を受けた災害において、保健師のローラー作戦のような支援活動はニーズ把握体制の1つのモデルである。ヴァルネラビリティへのケアという観点からみても、保健活動は健康課題を入り口として住民の状況を把握するさいに効果的である。第6章では、第5章でとりあげた保健師のうち、鈴木るり子氏の活動について、インタビューと参与観察を主として考察した。地区担当制やポピュレーション・アプローチという保健師の職能と被災者支援とが関連づけれ語られていた。

　第7章では、東日本大震災以降の保健師の職能が再評価される動向、具体例としての徳島県プラチナ保健師制度の内容、この制度に対する保健師の意味付けを考察した。津波被災地以外でも、国内の保健師たちは、母子への支援や家庭訪問や地域活動を通して、地域社会の中の様々な女性に対して健康を切り口とした関係性を構築してきた。女性の生活背景を考慮にいれながら支援をするためには、そのような、健康を切り口とした包括的な関係性が重要である。東日本大震災が保健師の職能の再評価に今後与える影響については、さらなる調査研究を行い明らかにする。

　これらの保健師の活動は、ジェンダーの問題にも深く関わるものであり、保健師と他の専門職との連携が必須である。

2 ニーズの多様性をめぐる「災害・支援・ケア」の社会学と専門職

2-1 女性への支援・ケアの持続可能性と専門職

　女性のニーズや被害を提起する際、それは災害時要援護者の支援と不可分である。地域防災・地域単位での災害対応に女性の視点を組み入れていこうとする試みは阪神・淡路大震災を経て国内の女性支援団体によっておこなわれてきた[1]。本書ではこの試みの学問的な基盤となる災害と女性研究領域について、ヴァルネラビリティ概念を主軸とする災害研究の流れと関連づけて論じた。女性の地域社会における主体的な災害対応としては、これまで地域防災リーダーというように住民側の活動は注目されてきた（松井 2011、内閣府 2013、東日本大震災女性支援ネットワーク 2013）。しかし専門職に焦点をあてて、ベテランの保健師女性の活動に焦点をあてて、災害と女性という文脈で論じられたことは国内の災害社会学においてはない。保健師女性の活動はまさに本書のとりあげるヴァルネラビリティへのケアに対する専門職としての実践である。このように理論的な方向性と経験的な事例の接点を災害と女性を題材にして描きうることを本書は提示した。自然災害の被害とニーズを社会学的に考察するさいの視点を、地域防災・地域単位の災害対応における被災者ニーズへの対応、被災者ケアに即して検討し、災害と女性研究を日本国内の地域防災・災害対応の課題と結びつけたこと、国内の災害研究のジェンダー主流化を提起したことが本書の意義である。

　他方で新たな課題がある。実際の女性支援をおこなう支援者は、例えばDVの被害者支援団体や、シングルの家庭の支援団体、男女共同参画に関連した課題に取り組んでいる民間の団体や関心のある市民ボランティアが多い。女性支援団体が他の災害支援の担い手や職能団体（本書では保健師）とどのように協働し連携していくかという課題である。それぞれの支援者が多くの情報を共有していくことは支援の重複や過疎を生み出さないためにも重要である。女性センター・男女共同参画センターは通常業務では啓発活動を担っている。支援活動はNPOや民間の支援団体によりおこなわれている。より専門性や制度上の手続きを有する支援は自治体職員や警察、裁判所などが担

当している。つまりそれぞれの組織・団体・支援者の役割分担がみられる。このことは震災後のDVや虐待の増加といったような、リスクの高い問題への対処が、ごく一部の支援者によっておこなわれていることを示している。つまり深刻な問題になるほど支援の担い手の育成が容易ではないこと、協働と連携が困難であることが課題である。

　予防的な観点からは、DVや虐待に至るまでの小さな変化や事柄であっても、相談できる場所やその場所へのアクセスの情報を住民に伝えること、深刻な問題である場合は複数の専門職や経験者が対応すること、深刻な問題を持つ被害者が最初の一歩の相談において傷つけられることがないような、二次被害を防げるような知識・教育を、全ての支援者におこなうとともに、防災女性リーダー育成に際しても、DVや虐待といった問題において、支援者もまた加害者になりうることをきめ細かく注意することが必要である。このような新たな課題への取組み体制を構築していくことが、女性のヴァルネラビリティへのケア体制の構築につながる。復興まちづくりから女性の視点を排除しないためにも、女性支援に広い意味で関わる組織・団体・支援者が相互に、顔の見える関係を構築していくことがまず重要である。特に保健師も地域社会の中でその関係に積極的に関わっていくことが求められるようになるだろう。

2-2　地域ケア体制の構築と専門職

　医療資源が乏しい津波被災地において、地域ケア体制の構築は急務である。被災者支援に関しては医療福祉との関連でとりあげられることが多いのは福祉職やボランティアという支援者である（似田貝 2008）。本書では福祉職ではなく保健職として保健師の災害対応をとりあげた。津波被災地における個別具体的なニーズや被害への対処は福祉職やボランティアといった人々だけではなくて、保健師という保健職の人々の活動として、つまり医療・保健・福祉の協働と連携の問題として論じ得るものであるからである。この医療・保健・福祉の協働と連携という課題は、災害時だけではなくて、平常時から津波被災地にあった課題である。しかし同時に医療過疎と呼ばれるような地域であるからこそ、岩手県藤沢町にみるように医療・保健・福祉の先駆的な連携体制がとられてきたことも確かである（小松田 2013）。

さらに今日地域という場に在宅医療の問題が入り込んでいることにも注意が必要である。厚労省は在宅医療を推進する方針を打ち出している。従来のように自己の選択の結果として、つまり個人の価値観やQOLの問題としてではなく、在宅での医療・ケアを受けざるを得ない高齢者層が増加していくことが見込まれる。病院中心の医療体制から地域包括ケアへのシフトが進む現在、「ケア全般に関して地域という論点は無視し得ない」（相澤 2013: 26）との指摘にもあるように、地域という単位は福祉だけではなく医療的な実践の場となる。このことは医療・保健・福祉の協働と連携という課題をより複雑化する。

　在宅ケアの問題は本書のヴァルネラビリティとケアの社会学を地域社会の文脈で展開するさいにも関わりが強い問題である。終末期を対象とした在宅ホスピス・緩和ケアとしては、宮城県の医療法人社団爽秋会岡部医院に見るように、宮城県内で複数の先端的な取組みがおこなわれている。終末期の看取りは今後ますます、病院の中のものとしてではなく、地域においてありふれたものになる。医療費削減と反比例して地域は医療の場として重視されることになる。現段階で、地域単位でどのようなケア体制を構築していけるかという点で、この在宅ケアの問題と災害対応の問題は深く連関しあっている。いずれも平常時からヴァルネラビリティへのケアを可能とする体制を医療・保健・福祉の協働・連携をとおして、狭い範囲の地区や移動可能な範囲の地域において構築しておくことが課題である[2]。津波被災地では復興という課題とともに、地域医療再建・再編成の課題の両方が顕在化しているのである。

　その地域という場に保健師という職業をどのように位置付けうるのか。かつて医療資源の行き渡らない農村や開拓村で医療的・福祉的な行為もまた担ってきた保健師という職業の今後の役割が問われる。津波被災地において、ベテランの保健師女性が、既に退職した元・保健師も含めて地域の社会的ネットワークのなかで積極的な保健活動を続けてきた背景は、保健師がその地域において担ってきた働きが人々の生活に根づいていたことである。災害という経験をとおして、この保健師という専門職が他の医療・福祉専門職とどのような協働・連携体制を構築していけるのかという論点は、今後の津波被災地の地域ケア体制の復興のあり方として継続的に問われるべきである。本

書は、保健師の災害対応の特殊性について第5章で考察し、その災害対応のうちに保健師という職能の意義を検討した（第6章、第7章）。

　以上の2点はいずれも協働・連携というタームを中心においている。しかし協働・連携というときに、Hewittが指摘するような排除される視点が必ず生じる。排除されるのは女性の視点であったり、マイノリティの視点であったり、または特定の専門職の専門性であったりする。リスクに関する問題が取り扱われる際には必ずどういった立場（視点）からのリスクなのかという問題がついてまわる。つまり協働・連携のあり方を反省的に問わなければならない。

　そういう意味では、地域包括ケア体制の構築の中でさえも、社会的に排除されているものは何なのか、誰がその排除に気づき対応するのか、ということが課題になる。地域社会は必ずしも専門職の論理で動くものではなく、一人一人の住民が創るものである。けれども多くの住民は専門職性も持たないし、支援やケアという視点に慣れ親しんでいるわけでもないし、ジェンダーの問題も多様であり理解が一致しているわけでもない。そのような中で支援やケアの実践に住民を巻き込んでいこうとする「地域包括ケア」の論理は、非常に挑戦的でもある。その挑戦に対して、保健師をはじめとする保健医療福祉専門職と、社会学研究者とが一緒に取り組んでいく土壌も育ちつつあることを願い、本著を閉じることにしたい。

［注］
1　イコールネット仙台では防災女性リーダー育成講座をおこなっている。町内会など地域で女性が積極的に防災活動に加われば、さまざまな困難を抱える人の役に立てるはず。女性防災リーダーの存在は不可欠だというNPO法人イコールネット仙台理事の宗方恵美子氏の意見（河北新報2013年5月11日女性の防災リーダー育成より）にみるように東日本大震災を経て全国的に女性リーダー育成はとりくまれている。
2　もちろん在宅ケアすら可能でないような地域（過疎の進む地域や集落の点在する山間部）におけるケアの問題は別様に考察されなければならないし、在宅ケアの文脈におけるヴァルネラビリティと、自然災害の文脈におけるヴァルネラビリティとは概念的に区別していく必要はある。

あとがき・謝辞

　本著は、2014年1月に東北大学文学研究科に提出した博士論文「ヴァルネラビリティとケアの社会学——自然災害における女性・地域・保健」に新たに2つの章を加えたものである。

　幸運なことだが、生活書院の髙橋淳さんからのお力添えを頂くとともに、平成30年度科学研究費補助金研究成果公開促進費（学術図書）課題番号18HP5169の助成を頂くことができ、このたび刊行の運びとなった。

　本著の刊行に最も影響を与えているのが、岩手看護短期大学の鈴木るり子保健師である。私が大学4年生のときに知り合い、先生の研究室の事務作業バイトをすることになった。そのバイトをしなければ私は「保健師」という職業がこんなに「地域」を大切にするものだとは気づけなかった。東日本大震災が発生したり、私の当時の研究課題が「災害とヴァルネラビリティ」であったりと、複数の要因が重なり、その偶然において鈴木保健師と一緒に活動をすることになり、ようやく本著を書きあげることができた。

　これまで出会ったさまざまな保健師さんたちも、熱意に溢れる素敵な女性ばかりだった。

　東北大学社会学研究室には、非常に多くのプロが在職していた。長谷川公一先生は社会学の先生としても、そして素晴らしいコーチとしても、東日本大震災発生後に苦闘していた私をいつもポジティブに導いて下さった。もともとの指導教官である吉原直樹先生は私が災害研究を始める機会を作って下さった。博論提出当時に在職されていた正村俊之先生からはリスク論、下夷美幸先生からは福祉とジェンダー、現在も東北大学に在職されており博論についてもお世話になった永井彰先生からは地域包括ケア、小松丈晃先生からはLuhmannを含む現代社会学理論の、それぞれのご専門から多くの助言をいただいた。とりわけ、小松先生からは、「研究者として」生きていくために数多くのご助言をいただいた。自分でも研究者として生きられるのかもと思ったのは、小松先生のおかげである。そこにはいつも東北の日本酒があっ

た。

　同じ研究室の先輩にあたる国立がん研究センターの田代志門さんをはじめとする「タナトロジー研究会」の皆さまには、いつもさりげないながらも温かい言葉をかけて頂き、一緒に楽しく爽やかに？　死の研究をさせて頂いた。東北大学の木村雅史さんをはじめとする諸先輩方や同期や後輩、さらに歴代の事務補佐員の皆さまにも、あらためてお礼を申し上げたい。

　研究室のそとに目を向けると、仙台での学生・ポスドク時代には、県外のまさに新進気鋭な研究者の皆さまからの、大きな刺激を受けた。高速バスを利用してよく息抜きに行っていた。応援や支援をして下さった「災害とジェンダー」に関する国内外の研究者の皆さまや、東北社会学会および東北社会学研究会の皆さまや、笹川科学研究助成財団等の関係者の皆さまや、特定非営利活動法人グループみこしの皆様にも、是非またお目にかかったさいにお礼を申し上げたい。ひとまずは本著の郵送を以てお知らせさせて頂くことになる不義理を、お許し頂ければと思う。

　研究者ではない皆さま、特に、岩手県の方々からも、とても支えられてきた。被災して岩手県大槌町を離れ岩手県盛岡市で暮らす皆さま、岩手県陸前高田市で独自の活動を地域のためになさっている皆さまである。まだ学生気分が抜けていない私であるが、盛岡や陸前高田に行くと、いつも、ホームに帰ってきたかのような気持ちになる。それはシスターフッドと呼びうる。

　本著を、支援とケアの問題を様々な角度からとりあげる素敵な本を多く刊行してきた他でもない「生活書院」さんから刊行できるということは、とても有難いことである。特に、テキストデータのある本を刊行することは私の長年の夢でもあった。重ね重ね、高橋淳さんにお礼を申し上げたい。プライベートに私を支えてくれた方々にも最大限の感謝の意を述べたい。

　皆さま、今までありがとうございました。

板倉有紀

文献

阿部北夫・秋元律郎編, 1982,『都市災害の科学』有斐閣.

Adger, W. N., 2006, "Vulnerability,"*Global environmental change*, 16(3): 268-281.

相川康子, 2007,「災害とジェンダー総論」大矢根淳・浦野正樹・田中淳・吉井博明編『災害社会学入門（シリーズ　災害と社会1）』弘文堂, 223-228.

相澤出, 2013,「地域医療と社会学——地域研究の視点から考える」『月刊地域医学』27(10): 23-27.

秋元律郎, 1984,「災害研究の方法と課題」早稲田大学社会科学研究所編『災害と社会大系（早稲田大学社会科学研究所研究シリーズ17）』.

天田城介, 2004,『老い衰えゆく自己の／と自由——高齢者ケアの社会学的実践論・当事者論』ハーベスト社.

青木聡子, 2013,『ドイツにおける原子力施設反対運動の展開——環境志向型社会へのイニシアティブ（MINERVA社会学叢書41）』ミネルヴァ書房.

新井英靖・金丸隆太・松阪晃・鈴木栄子, 2012,『発達障害児者の防災ハンドブック——いのちと生活を守る福祉避難所を』クリエイツかもがわ.

Ariyabandu, M. M., 2009, "Sex, Gender, and Gender Relations in Disasters," E.Enarson and P.G.D. Cgakrabarti eds., *Women, Gender and Disaster: Global Issues and Initiatives*, SAGE Publications, 5-17.

浅野幸子, 2013,「災害時要援護者の支援と『多様性配慮』」東日本大震災女性支援ネットワーク編『男女共同参画の視点で実践する災害対策——テキスト災害とジェンダー〈基礎編〉』, 20-39.

Baraldi, C., G. Corsi and E. Esposito, 1997,*Glu: Glossar zu Luhmanns Theorie Sozialer Systeme*, Suhrkamp Verlag.（＝土方透・庄司信・毛利康俊訳, 2013,『GLU—ニクラス・ルーマン社会システム理論用語集』国文社.）

Beck, U., 2011,「この機会に——福島、あるいは世界リスク社会における日本の未来」ウルリッヒベック・鈴木宗徳・伊藤美登里編『リスク化する日本社会—ウルリッヒ・ベックとの対話』岩波書店, 1-12.

Beck, U., 1986, *Risikogesellschaft: Auf dem Weg in eine andere Moderne*, Suhrkamp Verlag.（＝東廉・伊藤美登里訳, 1998,『危険社会——新しい近代への道（叢書・ウニベルシタス609）』法政大学出版会.

Beck, U., 1994, "The Reinvention of Politics," Beck, U., A. Giddens, and S. Lash, *Reflexive Modernization*, Polity Press.（＝松尾精文・小幡正俊・叶堂隆三訳, 1997, 政治の再創造——再帰的近代化理論に向けて『再帰的近代化——近現代における政治、伝統、美的原理』而立書房, 9-103.

Beck, U., 2002, *Das Schweigen der wörter*, Frankfurt: Suhrkamp Verlag.（＝島村賢一訳, 2010,『世

界リスク社会論——テロ、戦争、自然破壊』ちくま学芸文庫.)
Bolin, R., M. Jackson, and A.Crist, 1998, "Gender inequality, vulnerability, and disaster: Issues in theory and research, " E.Enarson and B. H. Morrow eds., *The Gendered Terrain of Disaster: Through Women's Eyes*, Westport CT: Praeger, 27-44.
Braidotti, R. ed., 1994, *Women, the Environment and Sustainable Development: Towards a Theoretical Synthesis*, Zed Books.（＝寿福真美・戸原正法訳, 1999,『グローバル・フェミニズム——女性・環境・持続可能な開発』青木書店.)
Burton, I., 1982, "Foreword," K. Hewitt ed., 1983, *Interpretation of Calamity: From the Viewpoint of Human Ecology* (*The Risks& Hazards Series1*), Allen & Unwin, v-vi.
Butler, J., 2011 *Gender trouble: Feminism and the subversion of identity*: Routledge（＝竹村和子訳, 1999,『ジェンダー・トラブル——フェミニズムとアイデンティティの攪乱』青土社.)
California Governer's Office of Emergency Service, 2000, *Meeting the Needs of Vulnerable People in Times of Disaster: A Guide for Emergency Managers*.
Chant, S., 2006, "Re-thinking the 'feminization of poverty' in relation to aggregate gender indices," *Journal of Human Development*, 7(2)：201-220.
Cutter, S. L., B. J.Boruff, and W.L.Shirley, 2003, "Social vulnerability to environmental hazards," *Social science quarterly*, 84(2)：242-261.
d'Eaubonne, 1976, "Féminisme et écologie," R. Dumont ed, *L'Homme et son environnement*, Retz.（＝辻由美訳, 2005,「エコロジーとフェミニズム」淡路剛久・川本隆史・植田和弘・長谷川公一編『生活と運動（「リーディングス環境」第3巻）』有斐閣, 270-275.
Delanty, G., 2003, *Community*, Routledge.（＝山之内靖・伊藤茂訳, 2006,『コミュニティ——グローバル化と社会理論の変容』NTT出版.)
Dürrschmidt, J., 1996, "The delinking of locale and milieu," J.Eage ed., *Living the Global City*, Routledge.
Dürrschmidt, J., 2000, *Everyday Lives in the Global City: The Delinking of Locale and Milieu*, Routledge.
Dwianto, R. D., 1999, Patron-Client Relation Reconsidered: Comparing Civil Defense Group in Kanto Earthquake and Jakarta Riots of May 1998," *International Journal of Japanese Sociology*, 8（1）：161-181.
Dyson, M.E., 2007, *Come Hell or High Water: Hurricane Katrina and the Color of Disaster*, Basic Civitas Books.（＝藤永康政訳, 2008,『カトリーナが洗い流せなかった貧困のアメリカ——格差社会で起きた最悪の災害（P-Vine Books)』スペースシャワーネットワーク.)
江原由美子, 2011,「ジェンダー秩序と社会の脆弱性——『災害とジェンダー』研究を手掛かりとして」『学術の動向』16(8)：97-99.
Enarson, E., and B. H. Morrow, 1998, *The Gendered Terrain of Disaster*, Westport: Praeger.
Enarson, E., and M.Fordham, 2001, "From women's needs to women's rights in disasters," *Environmental Hazards*, 3(3)：133-136.
Enarson, E., 1998, "Through women's eyes: A gendered research agenda for disaster social

science," *Disasters*, 22(2): 157-173.
Enarson, E., 2012, *Women Confronting Natural Disaster: From Vulnerability to Resilience*, Lynne Rienner Publishers.
遠藤恵子, 2012, 「災害とジェンダーをめぐる諸問題(特集 災害復興における男女共同参画)」『GEMC journal グローバル時代の男女共同参画と多文化共生 Gender equality and multicultural conviviality in the age of globalization』(7): 6-15.
Fothergill, A., 1998, "The neglect of gender in disaster work: an overview of the literature," E.Enarson and B.H.Morrow eds., *The Gendered Terrain of Disaster: Through Women's Eyes*, Westport: Praeger Publishers, 11-25.
藤山明美・島香聖子・佐藤由理・斎藤恵子, 2012, 「座談会 地元保健師の立場から語る、被災から現在そして今後にむけて」『保健師ジャーナル』68(3): 164-176.
福島裕子, 2012, 「コラム3 災害時、女性のからだをどう守るか」『復興に女性たちの声を――『3.11』とジェンダー(早稲田大学ブックレット)』早稲田大学出版部.
舩橋晴俊, 2001, 「環境問題の社会学的研究」飯島伸子・鳥越皓之・長谷川公一・舩橋晴俊編『環境社会学の視点(講座環境社会学第1巻)』有斐閣.
外国人地震情報センター, 1996, 『阪神大震災と外国人――多文化共生社会の現状と可能性』明石書店.
Gilbert, C., 1995,"Studying disaster: a review of the main conceptual tools," *International Journal of Mass Emergencies and Disasters*, 13(3): 231-240.
後藤実, 2012, 「包摂／排除の社会システム理論的考察」『社会学評論』63(3): 324-340.
萩原なつ子, 2001, 「ジェンダーの視点で捉える環境問題――エコフェミニズムの立場から」長谷川公一編『環境運動と政策のダイナミズム(講座環境社会学第4巻)』有斐閣, 35-64.
萩原なつ子, 2005, 「環境と女性／ジェンダーの交差(研究ノート2-1)」『武蔵工業大学環境情報学部紀要』6: 104-112.
花崎洋子, 2012, 「被災地の保健師から」『保健師ジャーナル』68(3): 172-176.
阪神・淡路大震災保健婦活動編集委員会, 1995, 『全国の保健婦に支えられて――阪神・淡路大震災の活動記録』.
Harvey, D., 1996, *Justice, Nature and the Geography of Difference*, Wiley-Blackwell.
羽山美由樹・大道淑恵, 2004, 「有珠山噴火災害 保健所と町の保健師の連携が鍵」『保健師ジャーナル』60(4): 336-341.
Hewitt, K., 1995, "Reaction Paper: Excluded Perspectives in the Social Construction of Disaster," *International Journal of Mass Emergencies and Disasters*, 13(3): 317-339.
東日本大震災女性支援ネットワーク, 2013, 『男女共同参画の視点で実践する災害対策――テキスト災害とジェンダー〈基礎編〉』.
Hilhorst, D., 2004, "Complexity and Diversity: Unlocking Social Domains of Disaster Response," G. Bankoff, G. Frerks and D. Hilhorst eds., *Mapping Vulnerability: Disasters, Development & People*, Earthscan, 52-66.
平井亮, 2017, 『介護する息子たち――男性性の死角とケアのジェンダー分析』勁草書房.

平野かよ子,1994,「地域保健法の概要と今後の保健活動の方向性」『保健婦雑誌』50(12):926-931.
Hoffman, S.H. and A.Oliver-Smith, 2002, *Catastrophe & Culture: The Anthropology of Disaster*, School of American Research.(=若林佳史訳,2006,『災害の人類学——カタストロフィと文化』明石書店.)
本間照雄,2013,「沿岸部被災地における被災者支援の現状と課題」『社会学研究』92: 115-140.
本間照雄,2016,「住民主体の福祉コミュニティづくり——南三陸町民が取り組む被災者支援の事例から」長谷川公一・保母武彦・尾崎寛直編『岐路に立つ震災復興——地域の再生か消滅か』東京大学出版会,215-238.
Hooks, B., 2000, *Feminism is for Everybody: Passionate Politics*, South End Pr.(=堀田碧訳,2003,『フェミニズムはみんなのもの——情熱の政治学』新水社.
Hufschmidt, G., 2011, "A comparative analysis of several vulnerability concepts," *Natural hazards*, 58(2):621-643.
池田恵子,2010,「ジェンダーの視点を取り込んだ災害脆弱性の分析——バングラデシュの事例から」『静岡大学教育学部研究報告 人文・社会・自然科学篇』60: 1-16.
池田恵子,2013,「災害とジェンダーをめぐる国際動向」東日本大震災女性支援ネットワーク編『男女共同参画の視点で実践する災害対策——テキスト災害とジェンダー〈基礎編〉』,58-66.
池田謙一・宮田加久子,1982,「アメリカにおける社会科学的災害研究の動向」東京大学新聞研究所編『災害と人間行動』東京大学出版会,265-300.
今田高俊,2007,『社会生活からみたリスク(リスク学入門4)』岩波書店.
いのうえせつこ,2008,『地震は貧困に襲いかかる——阪神・淡路大震災死者6437人の叫び』花伝社.
石井正,2012,『東日本大震災石巻災害医療の全記録——最大被災地を医療崩壊から救った医師の7ヶ月』講談社ブルーバックス.
伊藤嘉高,2008,『グローバル世界における〈場所〉と創発の社会学——グローバルな空間編制とアジアの地域住民組織』東北大学博士学位論文.
岩見ヒサ,2010,『吾が住み処ここより外になし——田野畑村元開拓保健婦のあゆみ』萌文社.
岩崎信彦・鵜飼孝造・浦野正樹・辻勝次・似田貝香門・野田隆・山本剛郎編,1999a,『阪神淡路大震災の社会学1——被災と救援の社会学』昭和堂.
岩崎信彦・鵜飼孝造・浦野正樹・辻勝次・似田貝香門・野田隆・山本剛郎編,1999b,『阪神淡路大震災の社会学2——避難生活の社会学』昭和堂.
岩崎信彦・鵜飼孝造・浦野正樹・辻勝次・似田貝香門・野田隆・山本剛郎編,1999c,『阪神淡路大震災の社会学3——復興・防災まちづくりの社会学』昭和堂.
開沼博,2011,『フクシマ論——原子力ムラはなぜ産まれたのか』青土社.
金川克子,2000,「保健婦と保健婦活動」『保健婦雑誌』56(3):182-184.
金菱清,2012,「社会的公正性を支える不公平の承認——不法占拠と3.11大震災における『剥き出しの生』をめぐって(特集 現代社会における公正と承認)」『社会学年報』41: 23-33.

加藤秀一, 2006,『知らないと恥ずかしいジェンダー入門』朝日新聞社.
川村千鶴子, 2012,『3.11 後の多文化家族——未来を拓く人々』明石書店.
茅山加奈江・石毛久美子・若杉里実・増田佳世・小林啓子, 1999,「座談会 保健婦と地区の関係を考える」『保健婦雑誌』55(8): 630-641.
金明秀, 2014,「第5章 東日本大震災と外国人——マイノリティの解放をめぐる認識の衝突」萩野昌弘・蘭信三編著『3・11 以前の社会学——阪神・淡路大震災から東日本大震災へ』
生活書院, 171-206.
木村哲也, 2012,『駐在保健婦の時代 1942-1997』医学書院.
木下衆, 2015,「誰が、認知症患者の人生を知っているのか?——葛藤し、戸惑う、『新しい認知症ケア』時代の家族たち」『現代思想』43(6): 192-203.
岸玲子・吉田純典・大前和幸・小泉昭夫, 2012,『NEW 予防医学・公衆衛生学(改訂第3版)』南江堂.
北岡秀郎・水俣病不知火患者会・ノーモア水俣国賠訴訟弁護団編, 2010,『ノーモア・ミナマタ』花伝社.
北岡秀子, 2004,「保健婦活動の原点・家庭訪問」『保健師ジャーナル』60(2): 186-192.
Kittay, E. F., 1999, *Love's labor: Essays on Women, Equality, and Dependency*, New York: Routledge.(＝岡野八代・牟田和恵監訳, 2010,『愛の労働あるいは依存とケアの正論論』白澤社.)
小林美希, 2011,『ルポ 職場流産——雇用崩壊後の妊娠・出産・育児』岩波書店.
国連防災の 10 年編, 1991,「国際防災の 10 年国際会議報告書」.
小松丈晃, 2003,『リスク論のルーマン』到草書房.
小松丈晃, 2013,「社会的排除のリスクに抗する機能システムはありうるのか——ルーマンの『宗教』論ならびに福祉領域でのルーマン理論受容の動向」高橋徹・小松丈晃・春日淳一『浸透するルーマン理論——機能分化論からの展望』文眞堂, 129-154.
小松丈晃, 2007,「リスク社会と信頼」今田高俊『社会生活からみたリスク(リスク学入門4)』岩波書店, 109-126.
小松田儀貞, 2013,「岩手県藤沢町における地域包括ケアシステムの形成と展開」『社会学研究』92: 15-38.
小松丈晃, 2012,「システミック・リスクと社会の《危機》——社会システム理論による複合災害の記述(特集 社会の危機——社会学理論の挑戦)」『現代社会学理論研究』6: 13-25.
小宮友根, 2011,『実践の中のジェンダー——法システムの社会学的記述』新曜社.
厚生労働省, 2013,「保健活動領域調査」.
厚生労働省, 2007,「市町村保健活動の再構築に関する検討会報告書」.
倉田和四生, 1999,『防災福祉コミュニティ——地域福祉と自主防災の統合』ミネルヴァ書房.
Lister, R., 2004, *Poverty*(*Polity Key Concepts in the Social Science series*), Polity.(＝松本伊智朗監訳, 2011,『貧困とは何か——概念・言説・ポリティクス』明石書店.)
Luhmann, N., 1993, *Risk: A Sociological Theory*, Transaction.
Luhmann, N., 1992, *Beobachtungen der Moderne*, Westdeutscher Verlag.(＝馬場靖雄訳, 2003,『近

代の観察（叢書ウニベルシタス766）』法政大学出版局．

正村俊之, 2013,「震災とリスク・コミュニケーション——日本社会におけるリスクの社会的構成（第1部 講演4)」『社会情報』22(2)：36-45．

松井克浩, 2011,『震災・復興の社会学——2つの中越から東日本へ』リベルタ出版．

松井克浩, 2008,『中越地震の記憶——人の絆と復興への道（新大人文選書）』高志書院．

松本園子・永田陽子, 2011,『実践過程支援論』ななみ書房．

松本悦子, 2003,「女性雑誌としてながめた『保健婦雑誌』」『保健婦雑誌』59(9)：868-875．

三上剛史, 2013,『社会学的ディアボリズム——リスク社会の個人』学文社．

美馬達哉, 2012,『リスク化される身体——現代医学と統治のテクノロジー』青土社．

皆川満寿美, 2011a,「日本の災害・復興政策と男女共同参画／ジェンダー平等」『埼玉自治研』36: 19-24．

皆川満寿美, 2011b,「ニュースをよみとく11 3.11から1年」『女性の安全と健康のための支援教育センター通信』32: 40-43．

三井さよ, 2004,『ケアの社会学——臨床現場との対話』剄草書房．

三浦修, 2011,「災害時要援護者支援におけるソーシャルワーク機能に関する一考察」『新潟青陵学会誌』4(1)：63-69．

湯沢布矢子, 1994,「保健婦活動の課題」『公衆衛生研究』43(2)：141-146．

宗方恵美子, 2012,「お見舞い訪問からせんたくネットへ——被災女性の声をあと押しする」みやぎの女性支援を記録する会編『女たちが動く——東日本大震災と男女共同参画視点の支援』生活思想社, 44-61．

村嶋幸代・鈴木るり子・岡本玲子, 2012,『大槌町　保健師による全戸家庭訪問と被災地復興——東日本大震災の健康調査から見えてきたこと』明石書店．

室井研二, 2011,『都市化と災害——とある集中豪雨災害の社会学的モノグラフ』大学教育出版．

永井彰, 2008, 災害弱者の支援と自立吉原直樹編『防災の社会学——防災コミュニティの社会設計に向けて（シリーズ防災を考える1)』東信堂, 139-167．

内閣府男女共同参画局, 2003, 防災・復興の取組指針（案）．

内閣府, 2006, 災害時要援護者の避難支援ガイドライン．

内閣府男女共同参画局, 2013, 男女共同参画の視点からの防災・復興の取組指針．

内閣府男女共同参画局, 2011, 平成23年版男女共同参画白書．

中村雅彦, 2012,『あと少しの支援があれば——東日本大震災 障がい者の被災と避難の記録』, 生活書院．

中野潤子, 2003, 昭和に活躍した保健婦『保健婦雑誌』59(8)：770-775．

中野宏子・平位弘子・藤原啓子・宮崎美砂子, 2014, 座談会—災害時における統括保健師の役割」『地域保健』45(5), 6-37頁。

直野章子, 2011,『ひばくと補償——広島、長崎、そして福島』平凡社．

成木弘子, 1999,「保健婦の視点を生かす地区診断」『保健婦雑誌』55(9)：718-725．

Nassehi, A., 2002, リスク回避と時間処理——近代社会における時間のパラドクス土方透・アルミンナセヒ編『リスク——制御のパラドクス』新泉社, 18-51．

Neumayer, E. and T.Plümper, 2007, "The gendered nature of natural disasters: The impact of catastrophic events on the gender gap in life expectancy, 1981-2002," *Annals of the Association of American Geographers*, 97(3): 551-566.
日本看護協会, 2006,「やってみよう‼ ポピュレーション・アプローチ」.
日本公衆衛生協会, 1993,『ふみしめて五十年――保健婦活動の歴史』, 厚健出版.
日本公衆衛生協会, 2012,「全国の自治体等による東日本大震災被災地への保健医療福祉支援実態調査報告書」.
日本公衆衛生協会, 2013,「被災地への保健師の派遣の在り方に関する検討会報告書」.
21世紀文明研究委員会, 2005,「21世紀における『安全・安心』概念の検討――新しいパラダイムの構築にむけて(安全で安心な都市(まち)づくりのあり方)(21世紀文明の創造調査研究事業・研究報告書(第2部会))」.
認定NPO法人ゆめ基金, 2013,『障害者市民防災提言集 東日本大震災版』.
西山志保, 2007,『ボランティア活動の論理――阪神・淡路大震災からサブシステンス社会へ』東信堂.
似田貝香門編, 2008,『自立支援の実践知――阪神・淡路大震災と共同・市民社会』東信堂.
NPO法人女性と子ども支援センター・ウィメンズネット・こうべ, 2009,『被災地における性暴力――防止と対応のためのマニュアル』.
及川艶子, 2012,「復興に向けた、市民の健康を守る活動のあり方とは」『保健師ジャーナル』68(3): 177-181.
岡野八代・牟田和恵編, 2011,『ケアの倫理からはじめる正義論――支えあう平等』白澤社.
奥田博子, 2008a,「自然災害における保健師の役割」『保健医療科学』57(3): 213-219.
奥田博子, 2008b,「新潟中越沖地震―県内2度目の全国保健師派遣支援の実際」『保健師ジャーナル』64(4): 314-318.
奥田博子, 2011,「災害時における保健師の役割(特集 健康危機管理における保健師の役割)」『保健師ジャーナル』67(3): 186-190.
奥山恵美子, 2012,「女性首長から 女性の視点からの防災」内閣府『共同参画』3月号, 13.
Oliver-Smith, A., 2004,"Theorizing Vulnerability in a Globalized World: A Political Ecological Perspective," G. Bankoff, G. Frerks and D. Hilhorst eds., *Mapping Vulnerability: Disasters, Development & People*, Earthscan, 10-24.
女たちの21世紀編集委員会編, 2005,「特集 災害とジェンダー――被災地の女性たち」『女たちの21世紀』42: 16-19.
大木幸子・森田桂, 2003, 何のために家庭訪問をするのか?『保健婦雑誌』59(1): 8-14.
大西若稲, 1985,『さい果ての原野に生きて――開拓保健婦の記録』, 日本看護協会出会.
大沢真理・堂本暁子・山地久美子編, 2011,『災害・復興と男女共同参画6.11シンポジウム――災害・復興に男女共同参画の視点を(GCOEグローバル時代の男女共同参画と多文化共生社会科学研究所連携拠点研究シリーズ NO.4) ISSリサーチシリーズ46』東京大学社会科学研究所.
大矢根淳・浦野正樹・田中淳・吉井博明編, 2007,『災害社会学入門(シリーズ 災害と社会1)』弘文堂.

大矢根淳, 2005,「災害と都市――21世紀・『地学的平穏の時代の終焉』を迎えた都市生活の危機」藤田弘夫・浦野正樹編『都市社会とリスク―豊かな生活をもとめて（シリーズ社会学のアクチュアリティ　批判と創造8)』東信堂, 269-302.

大矢根淳, 2008, 地域防災における『自助・共助・公助』吉井博明・田中淳編『災害危機管理論入門（シリーズ　災害と社会3)』弘文堂, 290-296.

大矢根淳, 2007, 生活再建と復興大矢根淳・浦野正樹・田中淳・吉井博明編『災害社会学入門（シリーズ　災害と社会1)』弘文堂, 152-158.

Oxfam International, 2005, *The tsunami's impact on women* (*Oxfam Briefing Note*), Oxfam International.

Paine, R., 2002, "Danger and the No-Risk Thesis,"S. H. Hoffman and A. Oliver-Smith eds, *Catastrophe & Culture: The Anthropology of Disaster*, School of American Research. (＝若林佳史訳, 2006, 危険とリスク否定論『災害の人類学――カタストロフィと文化』明石書店, 77-103.)

Pelling, M., 2003, *The Vulnerability of Cities: Natural Disasters and Social Resilience*, Earthscan.

Quarantelli, E. L. Ed., 1998, *What is a Disaster?: a Dozen Perspectives on the Question*, Routledge.

Rose, G. A., 1992, *The Strategy of Preventive Medicine*, Oxford Medical Publications. (＝曽田研二・田中平三監訳, 1998,『予防医学のストラテジー――生活習慣病予防対策と健康増進』医学書院.)

佐々木久美子, 2008,「地域保健医療行政の展開における保健活動の効果」『社会学年報』37: 105-116.

佐藤恵, 2008,「自立支援のリアリティ――被災地障害者センターの実践から」似田貝香門編『自立支援の実践知――阪神・淡路大震災と共同・市民社会』東信堂, 205-248.

清水裕・西道実・田中優・堀洋元・松井豊・水田恵三, 2005,「地域自主防災組織の活動実態と活動上の問題点――南関東地域の3つの自治体における検討」『学苑・人間社会学部紀要』772: 142-151.

NPO法人しんぐるまざあず・ふぉーらむ, 2013,『冊子　3.11後を生きる　シングルマザーたちの体験を聞く』.

佐々木亮平・岩室伸也, 2012,「災害を支える公衆衛生ネットワーク　東日本大震災からの復旧、復興に学ぶ（四）　専門職の公的短期派遣の意義と課題」『公衆衛生』76(7): 53-57.

佐々木亮平・岩室伸也・日髙橘子, 2012,「災害を支える公衆衛生ネットワーク　東日本大震災からの復旧、復興に学ぶ（7）　長期派遣統括保健師の役割」『公衆衛生』76(10): 53-57.

Shute, S. and S. Hurley eds., 1993, *On Human Rights* (*The Oxford Amnesty Lectures*), Basic Books. (＝中島吉弘・松田まゆみ訳, 1998,『人権について―オックスフォード・アムネスティ・レクチャーズ)』みすず書房.)

下夷美幸, 2012,「東日本大震災と男女共同参画――『人間の復興』に向けて（特集 東日本大震災と福祉社会の課題――〈交響〉と〈公共〉の臨界)」『福祉社会学研究』9: 63-80.

総務省消防局, 2011,「自主防災組織の手引き」.

菅原京子, 2003,「わが国の保健師制度の歴史と展望――いまこそ看護師資格との一本化を

(FOCUS 保健婦制度再考)」『保健婦雑誌』59(4)：334-343．

鈴木広編，1998，『災害都市の研究――島原市と普賢岳』九州大学出版会．

鈴木るり子，2011，「災害時こそ保健師本来の働きを」『地域保健』42(11)：30-37．

田上豊資，2011，「被災地支援で教えられた公衆衛生の原点」『保健師ジャーナル』67(9)：752-759．

田上豊資，2013，「保健師は、パーソナルヘルスではなく、パブリックヘルスの担い手であり続けてほしい！」日本公衆衛生協会編『ふみしめて70年――老人保健法施行後約30年間の激動の時代を支えた保健活動の足跡』，29-32．

高鳥毛敏雄，1996，「災害時の公衆衛生と保健婦――阪神・淡路大震災から保健行政が学ぶこと（特集　災害時における公衆衛生――阪神・淡路大震災から学ぶもの）『保健婦雑誌』52(8)：600-605．

竹信三恵子・赤石千衣子，2012，『災害支援に女性の視点を！（岩波ブックレット NO. 852)』岩波書店．

田中重好，2007，『共同性の地域社会学――祭り・雪処理・交通・災害』ハーベスト社．

田中重好，2013，『想定外』の社会学田中重好・舩橋晴俊・正村俊之編『東日本大震災と社会学――大災害を生み出した社会』ミネルヴァ書房．

田中淳，2007，「災害弱者問題」大矢根淳・浦野正樹・田中淳・吉井博明編『災害社会学入門（シリーズ　災害と社会1)』弘文堂，136-141．

田中幹人・丸山紀一郎・標葉隆馬，2012，『災害弱者と情報弱者――3.11後何が見過ごされたのか』筑摩書房．

田中幸子・春山早苗，2004，「台湾の保健師に聞くSARSの経験と健康危機における保健師の役割」『保健師ジャーナル』60(8)：782-787．

田中総一郎・菅井裕行・武山裕一，2012，『重症児者の防災ハンドブック――3.11を生きぬいた重い障害のある子どもたち』クリエイツかもがわ．

The Sphere Project, 2011, *Humanitarian Charter and Minimum Standards in Humanitarian Response*.（＝特定非営利活動法人難民支援協会訳，2012，『スフィア・プロジェクト――人権憲章と人道対応に関する最低基準』．)

Tierney, K. J. , 2007, "From the margins to the mainstream?: Disaster research at the crossroads," *Annual Review of Sociology* 33: 503-525.

徳島県保健福祉部医療政策課，2013，「自立と支援、支えあいの福祉社会に向けて　『生涯保健師』が地域の健康課題、災害対応をサポート」『地方自治職員研修』9, 69-71．

地域保健編集部，2011，「仮設住宅の健康課題の解決に向けて」『地域保健』42(11)：18-27．

土屋葉，2014，障害をもつ人への移動支援のあり方の検討―東日本大震災後の移動をめぐる現状に焦点化して『愛知大学文学論叢』150: 125-146．

特定非営利法人イコールネット仙台，2012，『東日本大震災に伴う震災と女性に関する調査報告書』．

辻勝次，2001，『災害過程と再生過程――阪神・淡路大震災の小叙事誌』晃洋書房．

角崎悦子，2007，「アジア・途上国における災害とジェンダー」大矢根淳・浦野正樹・田中淳・

吉井博明編『災害社会学入門（シリーズ　災害と社会1）』弘文堂, 229-237.
土屋厚子・川田敦子, 2011,「静岡県の初動体制と仙台市および岩手県での保健活動」『保健師ジャーナル』67(9): 760-764.
内田有美, 2012,「セクシャルマイノリティの避難生活」みやぎの女性支援を記録する会編『女たちが動く——東日本大震災と男女共同参画の視点』生活思想社, 100-113.
植田今日子, 2009,「ムラの『生死』をとわれた被災コミュニティの回復条件——中越地震被災集落・新潟県旧山古志村楢木集落の人々の実践から」『ソシオロジ』54(2): 19-35.
上野千鶴子, 2011,『ケアの社会学——当事者主権の福祉社会へ』太田出版.
ウィメンズネット・こうべ編, 1996,『女たちが語る阪神・淡路大震災』.
ウィメンズネット・こうべ編, 2005,『災害と女性——防災・復興に女性の参画を』.
浦野正樹, 2010,「災害研究のアクチュアリティ——災害の脆弱性／復元＝回復力パラダイムを軸として（〈特集〉災害——環境社会学の新しい視角）」『環境社会学研究』16: 6-18.
浦野正樹・大矢根淳・吉川忠寛編, 2007,『復興コミュニティ論入門（シリーズ　災害と社会2）』弘文堂.
浦野正樹, 2007,「脆弱性概念から復元・回復力概念へ」浦野正樹・大矢根淳・吉川忠寛編『復興コミュニティ論入門（シリーズ　災害と社会2）』弘文堂, 27-33.
浦野正樹, 2008,「自主防災活動の組織化と展開」吉井博明・田中淳編『災害危機管理論入門（シリーズ　災害と社会3）』弘文堂, 280-290.
Urry, J., 2002, *Global Complexity*, Polity.
Urry, J., 2007, *Mobilities*, Polity.
Urry, J., 2000, *Sociology Beyond Societies: Mobilities for the Twenty-First Century* (*International Library of Sociology*), Routledge.（＝吉原直樹監訳, 2006,『社会を越える社会学——移動・環境・シチズンシップ（叢書・ウニベルシタス）』法政大学出版局.）
Wisner, B., P. Blaikie, T.Cannon and I. Davis, 2004, *At Risk: natural hazards, people's vulnerability and disasters*, Routledge.（＝岡田憲夫監修, 2010『防災学原論』築地書館.）
山地久美子, 2009,「ジェンダーの視点から防災・災害復興を考える——男女共同参画社会の地域防災計画」『災害復興研究』1: 45-76.
山田秀子, 2008,「保健所の役割」『保健師ジャーナル』64(4): 328-333.
山口昌男, 2007,『いじめの記号論』岩波現代文庫.
山本千晶, 2011, 解題『ジェンダー研究』14: 121-122.
山本康生, 1981,「〈研究動向〉1970年代後半のアメリカにおける災害研究」『社会学評論』31(4): 98-110.
山根純佳, 2012,「原発事故による『母子避難』問題とその支援——山形県における避難者調査のデータから」『山形大学人文学部研究年報』10: 37-51.
山下祐介, 2008,『リスク・コミュニティ論——環境社会史序説（シリーズ　災害と社会6）』弘文堂.
山下祐介・菅磨志保, 2002,『震災ボランティアの社会学——"ボランティア＝NPO社会の可能性"（MINERVA社会学叢書）』ミネルヴァ書房.
山下祐介, 2012,『原発避難論——避難の実像からセカンドタウン、故郷再生まで』明石書店.

山下祐介, 2013, 『東北発の震災論——周辺から広域システムを考える』ちくま新書.
矢守克也・渥美公秀, 2011, 『ワードマップ 防災・減災の人間科学——いのちを支える、現場に寄り添う』新曜社.
横塚晃一, 2007, 『母よ！殺すな』生活書院.
吉井博明・田中淳編, 2008, 『災害危機管理論入門——防災危機管理担当者のための基礎講座（シリーズ 災害と社会4)』弘文堂.
吉原直樹編, 2013, 『安全・安心コミュニティの存立基盤——東北6都市の町内会分析』御茶の水書房.
吉原直樹, 2009, 「地縁再考——創発的な場所理解に向けて」近畿大学日本文化研究所編『日本文化の美と醜——その形式と融合』風媒社, 256-273.
吉原直樹, 2008, 「防災ガバナンスの可能性と課題」吉原直樹編『防災の社会学——防災コミュニティの社会設計に向けて（シリーズ 防災を考える1)』東信堂, 169-192.
吉澤剛・中島貴子・本堂毅, 2012, 「科学技術の不定性と社会的意思決定——リスク・不確実性・多義性・無知」『科学』82（7）: 788-795.
Young, I. M., 2013, *Responsibility for Justice*, Oxford University Press.
全国保健師教育機関協議会監修, 2012, 『資格のとり方・しごとのすべて 保健師まるごとガイド（まるごとガイドシリーズ20)』ミネルヴァ書房.
全国保健師長会, 2006, 「大規模災害における保健師の活動マニュアル」.

索引

アメリカ災害研究　16, 28, 30, 38, 93, 112, 260
依存労働　144-149, 153, 173, 177, 262
岩手宮城内陸地震　17, 89
ヴァルネラビリティ　39-41, 46-51, 53-61, 63, 68-75, 78-83
　──の構造パラダイム　50, 66
大槌町お茶っこ飲み会　228, 236
開発と女性　98, 99
家庭訪問　191, 193, 197, 199-201, 203-207, 209-218, 220, 223, 227, 235, 236, 255, 256, 263
危険　18, 20, 30, 32, 38, 44, 47, 49-51, 53, 56-63, 65, 70-73, 79, 80, 82, 102, 105, 110, 116, 119, 123, 128, 134, 148, 159, 165, 179, 223, 260
帰属　21, 39-45, 49, 56-60, 62-66, 76, 78, 79, 81, 82, 87, 105, 187, 260
業務分担制　197, 255
災害時要援護者　3-5, 15, 34, 36, 38, 40, 68, 73, 75, 127, 136, 139, 142, 143, 149-151, 153-158, 169-172, 174-179, 185-187, 202, 204-206, 210, 219, 238, 245, 256, 261, 262, 264
災害と女性　4, 34, 37, 79, 87-90, 92-95, 99, 101-105, 115, 118, 122, 124, 130, 132, 135-137, 143, 148, 174, 176, 259, 261, 262, 264
災害とは何か？　31, 93
災害の人類学　47, 82
ジェンダー　3, 4, 18, 27, 36-38, 51, 87-89, 91-96, 99, 101-121, 130-132, 134-139, 146, 171, 177, 183, 185-187, 221, 222, 225, 236, 242, 261-264, 267-269
自主防災組織　19, 20, 34, 151, 158-160, 170, 178, 179
女性と性暴力　98, 101
女性と貧困　92
女性の視点論　88, 91-93, 137, 143, 149, 171, 174
スフィア基準　97, 112
セックス　103, 107-109, 118, 119, 135, 137-139, 261
地域防災　3, 4, 15, 20, 22, 34-37, 40, 63, 64, 73, 75, 76, 78, 83, 88, 89, 115, 134, 136, 142, 143, 149, 150, 155-157, 161, 167, 169, 170, 172, 174-176, 178, 179, 183, 187, 262, 264
地区担当制　193, 197, 208, 217, 235, 237, 239, 242, 254-257, 263
町内会・自治会　20, 34, 37, 133, 158, 159, 161, 162, 164, 167-169, 178, 179, 262
徳島県プラチナ保健師制度　248, 263
新潟中越沖地震　95, 201-203
新潟中越地震　90, 95, 201-203, 252
排除されてきた視点　33
ハイリスク　188, 201, 203, 204, 207, 209, 210, 213, 217, 219, 223, 234-236, 238
派遣保健師　203, 206-208, 210-212, 219, 221, 243, 245-247, 249, 250, 253, 257
阪神・淡路大震災　18, 19, 23-27, 34, 37, 40, 75, 87, 88, 95, 116, 150, 157, 158, 160, 169, 172, 199, 203, 226, 263, 264

避難行動要支援者　153, 178, 238
避難所　18, 23, 64, 73, 75, 78, 89, 90, 91, 104, 116, 118, 122-130, 132, 133, 136, 137, 140, 142, 151, 159, 160, 168, 170, 171, 173, 177, 178, 183, 186, 199-202, 205-208, 210, 213, 216, 219, 227, 243, 245, 248, 249, 250
避難生活とケア役割　126
フェミニズム　88, 99, 100, 101, 112, 113, 115, 137, 139, 144, 146, 176, 177
プラチナ保健師　242, 243, 248, 250, 252-254, 258, 263
包摂・排除　58, 73
保健師の災害対応マニュアル　242, 244, 257
ポピュレーション・アプローチ　213, 214, 218, 223, 234-237, 263
リスク　3, 4, 15-22, 24, 27, 30-33, 37, 39-41, 43-47, 49, 51, 53, 54, 56-68, 71,-74, 78-83, 88, 92, 71-74, 78,-83, 88, 92, 94-96, 100, 102, 104-107, 109, 110, 112, 113, 124, 128, 129, 134, 136, 137, 155, 157, 158, 179, 184, 185, 187-189, 198, 204, 209, 210, 217, 221-223, 226, 234, 235, 238, 239, 259, 260, 265, 267
リスクコミュニケーション　16, 112
地域における保健師の保健活動　254

本書のテキストデータを提供いたします

　本書をご購入いただいた方のうち、視覚障害、肢体不自由などの理由で書字へのアクセスが困難な方に本書のテキストデータを提供いたします。希望される方は、以下の方法にしたがってお申し込みください。

◎データの提供形式＝CD-R、フロッピーディスク、メールによるファイル添付（メールアドレスをお知らせください）。

◎データの提供形式・お名前・ご住所を明記した用紙、返信用封筒、下の引換券（コピー不可）および200円切手（メールによるファイル添付をご希望の場合不要）を同封のうえ弊社までお送りください。

●本書内容の複製は点訳・音訳データなど視覚障害の方のための利用に限り認めます。内容の改変や流用、転載、その他営利を目的とした利用はお断りします。

◎あて先
〒160-0008
東京都新宿区四谷三栄町6-5 木原ビル303
生活書院編集部　テキストデータ係

【引換券】
災害・支援・ケアの社会学

［著者略歴］

板倉有紀
（いたくら・ゆき）

東北大学大学院 文学研究科（社会学）博士後期課程修了。博士（文学）。同大学専門研究員、日本学術振興会 PD を経て、現在、秋田大学高齢者医療先端研究センター特任講師。
主な論文に、
「東日本大震災後に再評価される保健師と地域との関わり——徳島県プラチナ保健師制度の事例から」（『社会学研究』(101) 115-139、2018 年）、「東日本大震災における「支援」と「ケア」——被災者ニーズの多様性と保健師職能（特集 社会問題としての東日本大震災）」（『社会学年報』(42) 17-29、2013 年）など。

災害・支援・ケアの社会学
——地域保健とジェンダーの視点から

発　　行──── 2018 年 11 月 15 日　初版第 1 刷発行
著　　者──── 板倉有紀
発行者──── 髙橋　淳
発行所──── 株式会社　生活書院
〒 160-0008
東京都新宿区四谷三栄町 6-5 木原ビル 303
ＴＥＬ 03-3226-1203
ＦＡＸ 03-3226-1204
振替 00170-0-649766
http://www.seikatsushoin.com

印刷・製本── シナノ印刷株式会社

Printed in Japan
2018 © Itakura Yuki
ISBN 978-4-86500-087-0

定価はカバーに表示してあります。
乱丁・落丁本はお取り替えいたします。

生活書院　出版案内
（価格には別途消費税がかかります）

被災経験の聴きとりから考える──東日本大震災後の日常生活と公的支援

土屋葉、岩永理恵、井口高志、田宮遊子著　　　A5 判並製　264 頁　本体 2500 円

障害のある人たち、介護を抱えた生活、母子世帯、中壮年ひとり暮らしの男性、生活保護受給世帯、単身の高齢女性たち……。五年間にわたって調査に入り続け、震災以前からあった脆弱性、「被災のその日」、そして「今の暮らし」のあり様を丹念に聴きとる中から、支援のあり方を考える、四人の研究者の「共同」の仕事の成果。

3.11 東日本大震災と「災害弱者」──避難とケアの経験を共有するために

藤野好美、細田重憲編　　　A5 判並製　356 頁　本体 2700 円

災害時の避難とケアを考えることは、誰もがふだんから自分らしく生きられる地域と社会について考えるということ──未だ避難とケアの仕組みが確立されていない「災害弱者」と呼ばれる人たち。今後も起こりうる災害に備えるために、当事者の声、被災施設への調査、福祉避難所の課題など、多様な視点から 3.11 の経験とそこで得られた知見を集めまとめた必携必読の書。

震災被災者と足湯ボランティア──「つぶやき」から自立へと向かうケアの試み

似田貝香門、村井雅清編著　　　A5 判並製　280 頁　本体 2500 円

「つぶやき」を聴き、それを被災者の「声」として受けとめ、そこからの支援のつながりとひろがりを模索するケア活動としての足湯ボランティア。被災者の苦しみの傍に立って、毀損した心と主体の尊厳を回復する支援のありかたを構想しようとする、足湯ボランティア、災害支援団体、ケア職能者、社会学研究者による協働の記録。

3.11 以前の社会学──阪神・淡路大震災から東日本大震災へ

荻野昌弘、蘭信三編著　　　A5 判並製　296 頁　本体 2800 円

「不条理な死」に対して人はどのように向き合えばいいのか…3.11「以前」の社会学研究のなかに 3.11 を読み解く知を見出し、二つの大震災で露呈した社会構造や社会システムの変容を明らかにする。社会学における新たな研究対象と理論を構想し、長期にわたって続くであろう「再生」への困難な道のりを社会学者としていかに捉えていくべきかを問う、渾身の論集。

生活書院　出版案内
（価格には別途消費税がかかります）

千年災禍の海辺学──なぜそれでも人は海で暮らすのか

東北学院大学震災の記録プロジェクト金菱清（ゼミナール）編　A5判並製　256頁　本体2500円

なぜ、これほどの津波の影響を受けながら、人は海にとどまり帰ろうとするのか。歳月を経て、悲しみが深まる人びとがいる一方、時間とともにそれぞれの生活の中に災禍は組み入れられてくる。三陸沿岸を、危機に晒された生を生き抜く智慧が集積した文化的中心として捉え、行政政策への対抗論理としての実践性と、災害リスクに対する脆弱性の吸収と回復力の保持を明らかにする。

［アートミーツケア叢書1］病院のアート──医療現場の再生と未来

アートミーツケア学会編著　　　　　　　　A5判並製　248頁　本体2000円

人間らしさと自分らしさを回復し表現する医療とアート。その原点と未来を医療現場におけるアート活動の最前線から展望する、医療関係者・アーティスト必読の書。多様な場で実践と研究を積み重ねる人びとが領域を横断して手をとりあい、この二つを分け隔てている制度や既成の概念を問い直し、アートと社会の再生を願うシリーズ、アートミーツケア叢書第1弾。

［アートミーツケア叢書2］生と死をつなぐケアとアート──分かたれた者たちの共生のために

アートミーツケア学会編著　　　　　　　　A5判並製　192頁　本体2000円

死がほとんど知覚不可能だった時代から、暮らしの中に少しずつまた〈死〉が姿を現しつつある時代へ。死を間近に控えた人、亡くなった人、不在の人までも含みこむ、遠く隔たった存在との共存の営みについて、宗教、儀礼、記憶、死者への関係などから読み解く、アートと社会の再生を願うシリーズ＝アートミーツケア叢書第2弾。

支援　Vol.1 〜 Vol.8

「支援」編集委員会編　　　　　　　　　　A5判冊子　本体各1500円

ケアや支援を行うにあたって、支えられる側と支える側との関係や〈つながり〉をどのように、どこまでとりむすんでいけばいいのか？最新号Vol.8の内容は、特集：どうこうしちゃえるもんなの？　命／特集2：みる、きく、はなす／トークセッション：津久井やまゆり園事件から／ヘほか